全国高校电子商务及
法律专业核心课程教材

Electronic
Commerce Law

全国高校
“电子商务及法律”
专业联盟推荐教材

新编实用商法教科书

主编 张培田 杜蓓蕾 副主编 唐犀 刘蕾

WUHAN UNIVERSITY PRESS
武汉大学出版社

图书在版编目(CIP)数据

新编实用商法教科书/张培田，杜蓓蕾主编.—武汉：武汉大学出版社，2021.8
全国高校电子商务及法律专业核心课程教材
ISBN 978-7-307-21525-2

Ⅰ.新…　Ⅱ.①张…　②杜…　Ⅲ.商法—中国—高等学校—教材
Ⅳ.D923.99

中国版本图书馆 CIP 数据核字(2020)第 083026 号

责任编辑:韩秋婷　　责任校对:李孟潇　　版式设计:马　佳

出版发行：**武汉大学出版社**　(430072　武昌　珞珈山)
(电子邮箱：cbs22@ whu.edu.cn　网址：www.wdp. com.cn)
印刷:湖北图物印刷有限公司
开本:720×1000　1/16　印张:12.75　字数:255 千字　插页:1
版次:2021 年 8 月第 1 版　2021 年 8 月第 1 次印刷
ISBN 978-7-307-21525-2　定价:38.00 元

序言：如何学好实用商法

一、何谓实用商法？

实用商法，顾名思义，就是指能够运用于实践的商事法律规范体系。与理论商法相比，实用商法并不在理论上深入探讨，而是应用商法原理，围绕如何能够实际指导人们的商事行为或服务于商事的法律行为规范展开。能够实际运用于商事行为规范，维系商秩序的公正公平开展，保障商主体合法权益，是本书撰写的基本考量。

本书虽侧重于实用而不过度研讨商法理论，但体系和全部内容均遵循商法原理。从商主体到商行为直至商争议纠纷的解决，都要对商法原理予以介绍和说明。尤其是商法基于民法发展的原理，实用商法必须秉承、维系和普及。不过，民商法原理的运用不走玄虚之路，只是从便捷实用展开而已。

实用商法之所以实用，除了秉承人类社会发展中智慧积累的民商法原理，敦促人们特别是法律人拥有觉悟及信仰以捍卫商事活动良善秩序外，更为实际的功用在于引导人们在商事活动中公平公正地维护自己或己方的合法权益，自觉和主动地履行法律义务。因此，实用商法的实用，首先必须建立在能够让读者包括接受高等教育的法律人易懂而不是难懂的基础上，本书正是为实现这一目的努力撰写的。

二、学好实用商法的认识论、方法论前提

对于人，包括商事活动参与者及其法律服务者来说，商事法律规范和制度，都是不以人的意志为转移的客观存在。从正确理解实用商法考量，本书立足科学、理性、思辨的认识论、方法论、价值观和时空观，对学好实用商法建言如下：

第一，学好实用商法，要承认其存在及其运行规律的客观性。商主体资格的承认、商行为的拘束和商权利义务的规定，从来都不以人的意志为转移，而只能是人的意志遵循商运行的客观性并承认其规律。脱离商存在和商运行的客观性，以为可以随心所欲地强加人的意志，都不能学好商法，更谈不上运用了。例如，不顾客观市场经济规律地约束商主体和商行为，尽管可以使用“商法”之名，但实质上是悖离商法本质规定性的，会阻碍甚至扼杀商业存续。学习、应用这样的“商法”，不仅会误老师，更会误人子弟。

第二，遵循客观规律及其逻辑联系，探索能够把握商法实用体系及其运用的方法。学习、应用商法，最基本的科学方法是逻辑分析，并结合实际推理判断，寻找规范商主体和商行为的法律原理。商主体和商行为的逻辑起点，无法与民事主体和民事行为的一般法理相割裂。但商主体和商行为的特殊性，一般民事主体和民事行为的法理均没有涵盖。人类社会基于商主体和商行为客观的特殊性，以法律针对性地对其进行逻辑理论“闭环”构造，形成了最为经济高效的商法体系。通过扎实深入的逻辑探索，有利于全面实用地把握商法原理及其运用。

第三，科学、理性、思辨地认知实用商法的价值，有利于掌握和运用实用商法相关知识。围绕商主体、商行为以及商争议纠纷解决，商法立法的目的及其理论，最终要体现在具体的规范和制度上，促成公平良善的商贸交易秩序。作为法学(法律)专业的大学本科生，系统、全面、深入地学习商法，就是要养成将运用商法服务于商主体及其商行为的理论基础和相应的专门技艺能力相结合的本领。应付考试以取得文凭的急功近利的价值取向，不应为大学法学(法律)本科教育所鼓励。经过实践检验，运用商法服务社会，才是认知实用商法的价值的基础和前提。

第四，紧密结合事物运动变化的客观规律，学习、认知和运用实用商法。同世界上的所有事物一样，商主体、商行为及其规范从来都不是一蹴而就或一成不变的，而是始终随着人类社会发展尤其是科技进步而不断变化。因此，紧密结合人类社会文明进步趋势和发展实际，把握商法因应实用趋势，应当是我们教师同法学(法律)专业的大学本科生共同努力的不二之选。例如，在数字化、互联网、大数据等高新科技极大地运用于商贸交易的今天，在电子商务成为潮流的今天，学好商法就不能无视其变化，而是必须加以正视和积极地应对。电子商务新平台、新支付手段等高新科技的运用，导致无论是主体、行为还是争议纠纷解决，均与传统商法理论及规范制度不相适应。因此，编撰本书的全体同仁一致认为，要学好商法，高效地运用商法，必须紧密结合事物运动变化的客观规律。

三、本书编撰原则及分工

本书按照大学法学(法律)(包括电子商务及法律)本科生实用指导思想展开编撰，实行系统、独立和文责自负等编撰基本原则。具体分工如下：张培田负责序言、第三章、第四章、第九章；唐犀负责第一章、第六章；刘蕾负责第二章；田华负责第五章；周乐娟负责第七章第四节至第七节；陈利杰负责第七章第一节至第三节；魏方负责第八章；杜蓓蕾负责第十章。全书由张培田、唐犀、刘蕾统稿编修而成。

目　录

第一章　商法概述

第一节　商法的由来

商法是调整商事活动法律关系的法律统称。在商法渊源的理论之中，其与罗马法的关系成为学说讨论的重点。

在人类社会发展的初期，当生产力发展到一定程度直至出现私有制和商品交换活动以后，就已经出现了调整这种社会关系的商事交易规则或者商事交易习惯。但由于当时商事交易的规模和频率都无法与现代意义上的商事交易相比，交易规则和习惯基本上归入民法的范畴，未形成独立调整商人或者商行为这类特定对象的规范体系，也与中世纪产生及发展的商法有本质上的区别。但从商法理论上看，商法的渊源与罗马法有密切的联系，如B. 戈德曼认为，罗马万民法是商法的历史渊源。①如果认真考察，尽管罗马法被区分为公法和私法，但仍具有古代法诸法合一的基本特征，因此探究渊源时不能局限于罗马法。伊夫·居荣认为："古代对商法的贡献更多属于间接贡献而不是直接贡献。除了海商法与银行法之外，古代并没有发现商法特有的机制，但是，商法至今仍然与古代有联系。因为今天的商法仍然广泛采用有关'债的关系'的一般理论，而罗马人使这一理论在技术上得到了完善。因此说，商法的基础比较古老，但其独特性却直到中世纪末才确定下来。"②

中世纪以后，欧洲国家的生产力提高，社会商品交换日益增多。商业文明的复兴与进展，使得交易方式增多，交易规则的技术性提高，交易主体也从一般的自然人扩大到非自然人主体，因此，传统上调整一般商品经济的民法已经无法再适应新时期经济变化的需求。按照马克思的观点："人们在自己生活的社会生产中发生一定的、必然的、不以他们的意志为转移的关系，即同他们的物质生产力的一定发展阶段相适合的生产关系。这些生产关系的总和构成社会的经济结构，即有法律的和政治的上层建筑竖立其上并有一定的社会意识形式与之相适应的现实基础。物质生

---

① 郑远民. 现代商人法研究[M]. 北京：法律出版社，2001：15.

② [法]伊夫·居荣. 法国商法(第1卷)[M]. 罗结珍，赵海峰，译. 北京：法律出版社，2004：14.

活的生产方式制约着整个社会生活、政治生活和精神生活的过程。”①商人们为了进行迅捷而安全的交易，逐渐在商事活动中创立了一系列独特的商事习惯及商事规则，对于当时的商事交易起到了确定的促进作用。此外，由于中世纪盛行欧洲教会法，教会法的目的是为了维护封建势力的存续，压制资本主义的发展壮大，因此既有的教会法规则无法保护商人交易的便捷性和安全性。商人团体为了维护自身的利益，纷纷成立团体组织。团体组织作为商事交易的立法者，制定了商人交易的规则，确定了商人交易的习惯。同时团体组织又作为裁判方，当商人交易出现纠纷时，以仲裁的方式迅速解决。

商法的快速发展并非忽视其概念和制度与查士丁尼法典中罗马法的渊源。罗马法对近代商法的影响主要有三个方面。第一是大陆法系(罗马-日耳曼法系)中包括商法在内的法典编纂，是以罗马法为基础发展起来的。第二是近代商法的很多制度，比如主体、商事行为、财产权等制度，都是发端于罗马私法。第三是英美法系当中的一些法律制度的分类及概念均继承自罗马私法。“在查士丁尼大全文本以外，罗马帝国商业习惯法和市民法的若干规则从 5 世纪开始一直存在于西方社会中。”②

罗马法中发达的债法对中世纪的商人法产生了重要影响，但罗马市民法和罗马习惯法仍然不能解决中世纪以来出现的国内和国际商业问题。伴随商业文明的复兴和发展，以自由、公平、权利等作为核心，以商主体和商行为作为特定对象的商法部门逐步从传统民法中分离出来，并在商人实践和商事立法中基于客观性、普遍性、互惠性的特点发展形成了独立的法律原则、概念、规则和体系。从中世纪到近代初期，一大批调整单方面商行为的制度和法律规范产生并逐步成熟起来。“中世纪带给我们的东西很多。正是在中世纪，发明了现代商法的主要制度：例如，商业合同，银行业务活动、汇票、破产，甚至还有公司，尽管他们在程度上还比较小。”③因此，商法的主要渊源是中世纪的商人法，非主要渊源是罗马法的学说基本得到承认。

中世纪晚期，在北意大利的佛罗伦萨、米兰和威尼斯等地以及包含布鲁日、伦敦等地的汉莎贸易同盟地区，都存在具有国际性的商人法，其中包含了大量至今仍然沿用的概念，诸如公司、代理、往来账等。这种各地区遵从的统一性商人法与多样性的民事法律区别很大。到了 16 世纪后期，欧洲自由资本主义商品经济已经发

① 马克思恩格斯选集(第 2 卷)[M]. 北京：人民出版社，2012：2.

② [美]哈罗德·J. 伯尔曼. 法律与革命[M]. 贺卫方，高鸿钧，夏勇，张志铭，译. 北京：中国政法大学出版社，1993：414.

③ [法]伊夫·居荣. 法国商法(第 1 卷)[M]. 罗结珍，赵海峰，译. 北京：法律出版社，2004：15.

展得较为完善，民族主义兴起，封建割据势力日渐衰落，商人自治团体被统一的民族国家所取代。掌权的资产阶级为了进一步发展社会生产力，保证商事交易的质量及商人团体的利益，国家开始将原有的商人自治的规则、习惯纳入到立法的层面。商人自治团体的功能被大大削弱，制定商事规则、习惯的功能也不复存在，只能起到组织、协调和管理商人及商事交易的功能。商法领域出现了两个新的变化阶段。

第一个变化阶段是商法著作大量出现和一些国家开始进行商事立法。法学学者开始积极整理编纂和研究不同地区、不同行业的商事交易规则，大大拓展了商法的理论基础。如法国学者萨维尼在 1673 年出版《论完全商人》，德国学者马奎德于 1662 年出版《商事主体的政治和法律地位》，德国学者凯萨尔吉斯于 18 世纪中叶出版《商法论》等。这些国家以这些著作中阐述的理论为基础进行单行商事立法，在内容上既带有浓厚的商人法色彩，又反映了中央集权国家的根本意志。法国路易十四在 1673 年 3 月颁布了《商事条例》，系最早的商事单行法，该条例专门规范陆上商事活动，共计 12 章 112 条，包括商业性质、商人、商业簿合伙(无限公司)、票据、破产和商事裁判管辖等内容。1681 年 8 月，路易十四又颁布了《海事条例》，该条例专门规范海上商事活动，类似于现在的海商法，共有 5 编，包括海上裁判所、海员及船员、海上契约、海港警察、海上渔猎等内容。该条例颁布的目的在于加强王室对海上贸易活动的控制，排除奥勒伦法和康苏拉底法对法国海商活动的适用。德国在 1794 年统一之前，仅有普鲁士一邦着手制定了成文商事法，如 1727 年的《普鲁士海商法》，1751 年的《普鲁士票据法》，1776 年的《普鲁士保险法》和 1794 年的《普鲁士普通法》等。《普鲁士普通法》是一部集民商法规范于一体的综合性法律，其中商事方面的规定类似于法国 1673 年的《商事条例》。这些国家单行商事立法在商法发展历程中起到了承上启下的作用。

第二个变化阶段是商法法典化的兴起。随着民族国家的加强和资产阶级革命的影响，从 19 世纪开始，欧洲国家进一步开启了商法法典化的进程。拿破仑于 1801 年任命包括法学家和实业家在内的 7 人委员会，在广泛征求意见后，于 1803 年公布了商法典草案，1807 年 9 月议会正式通过了《法国商法典》，并自 1808 年 1 月 1 日起实施。当时《法国商法典》全文共分 4 编 648 条，第一编为通则，第二编为海商，第三编为破产，第四编为商事裁判。《法国商法典》是世界上第一部划时代的商法典，首次区分了民法和商法，使商法成为一个独立的法律部门。同时，法国也为法典辅以了单行法规，如《法国公司法》《法国商业登记法》等。欧洲各国纷纷效仿，相继制定商法典。计有 1807 年的《卢森堡商法典》，1811 年的《比利时商法典》，1829 年的《西班牙商法典》，1833 年的《葡萄牙商法典》，1835 年的《希腊商法典》，1838 年的《荷兰商法典》，1850 年的《土耳其商法典》，1865 年的《意大利商法典》等。作为大陆法系中另一重要国家，德国也在 1897 年 5 月 10 日颁布并于 1900 年实施了《德意志帝国商法典》，该法分为 4 编 905 条，第一编为总则，第二编为公司和隐名合伙，第三编为商行为，第四编为海商。同时德国制定了《联邦德国股份公司法》《德国有限责任公司法》《德国票据法》等单行法规对商法典进行补充。

英美商法的渊源包括普通法、衡平法、制定法。英国是非成文法国家，所以有关调整商事活动的法律主要是以习惯法和判例法作为其主要内容。商法中公平、正义的精神与衡平法有着相同的准则。19 世纪后，英国日趋频繁的商事交易同样需要商法的确定性及简明性，商事制定法比重增加，如《英国票据法》《英国合伙法》《英国货物买卖法》《英国公司法》《英国破产法》《英国海事保险法》等大量系统的成文法规出台。“英国成文的商事法规与欧洲大陆成文的商事法规的区别在于前者只是将商事判例进行系统化、条文化，在司法实践中又往往将商事成文法与商事判例法结合在一起使用。”①

美国的商事立法与英国的商事立法一脉相承，在形式上基本相同。但美国又是一个联邦制国家，美国宪法规定商事立法权分为两个部分，一部分由联邦政府行使，如赋税、通商、破产、著作权、发明权、合众国的信用借贷等，其他方面的商事立法权归各州行使。早先由于各州享有商事立法权，所以各州纷纷立法，使得各州的商法千差万别，造成州际商事活动的不便。因此，美国政府从 1892 年开始推动制定一系列统一的商法，包括《美国统一流通证券法》《美国统一买卖法及仓库收据法》《美国统一公司法》等，最终在 20 世纪 50 年代经过整理、汇编，制定成《美国统一商法典》。但需要明确的是，《美国统一商法典》的性质与大陆法系的性质完全不同，是由非政府机构——美国法学会和美国统一州法全国委员会制定，而不是由国家立法机关制定，因此并不具有强制力，只有在各州立法机关通过后才具有法律效力。有学者认为：“统一商法典并不是大陆法系类型的商法典，法国法系和日耳曼法系的商法典都是以民法典的存在为前提的，民法典是一般法，包括合同法的一般原则，商法典是特别法，英美法系没有严格的民商界线也不存在大陆法类型的民法典，作为英美法系法律制度之基础的合同法和侵权法几乎完全存在于由判例发展起来的所谓普通法中。所以，作为一部英美法系的商法典，统一商法典实际上包括许多被大陆法系认为所谓民法范畴的法律规则。”②

日本在明治维新运动后打开国门，商事交易频繁，促使政府制定商法典适应经济发展的需要。日本政府在 1881 年即聘请德国人赫尔曼起草商法典，1890 年颁布了《日本商法典》，但日本法学界和议会对此争论颇多。经过反复多次争论，1899 年正式实施修改后的《日本商法典》，又称为“新日本商法典”。日本同样制定了《日本破产法》《日本公司更生法》等商事单行法作为商法典的补充。

中国古代封建社会中，历来是“诸法合体”，不存在近现代意义上的商法。中

① 赵雪刚. 商法学[M]. 重庆：西南师范大学出版社，2011：19.

② 沈达明. 美国统一商法典[M]. 北京：中国对外经济贸易出版社，1990：1.

国商法产生于19世纪下半叶中国由传统农业社会向现代工业社会的历史性跃迁进程之中。在20世纪初，清朝政府为了维护其统治，于1904年1月颁布了由沈家本主持起草的《钦定大清商律》，由《商人通例》和《公司律》两个部分组成，共有140条，在一定程度上反映了民族资产阶级发展工商业的要求，是我国第一部正式的商法。北洋政府于1914年在未及颁行的《大清商律草案》的基础上，制定了《商人通例》和《公司条例》。不久之后，南京国民政府建立了民商统一的立法体系，将商事内容纳入民法典，将调整民商事关系的立法定名为民法，并参考苏俄的立法样式，将性质上便于在民法中合一规定的订入民法之中，而对不宜于在民法中合一规定者，如公司、票据、海商、保险等就另订特别法。中华人民共和国成立后，废除《六法全书》，实行高度集中的计划经济体制。国家对商业进行计划管理，因此商法典的制定就此搁置。改革开放后，随着中国特色社会主义市场经济的蓬勃发展，中国商法方面也制定了大量的单行商事法规，比如《中华人民共和国公司法》《中华人民共和国票据法》《中华人民共和国证券法》等，商法体系逐步构建。

从世界范围来看，商法面临了“民商合一”“商经合一”“商法典凋零”等诸多问题。从总的发展趋势来看，各国仍然倾向于民商分立，但从20世纪以来，在民商合一和去法典化的双重夹击下，商法典处于凋零的趋势之中，各国更多地制定大量的商事单行法。如德国在1937年就为股份公司单独立法，对商事雇员的规定归属于劳动法。法国对商事登记专门立法，《法国期货交易法》和《法国证券交易法》也独立于商法典外。有学者认为商业的发展具有专门化和精细化的要求，因此在商事立法方面，诸如公司、票据、保险等都是社会高度分工的产物，其自身独特的规则和技术规范无法统一于商法典之下，而应该加强商法的各分支部门法的研究。也有学者认为，基于国际贸易的蓬勃发展，商法不应拘泥于国内商法典的制定，而应该在国际贸易层面将商法再次转化为国际法，“包含国际公法、国际统一立法、一般法律原则、国际贸易惯例、国际标准合同以及国际合同示范条款等内容”。① 未来商法的发展方向，有待于商法学者的进一步探讨与创新。

第二节 商法的特点

商法的特点即是商法区别于其他法律部门的主要标志。论及商法，大致归纳有如下几种特点。

一、营利性

《汉书》记载：“通财鬻货曰商。”将商视为买卖，这是古代经济环境中人们对商

① 徐国建. 现代商人法论[J]. 中国社会科学，1993(3)：80-100.

的朴素认识。随着近现代经济的发展，营利被人们认为是商的本质。商主要包含营利性和营业性两个方面。营利性在于获取利益并分配给投资者，营业性表现为商业行为的持续性和同一性。商法的营利性特点并非指商法可以指导商主体营利，而是指商事法律制度构建自身营利的有机统一体，以法律制度来规范商主体的营利行为。因此商主体、商行为、商事交易活动等商法立法和司法之根基，无不与营利性存在着密切联系。商法中重要制度的建构，如商主体设立、变更和终止，商事登记、商号等，以及商行为中重要规则的确立，如商事买卖、商事代理、商事行纪、商事居间、商事信托、商事信用、证券交易、期货交易、融资租赁、商事仓储、商事货运等，都必须考虑营利性特征。此外，商法中一些特有的法律规定，如定型化契约、短期时效制度、利率、结算等方面的特殊规定，也都以营利之特性为出发点，从不同方面反映了商法确认营利、保护营利的价值取向。“商事法与民法(尤其是债篇)，虽然同为规定关于国民经济生活之法律，有其共同之原理，论其性质，两者颇不相同。盖商法所规定者，乃在于维护个人或团体之营利；民法所规定者，则偏重于保护一般社会公众之利益。”①商法规范的重点是商人的营利活动，没有商法对营利活动的法律承认和切实保护，也就不会有繁荣的市场经济。

需要强调的是：君子爱财，取之有道。商法承认和保护的营利是通过合法合规的交易，在遵守商业道德的基础上所取得的。对于通过不正当竞争或非法手段取得营利的行为，商法不会予以承认和保护，并将给予相应的法律制裁。

二、兼容私法和公法

公法与私法之分源于罗马法，并一直为大陆法系法学者所用。一般来说，公法主要是指调整国家与普通公民、组织之间关系以及国家机关及其组成人员之间关系的法律，私法主要是调整普通公民、组织之间关系的法律。商法调整的是营利主体的营利行为，本质上属于私法。但商法又不同于普通私法，而是一种特别私法规范体系。随着自由资本主义向垄断资本主义过渡，为了遏制极端的个人利己主义对商事交易秩序带来的危害，消除生产与竞争的无政府状态，以便更公平地调整社会各阶层的利益关系，许多国家在凯恩斯主义的影响下，以“社会本位”的法律代替“个人本位”的法律，加强了对经济活动这个传统上私法领域的干涉。学者将这种变化称为私法的公法化。所谓私法的公法化，就是指随着国家对私人活动干预的加强，商法当中的许多规范具有了国家强制性特征，当事人的自由意志受到了限制，国家通过立法形式来干预并规范商事交易活动。譬如《中华人民共和国票据法》第 103 条至 107 条规定中关于对票据违法行为予以行政处罚和刑事处罚的规定，以及《中华人民共和国保险法》第 106 条至 121 条关于保险业行业监督管理的规定等，都体

① 张国健. 商事法论[M]. 台北：台湾三民书局，1980：23.

现了国家加强干预和监管的趋势。传统民商法的私法规范越来越受到公法因素的渗透和影响，导致商法具有了私法与公法的兼容属性。

商法的私法性质要突出商个人、商合伙、商法人作为商主体的法律地位，确认其在商事交易中独立自主的意志；商法的公法性质则要加强国家对商主体和商行为的规制和调控。从总体上说，公法条款仍然处于为私法交易服务的地位，不能改变商法本质上是私法的属性。

三、兼具组织法和行为法的特点

商主体和商行为是商法研究的基本内容，因此商法也同时兼具组织法和行为法的特点。

商法首先应对商主体的组织形式、名称、住所、商事主体的法律地位、组织章程和组织机构等内容进行详细规定，解决如何加入市场的问题，因此具有组织法的特点。商主体要获得相应的资格，必须严格按照商法规定的条件和程序设立并开展经营活动。其次，商法也要对商事经营行为进行调整，比如对商事主体的设立、合并、分立、解散、破产与清算等商事行为进行详尽的规范。需提及的是，商法规范的商事行为需要是与商主体的特点直接相关的行为。如商事行为与商主体的特点并无直接相关，则不属于商法规范的对象，应由其他的法律进行规范。上述分类多是逻辑上的区别，实际上组织法和行为法是交织在一起的。商组织法中多有行为法的内容，如公司发起合并或者分立，公司发行股票等行为，都包含了组织法和行为法的内容。

四、技术性

商法是商主体在商事实践中以商事惯例演化而来的规则，以经济效用为主要目的，以维护交易的迅捷、公平和安全为价值取向。商法是一种实践性强的法律，对商行为的行为方式、行为规则、行为步骤都做出了相应规定，使得法律规范更具操作性和技术性，这与作为一般私法的民法偏重伦理规范有着明显的不同。譬如公司法中关于公司发起设立和募集设立的方式、出资方式、出资证明书和股票的制作与签发、股东会及董事会的议事规则和表决程序、公司财务制度等，都是与现代公司法律制度密切相关的技术性规范。再如票据法中有关票据出票、背书、承兑、保证、票据权利的行使与保全，票据抗辩、票据的丧失及其补救等规定，也都是与票据功能密切相关的技术性规范。保险法中有关保险合同的成立及内容的效力判定，投保人义务的履行和保险人义务的履行，保险公司的财务会计制度，保险业监督管理等内容，同样具有技术规范的性质。由于商法具有强力的技术性，其在各国存在技术上的共同性，可以互相学习借鉴。商主体除了要遵守商事道德以外，也要专门掌握商事法律，以便更好地从事商事活动。

五、国际性

中世纪地中海沿岸的国家商事交易发达，商法从最早的习惯法开始就带有较强的国际性特征。随着近代商法的继续发展，主权国家逐渐将商法纳入到国家立法之中，商法的国内立法属性得到加强，取代了国际性。但自 18 世纪工业革命以来，社会生产力迅猛发展，社会分工细化，各国之间的商事交易又日趋频繁，当今世界已经形成国际分工与合作的新格局，不可能有国家孤立于市场之外。随着各国之间经济联系和贸易往来的日益密切，国际经济区域化和一体化趋势日益明显。

商法的国际性主要体现在三个方面。第一，世界各国制定了一系列的统一规则，产生了很多国际商事条例或者协定。如 1988 年生效的《联合国国际货物销售合同公约》，1990 年修订的《国际贸易术语解释通则》，世贸组织的很多规范等都是由统一的商事条例规定的。第二，成立了一系列的国际商事组织，目的在于制定能统一适用的商事条例规定。如国际海事委员会、国际商会、联合国国际贸易法委员会等，有力地推动了商法国际化的进程。第三是各国商法内容日益趋同化。各国制定的单行商事法法规内容互相借鉴和影响，包括国际货物买卖、票据、海事海商等商事立法没有多大差别。自 20 世纪初以来，我国也开始大量借鉴西方国家商法，既包括大陆法系的商法，也包括英美法系的商事立法及其案例，并且做了大量将我国商事立法与 WTO 规则接轨的工作。商法的国际性是必然的趋势。

第三节　商法的法律渊源

法律渊源有广义和狭义之分。从广义上讲，法律渊源是指对法和法律规范产生决定性影响的所有因素。广义的法律渊源可以从不同角度进行讨论，譬如从跨学科的历史学或社会学角度研究法律产生的特定社会关系或过程等原因。从道德的角度研究法律的道德义务效力。从法律的方法论角度研究法律的界限、制度效力、位阶等内容。狭义的法律渊源即具有法的效力作用和意义的法或法律的外在表现形式。商法的渊源也就是具有法的效力作用和意义的商法规范据以表现的外在形式。本书所指的商法的法律渊源是从狭义概念上进行分析的。

一、一般商法学说的法律渊源

（一）制定法

由于商事活动在社会活动中占据重要地位，因此不论是大陆法系的国家和地区，还是英美法系的国家和地区，商法都以制定法为主。各国立法机关按照一定立法程序制定的法律和法规，主要包括如下四类：

（1）宪法。作为国家根本大法的宪法，一般并不直接适用于商事活动。但其关于商事活动的法律规定，可以作为商法的根本性法源而对商法具有统领的作用。其余渊源需与宪法相一致，与宪法抵触的不具备法律效力。

(2)商法典。在民商分立的国家，一般都制定有形式意义上的商法典，商法典是调整商事关系的基本法。

(3)商事单行法。在民商合一的国家，没有独立的商法典，商事单行法是调整商事关系的主要法律，其涉及的商事领域相当广泛。即便是在英美法系国家，以判例法及习惯法为主，但仍然制定了相当多的商事单行法，并具有重要的地位。

(4)对商事规制的其他法律规范。在某些没有独立商法典的国家，其宪法、行政法、刑法等法律法规中都包含有商事规范。民法中尤其有大量可以适用于商事关系的基本原则和规定，如民法中有关债的规定，有关代理的规定以及有关合同的规定，都是有关商事关系的法规。

(二)商事习惯法

商事习惯是被普通接受用以调整商事关系的行为规范，商事习惯法则是商事习惯经过法律确认发生法律效力的固有习惯规则。商法最早就是来源于商事习惯。商事习惯要转化为商事习惯法，首先需要在长期的商事活动中形成，其次要有明晰的规则和内容，包括参加商事活动的当事人权利和义务的规则。

商事习惯包括国内有关商事的民事习惯、商事习惯、国际共同遵守的商事习惯，其中最重要的是关于海商方面的商事习惯。商事习惯法由于具有自治性特征，一般只有在当事人均在合同中明确约定使用某项惯例时，双方才受到惯例的约束，如 1980 年《联合国国际货物销售合同公约》第 9 条第 2 款即规定双方当事人应受他们业已同意的任何惯例的约束，并规定，除非另有协议，双方当事人应视为已默示地同意受他们已知道或者理应知道的惯例的约束。

商事习惯法的地位在各国不尽相同，如在民商合一的国家，商事习惯法一般处于辅助性地位，只是对法律未作规定的事项，且不违反公序良俗原则才具有法律上的约束力。而在民商分立的国家，商事习惯法可能优先于民法而使用，如《日本商法典》第 1 条规定："关于商事，本法未规定者，适用商事习惯法，无商事习惯法者，适用民法。"目前在国际贸易中影响最大的贸易惯例是国际商会修订的于 2000 年 1 月 1 日生效的《2000 年国际贸易术语解释通则》和 2007 年 7 月 1 日生效的《跟单信用证统一惯例(2007 年修订本)》(UCP600)，它们构成了重要的商法渊源。

(三)国际商事条约及公约

国际商事条约是指作为国际商事主体的国家和国际组织缔结的有关国际商业和贸易的条约或者公约，也是商法的主要渊源。

国际商事活动作为一种国际性活动，有必要消除由于各国国内法差异而导致的商事交易困难。国际商事条约和公约经过各国缔约或认可后，成为商法的重要渊源。一般而言，条约只对缔结条约国有拘束力，对非缔结条约国没有约束力。但是由于许多商事方面的多边条约或公约的规定反映出商事活动的一般规律，通常也会得到非缔结条约国的遵守，特别是参加国家多、制定时间长的公约更是如此。有的国际条约只在当事人约定予以采用时，才能得以适用。如1980年《联合国国际货物销售合同公约》第6条规定，双方当事人可以不适用本公约，或在第12条的条件下，减损本公约的任何规定或改变其效力。

条约大致可分为三种：第一种是实体法内容条约，对交易双方权利义务作出具体规定的条约，如《联合国海上货物运输公约》《联合国国际货物销售合同公约》等；第二种是程序法内容条约，主要内容是冲突法规范，如《国际货物买卖合同法律适用公约》等；第三种是建立地区性或世界性的商事组织而签订的国际性协定，目前主要的国际条约有《海牙规则》《维斯比规则》《汉堡规则》《国际铁路货物运输公约》《联合国国际货物多式联运公约》等。

(四)判例及法理

商事判例在英美法系国家及一些成文法国家，均属于比较重要的法源。在判例法国家，商事判例可直接"创造法律"。在某些成文法国家，商事判例也有相应的功能，包括阐释商事法规、确认商事习惯及明确法理。判例被认为是介于商事习惯和法理之间的一种法源。

法理即在商事领域内阐释商事法律规范的基本精神和学理。只有被法律界认可的权威性学说才属于法律渊源意义上的法理，从而被司法机关采用。在商事法规没有明文规定，且无商事习惯时，法理可以作为一种补充适用。

(五)商事自治规则

亦有商法学者将公司章程、票据交易所规程、证券交易所规程等一些商主体预先制作的定型合同条款称为商事自治规则，作为商法渊源。虽然这些商事自治规则只能适用于团体组织内部，不具有对外效力，且无国家强制力作为后盾，但从实质来看，商事自治规则在调整商事交易行为中也起到了重要的作用，因此本书认可商事自治规则作为商法渊源。

二、我国的商法渊源

在我国，商法渊源主要包括以下几种：

(1)法律。即全国人民代表大会及其常务委员会制定的规范性文件。其中《中华人民共和国宪法》处于最高位阶，其余包括《中华人民共和国民法总则》《中华人民共和国民法通则》《中华人民共和国公司法》《中华人民共和国票据法》《中华人民共和国海商法》等。

(2)行政法规。即国务院制定和发布的，以及由国务院各主管部门制定，经国务院批准发布的有关规范性文件。如《中华人民共和国公司登记管理条例》《中华人民共和国企业法人登记管理条例》《企业名称登记管理规定》等。对于宪法赋予国务院管理职权的事项，国务院可以制定专门的关于商事活动的规范性文件，如《商业特许经营管理条例》等。

(3)商事地方性法规。即地方各级人大及地方政府根据本地区实际情况执行法律、行政法规所依法制定的规范性文件。如《深圳经济特区商事条例》《上海市房屋租赁条例》等。

(4)国际条约和国际贸易惯例。我国参与的国际条约有《联合国国际货物销售合同公约》《国际商事合同通则》《国际贸易术语解释通则》等。

(5)立法解释。即全国人大常委会关于商事法律的立法解释。

(6)司法解释。即最高人民法院对商事立法的解释。包括《最高人民法院关于审理票据纠纷若干问题的规定》《最高人民法院关于审理期货纠纷案件若干问题的规定》等。

(7)商事自治规则。即商主体就其组织、运作、成员及相对人的权利义务关系等内容制定的，且符合上位法律及行政法规的自治性规则。

第四节　商法的价值

法律价值，是一定的社会主体需要与包括法律在内的法律现象的关系的一个范畴，就是法律的存在、属性、功能以及内在机制和一定人民对法律要求或需要的关系，这种关系是通过人民的法律实践显示出来的。① 因此法律对不同主体而言会有不同的价值。张文显教授认为：“法的价值的内涵会因不同的使用方式而有所不同。”②商法的价值是商法得以独立存在和发展的理论及逻辑基础，也是商法研究的根本性问题之一。“商法价值具有根本性、初始性、理想性，它是商法制定、实施、评价、判断的依据和标准，也是商法运行的起点和归宿。”

一、商法价值在历史维度的体现

从历史的维度来看，不同的国家有其独特的历史和传统，无论商法是以商人为出发点，或是以商行为出发点，归根结底是为了商人这个共同体。如果历史上不存在商人共同体，商法也就无存在的价值。在商人阶层发育完善的国家里，基于对商人共同体的信赖，要求彼此之间的交易行为恪守诚实信用，并在交易习惯化、规则化的基础上发展出各种商事制度。“商人们自发聚集到一起，制定共同的游戏规则。商业法律由此诞生。它没有得到国家的承认，完全是自发产生、自行裁决并强

① 乔克裕，黎晓平. 法律价值论[M]. 北京：中国政法大学出版社，1991：40.

② 张文显. 法理学[M]. 北京：高等教育出版社，1999：209.

制实施，就像一个俱乐部的规章制度一样。”①

从商法起源的历史背景来看，农业社会的社会经济要求稳定的土地所有权，维护地主阶级的利益。而基督教思想也认为商业是不道德的，因此从当时的国家层面无法推进商法的立法进程。商法的形成是商人阶层积极争取而来的结果，也是经济关系反作用于上层建筑的结果。商人阶层面对社会上的地主阶层及基督教会的压制，只能自发组织起来形成团队，并制定各种商业法规，这些法规大多来源于长期商事交易中形成的交易习惯。商业的复杂性已然决定了只能从大量的商事交易实践中提取规则，而不可能靠直接的立法活动来完成。商人自己组成商事法院及行会组织，吸纳新的商人加入组织。商事法院及行会组织中解决纠纷的审判及执行程序，都相对独立于当时的官方制度。商人是市民社会中最具有独立人格和自治性的共同体，其对社会资源的掌控影响着国家和社会的组织方式。商人共同体对法律体系的影响和改造是人类法治文明进程中的核心内容，商人掌握政权的共和国更加促进了商法和商业的发展，以其对商人阶层的独特价值塑造近代私法的新内涵。

二、商法价值在现实维度的体现

商法在现实维度的价值主要从商法的独特制度来体现，也涉及民商合一与民商分立两种制度构建的分野。很多学者认为商法没有独特的价值，如有学者指出，随着大陆法系民法典的无限扩张，商法的一般性规则已经被民法吸收，商法很难抽象出自己一般性的原则和价值。“商法的内容是朦胧的，商法的便捷是模糊的，商法的位置在哪里？我们教着商法，写着商法，眼观商法的兴旺和繁荣，我们热衷商法的事业和发展，同时我们也在怀疑着商法。我们知道它的过去，但却说不定它的现在，也看不透它的未来，我们似乎被笼罩在商法的烟雾中。”②商法的领域不断被民法侵蚀，民法的意思自治原则可涵盖商法的契约自由精神。民法的总则、物权制度和债权制度实际上也可以适用于商事法规中的一些问题。由于商法基本价值和理论研究的缺失，公司法、票据法等商法规范又成为经济法争夺的对象，因此我们必须认识到商法的现实价值。

（一）商法价值的贸易本位③

法律的本位主要有国家本位、个人本位和社会本位三种。奴隶社会和封建社会的法律是国家本位，强调个人对国家应承担相应义务。自由资本主义社会的法律是

---

① ［美］麦特·里德雷. 美德的起源：人类本能与协作的进化［M］. 刘珩，译. 北京：中央编译出版社，2004：221.

② 赵旭东. 商法的困惑与思考［J］. 政法论坛，2002(1)：101-107.

③ 本部分某些观点来自：胡鸿高. 商法价值论［J］. 复旦学报(社会科学版)，2002(5)：84.

个人本位，强调个人自由权利，尊重和保护个人财产所有权。20世纪以来的立法是社会本位，更强调社会公共利益。而商法的本位则应为贸易本位，贸易本位可反映商法的对象、精神、本质、功能和地位。商法与商密切相关，其自治性、兼容性和国际性对国内法律体系产生潜在影响，单纯用国家本位、个人本位和社会本位去概括都不恰当。商法本位是贸易本位的判断既符合商法发展史的实际，也与现代商法发展的主旋律一致。纵观商法发展的历史，商事习惯法、商法单行法和商法典都以买卖贸易为核心，调整贸易流程中的法律关系。商法以贸易为本，贸易背后的动力则是现代商人的营利追求。

（二）商法的独立价值

尽管在资本主义经济的发展下，民事主体商人化使得民商法的区别不甚明显，但商法价值的独立性决定了商法作为一个独立法律部门的必要。首先，商法和民法追求的立法价值取向不同。民法和商法尽管同属私法的范畴，均具有诸如诚实信用、公平、效率等基本价值取向，但民法最基本的价值取向是公平，兼顾效益与其他，而商法则是效益优先，兼顾公平和安全等价值。其次，从调整的社会关系来看，民法调整的是平等主体之间的财产关系和人身关系，而商法调整的是平等主体之间的商事关系。商事关系是发生在商人之间的交易关系，主体必须有一方是商人，且目的是具有营利性的，与一般民事关系相对独立。因此民法是一般法，而商法是特别法。在目前市场经济的精细化分工愈加深入的情况下，商法规范更加需要对各种具体的商事关系进行设计和规制，这是市场的内在规律和商人的内在需要。最后，由于价值取向和调整的社会关系不同，商法和民法的规则设置上有很大差异。如主体制度中，民法仅仅规定民事主体的资格和条件，一般不涉及主体内部事务，商法对商事主体的设立资格、组织机构和运作机制都有规定。商法中的某些制度如商业账簿制度只能适用于商事关系而不适用于民事关系。在商法规范的海商、票据、保险等领域，习惯法占据了重要地位。强调商法的独立价值有助于培养商事主体的商事理念，也影响着商事规则的制定和完善。

三、商法价值的内涵

商法的价值就在于对商事交易过程中的有价值事物予以保护并促进其增加。商法部门的法律规范相互之间及整体都应该为商法的价值而服务。商法的价值应为公平价值、安全价值、效率价值，商法只有遵循以上的价值并切实应用到具体商事活动中，才能符合商法价值矛盾论的普遍性和特殊性的对立统一，商法价值体系才能真正构建起来。

（一）公平价值

公平价值尽管也是民法的核心价值之一，但在商法领域有不同的内涵。民法上的公平主要是保护个体之间形式上的公平和机会上的平等，而商法以维护交易公平作为价值取向，更多地强调对社会整体利益的协调和保护，以效率为先导，兼顾公平。但即便是效率价值，也应该以公平价值为基础，公平价值处于整个商法价值体系中的基础地位。如果没有公平，商事主体取得资格和参与市场交易的机会都不能平等，各个商事主体无法在一个公平的环境下竞争。若只追求效率价值，商法的目标是难以达到的，价值体系必将崩塌。此外，公平价值还与安全价值有密切联系，公平价值可以促进安全价值的形成和稳定，安全价值也可以为公平价值的实现保驾护航。“交易公平是市场竞争和价值规律的内在要求，是市场交易的道德观念在法律上的反映。”①

商事交易活动都追求营利，但为了维护正常的交易秩序，反映价值规律的内在要求，必须贯彻交易公平规则，以利润均衡作为价值判断协调商事交易活动，确定商事主体之间的权利和义务。在商事交易中，维护交易公平就是维护正常的交易秩序。在交易中第一要求平等交易，任何一方在法律上不享有特权，第二要求诚实信用，商事主体在交易时应讲究诚信经营，具体到制度而言，包括上市公司信息披露，禁止内幕交易，投保人的如实告知义务，董、监、高等公司高管的忠实勤勉义务等。

商法中的公平价值在规范商事活动的同时，还可以帮助各市场主体树立公平的意识，实施权利，承担相应义务，各取所需，影响其他的法律规范和社会风气。党的十八大报告强调：“倡导富强、民主、文明、和谐，倡导自由、平等、公正、法治，倡导爱国、敬业、诚信、友善，积极培育和践行社会主义核心价值观。”公正即公平正义，也是国家和社会应然的根本价值观念。

(二)效率价值

效率价值即商主体通过商事交互行为，以期获得最大的效率需求。商事交易的目的是追求财富，更快地追求财富需要效率价值的具体应用。商法肯定效率价值，为逐利行为创造条件，并以法律的形式固定下来，极大地促使商主体以效率的方式进行商事交易。商事交易的效率价值在制度上主要是引导和确认交易简便和迅捷的规定。只有交易简便而迅捷，从事商事交易的商主体才能够缩短交易周期、降低交易成本、增加交易次数，从而获得更多的利益。德国学者沃尔夫冈·塞勒特认为：“其一，商人精通和熟悉交易业务，因此对商人应提出更高的要求；其二，商事交易在更高的程度上要求灵活性、快速性、简便性和法律稳定性。”②罗伯特·霍恩则提出：“在商业领域，一些十分重要的业务成交十分迅速，商法典则为卷入这些商

① 林敏. 商法基本原则研究[J]. 中国人民大学学报，2000(4)：98.

② [德]沃尔夫冈·塞勒特. 从德国商法典编纂历史看德国民商法的关系[M]//范健，等. 中德法律继受与法典编纂. 北京：法律出版社，2000：2.

业活动的人提供了保护。"①在商事交易中的具体规定如契约定型化、权利证券化、程序简易化、短期时效等制度都能充分体现商事交易的效率价值。以商事登记制度改革为例，2013 年实施的《珠海经济特区商事登记条例》及《深圳经济特区商事登记若干规定》都推出新的商事登记制度，明确商事登记的具体办理时限，以及省去验资证明文件、推进网上申报等措施，均是商法效率化的体现。商法的效率价值在商法中的地位很高，商法的职责即是在立法层面进行资源的优化配置，以制度促进和保障交易的顺利进行。当与其他价值发生冲突时，效率价值会被放在优先的地位进行考虑，如票据无因性制度就是这种价值取向的体现。

(三)安全价值

安全的商事环境是商主体能够安心经营的基本条件。如果没有一个安全的市场环境，商主体无法保有自己通过商事交易获取的合法利益，则市场上的经济活动将丧失存在的意义。在现代的商事关系之中，各项风险日益增多，商事安全势必成为商主体关注的重要问题。国家为了保障商事秩序的稳定，必须要立法构建相应的保障制度，建立起具有安全价值的法律体系，以便有利于商事活动的有序开展，保证经济活动的稳定性和可靠性，维护商主体的财产安全。这一目标需要商法确认安全价值，并以国家强制力保障实施，"法律是秩序的象征，又是建立和维护秩序的手段，而秩序的核心是安全。"②商法能够使商主体对所获盈利有持久、稳定和完整存在的期盼。"市场交易行为当然存在风险，法律力图使交易的风险被规范在适度的范围之内。法律对于市场的欺诈行为、违约行为等都规定了相应的责任，这就为包括安全在内的市场秩序提供了强有力的保护手段。交易安全就有了比道德、习惯更好的保障。"③

在具体制度的设计中，如市场准入阶段的主体控制就是安全价值取向的要求。监控商主体在设立这个时间点上是否符合商事交易安全的要求，是对交易安全的静态保护。监控商主体在其重要事项变更时进行变更登记，又体现了对商事交易的动态保护。商事登记簿对商主体信息的收集制度化，并以国家信用和外观主义作为信赖基础，可以有效降低商主体在交易过程中对相对方信息搜集的成本，全面准确地了解交易相对人的有关情况，保护基于外观的信赖利益，有效保证交易秩序稳定，保护交易安全。

---

① ［德］罗伯特·霍恩，海因·科茨，汉斯·G. 莱塞．德国民商法导论［M］．楚建，译．北京：中国大百科全书出版社，1996：286.

② 张文显．法哲学范畴研究［M］．北京：中国政法大学出版社，2001：195.

③ 卓泽渊．法的价值论(第 2 版)［M］．北京：法律出版社，2006：257.

第五节 商法的基本原则

商法的基本原则是指反映一国商事法律的基本宗旨，对于各类商事关系具有普遍性适用意义或司法指导意义，对于统一的商法规则体系具有统领作用的某些基本法律原则。基本原则集中体现了法律的精神，价值上高于其他具体原则，不但是商事立法的依据和准则，也对商事司法、执法有指导制约作用，在商法体系中起凝聚和统帅作用。基本原则具有抽象性，在无具体规则可以适用的情况下，可以作为裁判依据。

一、商主体法定原则

商主体法定原则意在强化商事组织，其主要包括商主体类型法定、商主体内容法定和商主体公示法定。

(一)商主体类型法定

商法明确规定从事经营活动的商主体的组织形式和财产责任。商主体的设立、变更均按照商法规定的主体类型和要求进行，禁止成立任何法定类型以外的商主体。我国目前关于商主体的规定众多，有些独特的组织形式如农村承包经营户等是国外所没有的。反之其他国际的无限公司、两合公司等，在我国也不存在。

(二)商主体内容法定

商法对商主体的实质性条件作了明确规定，投资者只有在具备实质性条件的前提下才可以成立相应的商主体。商主体成立后的财产关系和组织关系也由商法规定，其财产归属关系、财产责任关系、利润分配关系、组织机构设置等都按法律规定存在差异。因此，商法对商主体内容的法定要求，形成了不同商主体类型之间的差异和特点。

(三)商主体公示法定

商主体的设立、变更、终止均需要符合相应的法定公示程序，以便交易相对方能及时掌握相关信息，未经公示不得对抗善意第三人。我国的商事登记和公告、公示制度既是商主体的生效条件，又起着对抗的效力。

二、商主体维持原则

商主体维持原则是指商法尽力保证商主体，特别是企业主体作为完全的组织体存续且发展，使得市场持续繁荣。在商法中主要体现在三个方面。第一是企业的设立瑕疵原则上不影响企业的存续。尽管企业设立瑕疵本应导致设立无效，回溯至企业原本不存在的状态，但各国大多通过补救措施，如补充相关材料的同时施加行政处罚，继续保留有设立瑕疵的公司的法律人格。第二是对企业财产的维持。资本是商主体存续和发展的前提和保障。商法一般对注册资本的最低限额有要求，在资本确定、资本充实、资本不变三个方面对公司资本提出相应规定。第三是为了避免企业破产或者解散，商法规定了严格的设立条件和程序，增加企业存续可能，并对企业解散的情形加以严格限制。同时构建再建型破产观念，在破产清算程序中规定了破产和解和破产重整程序。

三、促进交易效率原则

商事交易以营利为目的，交易效率极为重要。法律必须简化交易程序、构建交易方式，以便交易能够简便、快捷。只有交易有了效率，商主体才能通过多次交易加速资本周转，提高成交量，获得更多的盈利。促进交易效率原则主要表现在以下四个方面：

（一）交易形态定型化

商法预先将交易形态定型，通过强行法规则预先规定若干类型的交易方式，省去交易过程中的甄别时间，使得交易标的、交易价格、交易方式和交易条件等要素都能够轻易确定或固定。无论何时从事该类交易行为，均可以获得同样的法律效率，从而提高交易的效率，如证券交易所的股票交易、期货交易所的期货交易等都有体现。

（二）交易客体定型化

交易客体定型化包括交易客体商品化和交易客体证券化的内容。交易客体商品化是指交易客体如果属于有形物，则将其商品化并给予统一的规格或特定标记，以便交易者在交易过程中对同质交易物能易于识别，实现迅捷交易。如期货合约中所对应的现货都有相同的质量及规格。交易客体证券化是指如果交易客体是无形权利，则将权利义务证券化，用证券流通的方式转让权利，简化权利移转的手续。公司的股票和债券，以及票据法上的票据均是以有价证券的方式定型权利，从而便于流通。

（三）交易方式定型化

尽管在商事交易中强调契约自由精神，但商事交易中大量反复同一的交易使得交易方式也需要定型化。如果商事交易中所有的合同条款均由当事人自由协商确定，则会将大量的时间耗费在条款的磋商之上。因此，交易中一方当事人可以事先拟定一般的交易条款，对方只能对条款表示接受和拒绝，此为合同法中的定型合同（又称格式合同）。商法中较为典型的即是保险人对保单的拟定等。

（四）短期消灭时效主义

商法对于各种商事请求债权普遍采用不同于民法中的时效期的短期时效，目的是促使当事人尽快行使权利，迅捷确定行为的效果，促进交易的迅速完成。如果商事交易的结果耗时过长才能确定，交易当事人必然难以实现营利目的。譬如在票据法中，票据请求权多适用于6个月、4个月乃至2个月的短期消灭时效。

四、保障交易安全原则

虽然一般希望商事交易简便迅捷，但仍应注意交易安全。如果只强调简便迅捷而对安全性不加关注，则商事交易的成果将会无存。各国商法对商行为的法律控制往往有如下一些规定：

（一）强制主义

强制主义也称为干预主义、要式主义。国家采用公法手段对商事关系进行强制性规定，使商事交易严格按照法律规定进行，主要有两种表现形式，一是商法通过公法规范直接管理商事关系。如各国商法中对公司设立条件的强制性规定，对于某些契约条款的限制。二是通过强行性法律条文对某些商行为予以严格规范，任何交易当事人不得任意变更。如公司法中关于公司章程绝对记载事项的规定，以及票据法中要求汇票、支票、本票都必须记载绝对必要记载事项，否则票据无效。商法除了传统私法中的意思自治以外，对强制性法律行为的后果也规定了多种加重的法律责任。如开具空头支票，票据法中规定了赔偿责任，也可能会导致行政责任乃至刑事责任。

（二）公示主义

公示主义是指交易当事人对于涉及利害关系人利益的营业事实，需要进行登记并负有公示告知义务的法律要求。这一规定的主要目的在于保护交易相对人或不特定第三人的利益，进而维护交易秩序的安全。在商事交易过程之中，交易当事人出于自身利益和交易安全性的考虑，在交易前需要了解对方与交易相关的信息和事项，并评估交易风险及可能性，但如果仅仅依靠当事人自身是很难做到的。公示制度满足了商事主体的种种需求，要求商事主体通过登记公示向社会公众提供相关信息和事项备查。公示主义主要包括以下几个具体制度：①登记制度。包括商事主体的设立登记、变更登记、注销登记等。企业登记制度有利于相关部门对企业进行管理，也有利于交易对方了解登记主体的有关情况。②公告制度。企业不但要进行登记，而且要把登记内容予以公开，登记与公告同时进行。包括登记公告、破产公告、重大事项公告等。③股份有限公司的信息披露制度。上市公司应当将有可能涉及公司股东利益的有关事项进行公告，包括招股说明书的公告、股票上市报告的公告，因为这些事项都涉及广大投资人的切身利益。

（三）外观主义

外观主义即英美法中的禁反言或不得否认原则，以交易当事人行为外观为参照确定该行为所产生的法律效果。如果真实情形并非公示于外表的事实，那么对于信赖该外表事实而进行的商行为需加以保护，从而维持交易的安全。如公司法规定，当公司设立登记后有应登记事项未进行登记或者已经变更的事项未进行变更登记的，不得以其事项对抗第三人。票据上所记载的事项，即便与真实事项不符，也不影响票据行为的效力。外观主义实则是在权衡实际权利人与善意第三人发生利益冲突时所应遵循的原则，其要求是对善意第三人信赖权利外观的信赖利益予以保护，实际权利人因此遭受的损失只能按内部权利义务关系解决。

(四)严格责任主义

严格责任主义即商事活动的当事人应承担严格于一般民事主体的责任。商事活动本身具有高风险、高收益的特点，商主体开展商事活动对整个社会都有影响，如不对负责人的责任进行严格规定，将妨碍交易安全。严格责任主义的目的是要求商主体谨慎进行商事活动，对交易的后果负责。在商法中，严格责任主要表现为广泛的无过错责任和普遍的连带责任。

无过错责任被广泛适用于许多具体的商事法律规定中，即在商事交易中，债务人无论是否有过错均应对债权人负责。如在保险法中保险人对投保人或被保险人的责任，即使是不可抗力所致，亦应对此负责。在民法中，连带责任的适用是个别存在，而在商法中，连带责任的适用则更加广泛。如在票据法上，两个以上的共同签名人须对票据负连带责任，发票人、承兑人、背书人及其他票据债务人对于持票人也须负连带责任。

商法各基本原则都承担不同职能，在商法基本原则构成中有不同的地位，但都服务于商法的价值，旨在调动商事主体的积极性，发展市场经济，协调商事交易中的各种利益关系。在某些商行为的实施过程中，可能受到多个基本原则的调整和制约，在不同原则出现效力冲突问题的时候，需要确定商法基本原则在效力上的层次性。在商法的原则中，优先顺位应是效率优先，兼顾交易安全和公平。

第二章　商主体法律制度(上)

我国没有关于商主体的法定概念，更没有相应的立法界定，在商法学界，学者们主要是从学理上对其进行研究。如董安生等编著的《中国商法总论》直接采用“商主体”的概念，并将其界定为“具有商法上的资格或能力、能够以自己的名义从事营业性商行为、独立享有商法上权利并承担商法上义务的组织和个人”。① 张民安、龚赛红合著的《商法总则》中使用的则是“商主体”这一术语，并指出“所谓商主体，是指以自己的名义实施某种商行为并以此为习惯职业的人”。② 赵中孚在其主编的《商法总论》中采用了“商主体”的概念，并指出“商主体，是指具有商事权利能力，依法独立享有商事权利和承担商事义务的个人和组织”。③ 在没有法定概念界定的情况下，上述学者们基于各自的理解做出的界定存在一定的差异。基于商主体性质与类型的变迁以及现代商法中商主体制度所进行的变革与应有的创新方向，不必在立法中确立抽象的商主体概念，而应直接对商行为的各实施人作出具体的规定即可。④

第一节　商主体法律性质及其分类

一、商主体的法律性质

商主体具有民事主体的一般特性，但它又有不完全等同于民事主体的特性。民法以独立和自由作为其终极价值，而商法是市场经济的产物，安全与效率是其终极价值，在商法规范下商主体们以营利作为其最高目标。具体来讲，商主体具有如下法律特性。

(1)商主体是法律拟制的主体。商主体参加商事活动，并在其中享受权利、承担义务的资格是由商法所赋予的，商法是组织和个人享有商主体资格的直接依据。

---

① 董安生，王文钦，王艳萍. 中国商法总论[M]. 长春：吉林人民出版社，1994：85.

② 张民安，龚赛红. 商法总则[M]. 广州：中山大学出版社，2004：58.

③ 赵中孚. 商法总论[M]. 北京：中国人民大学出版社，2003：121.

④ 范健，王建文. 商法总论[M]. 北京：法律出版社，2011：168.

商法若无规定，便不能成为商主体。普通的民事主体要取得商主体资格，必须按照商法预先确立商主体类型、商主体条件并履行必要的法律程序后。普通的民事主体在取得商主体资格后，即享有了法律赋予的商事权利能力和商事行为能力。从法律上说，商主体资格的取得来源于商业登记制度，因此商业登记这一创设商主体的法律事实既决定着商主体商事能力之范围，同时又为商法对商主体的税收、市场监督管理奠定了基础。① 基于此，多数国家的法律规定均要求商主体的成立必须首先履行商业登记程序。另外，对于从事金融、证券等行业的商主体的成立，则另行规定了特许审批规则。按照我国现行的规定，任何个人或社团组织凡欲从事营利性营业行为，成立企业法人、个人合伙企业、个人独资企业者，都必须履行登记手续，领取营业执照；未履行登记手续的组织和个人不得从事营利性营业活动。作为法律拟制的主体，商主体可以是自然人，也可以是法人或非法人组织。

(2)商主体必须具有商事能力。商事能力是指商主体在商法上的商事权利能力与商事行为能力的统称。商事权利能力是商法所赋予的，商主体能够参与商事法律关系，并在其中享受商事权利与承担商事义务的资格和能力。商事行为能力是指商主体在法律规定的范围内，通过自己的意志独立进行商事活动，并取得商事权利和承担商事义务的资格或能力。商主体的权利能力和行为能力须以商法的明确规定来判定。

(3)商主体以营利作为自身存在的目的。商主体与民事主体最大的区别就是其营利性。商主体就是专门从事以营利为目的的经营活动的主体，从事以营利为目的的经营活动，也是商主体资格得以持续的理由。从事以营利为目的的经营活动，用商法上的术语来表述就是从事商行为。换句话讲，如果某一天某个商主体宣称或者以实际行动表明其不再从事商行为，那么其作为商主体的资格将不再被保留。

(4)商主体必须是商事法律关系的当事人，是在商法上实际享有权利和承担义务的人。具体来说，商主体必须能够以自己的名义从事商事活动，独立享有权利和承担义务，并能以特定范围的资产承担相应的责任，这个特性将商主体与不具有独立性的商业组织内部机构区别开来，与此同时也将商业合伙与不具备商业名称和独立主体资格的民事合伙区别开来。

(5)商主体进行的商行为是以持续性营业的方式进行的。所谓营业的方式，是指商主体人以获取利益为目的，反复不断地从事同一性质的经营活动。从时间上考察，这种活动可以有一定期限，也可以是无限期的，但不能是偶尔的。从内容上考察，这种活动是有一定范围的，而不是毫无限制的。也就是说，营业行为是在较长时期内反复实施的相同类别的商业交易行为。

① 赵万一. 商法基本问题研究[M]. 北京：法律出版社，2013：247.

二、商主体的分类

在当代各国商法中，商主体表现为多种形式，不同国家的商事立法和不同的商法理论，常常依照不同的标准对商主体予以分类。简单归纳，主要有下列分类标准及具体类别：

(1)依照商主体的组织结构形态或特征，可以分为商个人、商合伙、商法人。

(2)依照法律授权或法律设定的要件、程序和方式，可以分为法定商主体、注册商主体、任意商主体。

(3)依照商主体的法律状态和事实状态，可以分为形式商主体、拟制商主体、表见商主体。

(4)依照商主体的营业规模，可以分为大商主体和小商主体。

(5)依照商主体的行业种类，可以分为制造商、加工承揽商、销售商、供应商、租赁商、运输仓储商、餐旅服务商、金融证券商等。

20 世纪 90 年代初以前，我国的商主体主要是按所有制性质的不同进行分类的。随着改革开放的深入及市场经济体制的确立，对商主体按所有制性质的不同分类规制及管理的方式显然已经不适应经济及社会发展的需要。1993 年《中华人民共和国公司法》的颁布，标志着我国现代商法意义上的商主体概念的确立。紧接着《中华人民共和国合伙企业法》《中华人民共和国个人独资企业法》相继出台，商主体法律制度在我国基本形成。但是由于 20 世纪七八十年代我国颁布的规制各种不同所有制性质主体的法律法规仍然有效，从而导致我国目前客观上存在着两套规制商主体的法律制度，与之相适应，我国现阶段存在两种不同的划分商主体的标准。①

(一)以所有制性质为标准

以所有制性质为标准，可以把我国的商主体划分为国有商主体、集体商主体、合营或合资商主体、私营商主体、外资商主体。

1. 国有商主体

它是指根据我国民法、企业法、公司法的规定，由国家投资设立的、从事生产经营活动的、具有独立权利能力和行为能力的企业或公司。国有商主体在国民经济中发挥着主导作用。根据我国的相关规定，它可以是国有企业，也可以是国有独资公司。

2. 集体商主体

它是根据我国的民法、集体企业法和其他相关法律法规的规定，由公民或集体单位组合成的、从事生产经营活动的、具有独立权利能力和行为能力、能够独立承担法律责任的集体商事组织。它在组织形式上可以是工厂、合作社、合作商店、有限责任公司、股份合作企业等。

---

① 张璎. 商法总论[M]. 北京：北京大学出版社，2009：46.

3. 合营或合资商主体

它是指由两个以上的投资主体共同出资，经工商登记注册成立的商事组织。根据我国公司法的规定，如果是不同国籍的投资主体共同投资组建的，可以是有限责任公司或股份有限公司的组织形式。合营或合资商主体具有独立的法律人格，以自己的名义独立从事商行为。

4. 私营商主体

它是由私人投资经营并取得法人资格，投资者以其出资额为限，商主体以其全部资产对外承担责任的商事组织。根据我国公司法的规定，私营商主体的主要形式是有限责任公司和股份有限公司。

5. 外资商主体

它是由外商投资经营，投资者以投资为限，商主体以其全部财产对外承担责任的商事组织。根据外商投资企业法的规定，它主要表现为外商独资企业。

(二)以商主体的法律形态及地位为标准

以商主体的法律形态及地位为标准，可以把我国的商主体分为商个人、商合伙、商公司企业法人三种形式。

1. 商个人

商个人是法律拟制的主体，按照现代商法的理念，它可以表现为一个自然人，还可以表现为自然人投资设立的独资企业等。

(1)个体工商户。它是指公民以个人财产或家庭财产作为经营资本、依法核准登记并在法定范围内从事非农业性经营活动的个人或家庭。个体工商户可以是一个自然人，也可以是一个家庭，不管是什么形式，都称为一户。《中华人民共和国民法典》第54条对个体工商户作了专门规定，并且于2011年颁布了《个体工商户条例》，对其作出了具体规定。在责任承担上，个人经营的以个人财产承担无限责任，家庭经营的以家庭共有财产承担无限责任。

(2)农村承包经营户。它是指农村集体经济组织的成员，在法律允许的范围内，按照农村承包合同的规定，使用农村集体所有的土地和其他生产资料，独立从事商事经营活动。《中华人民共和国民法典》第55条规定，农村集体经济组织的成员，依法取得农村土地承包经营权，从事家庭承包经营的，为农村承包经营户。在责任承担上，家庭经营的以家庭共有财产承担无限责任。农村承包经营户是我国改革开放的一个创举，对于增加农民收入、繁荣农村经济起到了巨大作用。农村承包经营制度将商业文明的种种观念引入农村，加速了农村的现代化进程，也从客观上开阔了广大农民的眼界，提高了农民素质。

(3)个人独资企业。它是指依照《中华人民共和国个人独资企业法》在中国境内设立，由一个自然人投资，财产为投资人个人所有，投资人以其个人财产对企业债务承担无限责任的经营实体，企业不具有法人资格。

另外，我国还存在着一些从事小商品买卖活动的人，如摊商、流动商以及手工艺匠人等，有时无需办理登记手续也可以进行买卖活动，对于他们是否属于商主体还存在争议。大陆法系国家通常称其为小商主体。目前，我国调整商个人的法律规范仍然有待完善，小商主体如何纳入商法的调整范围以及不同形式的商个人在财产责任方式上如何更加协调、明确，这些都有待于立法的不断完善。

2. 商合伙

商合伙，是指两个或两个以上的合伙人按照法律和合伙协议的规定共同出资、共同经营、共享收益、共担风险，合伙人对合伙经营产生的债务承担无限连带责任的经营性组织，即合伙企业。《中华人民共和国合伙企业法》第 2 条规定，本法所称合伙企业，是指自然人、法人和其他组织依照本法在中国境内设立的普通合伙企业和有限合伙企业。普通合伙企业由普通合伙人组成，合伙人对合伙企业债务承担无限连带责任。本法对普通合伙人承担责任的形式有特别规定的，从其规定。有限合伙企业由普通合伙人和有限合伙人组成，普通合伙人对合伙企业债务承担无限连带责任，有限合伙人以其认缴的出资额为限对合伙企业债务承担责任。因此，在我国可以将合伙企业分为普通合伙企业和有限合伙企业。

(1)普通合伙企业。它是指两个以上的合伙人根据合伙协议组建、所有参与合伙的合伙人均对合伙债务承担无限连带责任的经济组织。其法律特征主要表现在四个方面。第一，有两个或两个以上的合伙人组建，合伙人为自然人的，应当具有完全民事行为能力。国有独资公司、国有企业、上市公司以及公益性的事业单位、社会团体不得成为普通合伙人。第二，其设立的基础是合伙协议。合伙人之间的权利、义务关系也是通过合伙协议约定的。第三，企业的财产为合伙人共有。这里的财产包括合伙人共同出资形成的财产，也包括在合伙企业存续期间营利所得的财产。第四，合伙人对合伙企业的债务承担无限连带责任。

此外，根据《中华人民共和国合伙企业法》第 55 条规定，以专业知识和专门技能为客户提供有偿服务的专业服务机构，可以设立为特殊的普通合伙企业。与普通合伙企业的区别主要在于，在特殊的普通合伙企业中，一个合伙人或者数个合伙人在执业活动中因故意或者重大过失造成合伙企业债务的，应当承担无限责任或者无限连带责任，其他合伙人以其在合伙企业中的财产份额为限承担责任。合伙人在执业活动中非因故意或者重大过失造成的合伙企业债务以及合伙企业的其他债务，由全体合伙人承担无限连带责任。特殊的普通合伙企业应当建立执业风险基金，并办理职业保险。执业风险基金用于偿付合伙人执业活动造成的债务。执业风险基金应当单独立户管理，具体管理办法由国务院规定。

(2)有限合伙企业。它由有限合伙人和普通合伙人共同组成，有限合伙人以其出资额为限对有限合伙承担责任，普通合伙人对合伙债务承担无限连带责任。其法律特征主要表现在四个方面。第一，合伙企业总人数有最高限制。《中华人民共和国合伙企业法》第61条规定，有限合伙企业由2个以上50个以下合伙人设立。第二，合伙企业中同时存在着两种不同责任形式的合伙人。两种不同责任形式的合伙人共存于一个企业中，这是有限合伙企业与普通合伙企业的最大区别。在有限合伙企业的合伙人中，至少有一名普通合伙人和一名有限合伙人，其中普通合伙人对合伙企业债务承担无限连带责任，而有限合伙人则以其认缴的出资额为限对合伙企业承担有限责任。第三，合伙事务的执行权归普通合伙人，有限合伙人不执行合伙事务。《中华人民共和国合伙企业法》第68条规定，有限合伙人的下列行为，不视为执行合伙事务：参与决定普通合伙人入伙、退伙；对企业的经营管理提出建议；参与选择承办有限合伙企业审计业务的会计师事务所；获取经审计的有限合伙企业财务会计报告；对涉及自身利益的情况，查阅有限合伙企业财务会计账簿等财务资料；在有限合伙企业中的利益受到侵害时，向有责任的合伙人主张权利或者提起诉讼；执行事务合伙人怠于行使权利时，督促其行使权利或者为了该企业的利益以自己的名义提起诉讼；依法为该企业提供担保。第四，有限合伙人享有特殊权利。例如，除合伙协议另有约定外，有限合伙人可以同本有限合伙企业进行交易；除合伙协议另有约定外，有限合伙人可以自营或者同他人合作经营与本有限合伙企业相竞争的业务；除合伙协议另有约定外，有限合伙人可以将其在有限合伙企业中的财产份额出质；有限合伙人可以按照合伙协议的约定向合伙人以外的人转让其在有限合伙企业中的财产份额，不必经全体合伙人一致同意，但转让其财产份额应当提前30日通知其他合伙人。

3. 商公司企业法人

商公司企业法人是指为了从事营利性商业活动而按照法律规定的条件和程序设立的，有独立法律人格，并依法独立享有权利和承担义务的法人实体。① 商法人必须具有以下特征：第一，其作为一种法律拟制的主体，必须是通过法律行为主动创设而非自然形成的；第二，其必须依据法律规定的条件和程序设立；第三，其具有独立的财产和财产权利，并具备独立的权利能力、行为能力和责任能力，能够独立承担法律责任；第四，其作为组织体需具备自己的组织机构和议事机关以行使独立的财产权和经营权。在我国，最为典型的商法人是目前已经普遍存在的公司，《中华人民共和国公司法》以股东对公司的责任形式为标准，将公司分为有限责任公司和股份有限公司。

(1)有限责任公司，简称有限公司，它是由法律规定的一定人数的股东所组成，股东以其出资额为限对公司债务承担责任，公司以其全部资产对其债务承担责任的企业法人。有限责任公司具有以下特征：

第一，股东人数有最高数额限制。《中华人民共和国公司法》第24条规定，有

① 郑彧. 商法要义[M]. 北京：法律出版社，2014：110.

限责任公司由 50 个以下股东出资设立。

第二，股东对公司承担有限责任。《中华人民共和国公司法》第 3 条规定，有限责任公司的股东以其认缴的出资额为限对公司承担责任。

第三，公司设立程序简便，组织机构简单。设立有限责任公司的手续比较简便，由全体股东制定公司章程并签名盖章，履行一定手续之后即可向公司登记机关申请设立登记，而且股东的出资可以分期缴纳。此外，有限责任公司的机关比较简单，股东人数较少或规模较小的有限责任公司可以不设董事会和监事会。

第四，具有非公众性和非公开性。具体表现为股东人数有限、股东对外转让受到严格的限制，不发行股票，不能公开募集股份。

(2)股份有限公司，简称股份公司，是指公司全部资本分为等额股份，股东以其所认购的股份对公司承担责任，公司以其全部资产对公司债务承担责任的企业法人。股份有限公司具有以下特征：

第一，发起人须符合法定的人数。《中华人民共和国公司法》第 78 条规定，设立股份有限公司，应当有 2 人以上 200 人以下为发起人，其中须有半数以上的发起人在中国境内有住所。

第二，全部资本为等额股份，这是股份有限公司最重要的特征。《中华人民共和国公司法》第 125 条规定，股份有限公司的资本划分为股份，每一股的金额相等。公司的股份采取股票的形式。股票是公司签发的证明股东所持股份的凭证。

第三，股东对公司承担有限责任。《中华人民共和国公司法》第 3 条规定，股份有限公司的股东以其认购的股份为限对公司承担责任。

第四，公司资本以股份的形式存在。根据《中华人民共和国公司法》第五章的规定，股份有限公司的资本划分为股份，每一股的金额相等。公司的股份采取股票的形式。股票是公司签发的证明股东所持股份的凭证。股份的发行，实行公平、公正的原则，同种类的每一股份应当具有同等权利。同次发行的同种类股票，每股的发行条件和价格应当相同；任何单位或者个人所认购的股份，每股应当支付相同价额。股份有限公司必须实行公开制度，将其经营及财务状况等向社会公开，以保护公司股东、债权人和社会公众利益，并维护社会交易安全。

第二节　商主体资格取得的法律规范

商主体资格是指商主体获得的，为法律所承认的，成为法律主体，独立享有商事权利、履行商事义务的资格。[①] 商主体资格取得，所要解决的是商主体从何时起

① 陆晓瑜. 论商事登记中的商主体资格与营业资格[J]. 湖北警官学院学报，2014(9)：99-106.

开始具备法律人格，商事行为能否产生商法上的效力，商主体从事商事活动需要具备哪些实体要件和经过哪些必要的程序。

在我国，商主体资格的取得必须通过商事登记制度的辅助。商事登记是指依照法律或法规的规定，由商主体的筹办人或商主体为设立、变更或终止商事主体资格，将应当登记的事项向登记机关申请登记于登记簿，并被登记机关核准登记公告的法律行为。[①] 商事登记是由特定机关就特定内容以特定形式实施的要式行为，登记的事项发生变化，要立即进行登记，登记的事项与事实不符，行为人要承担相应的责任。商事登记也是设立、变更或终止商主体资格的法律行为，商主体的权利能力和行为能力始于登记。我国目前并没有一部统一的商事登记法，关于商事登记的各项规定都分散在各种法律法规中。这些法律法规主要有《中华人民共和国企业法人登记管理条例》《中华人民共和国公司法》《中华人民共和国公司登记管理条例》《中华人民共和国合伙企业法》《中华人民共和国合伙企业登记管理办法》《个体工商户条例》《中华人民共和国个人独资企业法》《个人独资企业登记管理办法》等。

一、商个人资格的取得

（一）个体工商户

个体工商户是具有中国特色的民事主体，《中华人民共和国民法典》中仍然保留了“个体工商户”这一民事主体的类别。从改革开放 40 多年的实践来看，规定个体工商户符合中国国情，个体工商户在解放生产力、促进我国经济发展及扩大就业方面发挥了重要作用。目前，我国登记的个体工商户数量极其庞大，截至 2016 年年底就有 5929 万多户，其在经济生活中扮演着重要角色，已经成为大众创业的重要主体。[②] 根据《中华人民共和国民法典》的规定，自然人从事工商业经营，经依法登记，为个体工商户。个体工商户可以起字号。

有经营能力的公民经市场监督管理机关登记，领取个体工商户营业执照，依法开展经营活动。个人经营的，以经营者本人为申请人；家庭经营的，以家庭成员中主持经营者为申请人。委托代理人申请注册、变更、注销登记的，应当提交申请人的委托书和代理人的身份证明或者资格证明。申请人或者其委托的代理人可以通过邮寄、传真、电子数据交换、电子邮件等方式向经营场所所在地登记机关提交申请。通过传真、电子数据交换、电子邮件等方式提交申请的，应当提供申请人或者其代理人的联络方式及通信地址。对登记机关予以受理的申请，申请人应当自收到受理通知书之日起 5 日内，提交与传真、电子数据交换、电子邮件内容一致的申请材料原件。申请个体工商户注册登记，应当提交下列文件：申请人签署的个体工商

① 郑彧. 商法要义[M]. 北京：法律出版社，2014：110.

② 李适时. 中华人民共和国民法总则释义[M]. 北京：法律出版社，2017：143.

户注册登记申请书；申请人身份证明；经营场所证明；国家市场监督管理总局规定提交的其他文件。

市场监督管理机关是个体工商户的登记管理机关。国家市场监督管理总局主管全国的个体工商户登记管理工作。省、自治区、直辖市市场监督管理局和设区的市(地区)市场监督管理局负责本辖区的个体工商户登记管理工作。县、自治县、不设区的市市场监督管理局以及市辖区市场监督管理分局为个体工商户的登记机关，负责本辖区内的个体工商户登记。登记机关可以委托其下属市场监督管理部门办理个体工商户登记。

个体工商户的登记事项包括：经营者姓名和住所；组成形式；经营范围；经营场所。个体工商户使用名称的，名称作为登记事项。登记机关作出准予登记决定的，应当发给申请人准予个体工商户登记通知书，并在10日内发给申请人个体工商户营业执照。不予登记的，应当发给申请人个体工商户登记驳回通知书。

(二)农村承包经营户

除了个体工商户这一具有特色的民事主体外，《中华人民共和国民法典》中还保留了农村承包经营户这一民事主体的类别。农村承包经营户是我国农村集体土地使用制度和农民以户为单位从事农业生产的法律表现形式，正是因为这样，我国现行法律制度也没有要求农村承包经营户进行商事登记，没有把农村承包经营户作为商事主体对待。① 但是，有学者认为农村承包经营户属于商主体，农村承包经营户是否为商主体，判断的核心要素是营业性，营业性是商主体区别于民事主体的实质特征，起字号、登记等外观特征不过是法律规定的形式要件。另外，农村承包经营户在商事能力、权利义务、责任承担等方面均与个体户无异。实际上，理论界长期将农村承包经营户归为商个人，正是基于该制度的设计初衷考虑的。农村承包经营户的生产经营主要用于商品交换，将收获的农林牧渔产品作为商品投入市场交易，而非为满足家庭消费的需要，显然具有营业之性质。② 还有学者认为，对于农村承包经营户应区别对待，以满足自我生活需要为目的的自给型农户，不应视为商主体。关于其偶然的出售农产品的行为，应定性为民事行为，由民法规范调整；对于以营利为目的的持续交易行为，应视为商行为，其成为商主体，纳入商法规范的调整范围。③

(三)个人独资企业

1. 个人独资企业的设立条件

(1)投资人为一个自然人。个人独资企业的投资人必须是一个人，而且只能是

① 吕来明. 论我国商事主体范围的界定[J]. 北方法学，2008(2)：5-15.

② 李建伟. 对我国商个人立法的分析与反思[J]. 政法论坛，2009(27)：66-74.

③ 樊涛. 中国商法总论[M]. 北京：法律出版社，2019：57.

一个自然人。此处所称的自然人只能是具有中华人民共和国国籍的自然人，不包括外国的自然人，所以外商独资企业不适用于《中华人民共和国个人独资企业法》，而适用于《中华人民共和国外资企业法》的规定。根据《中华人民共和国个人独资企业法》第16条的规定，法律、行政法规禁止从事营利性活动的人，不得作为投资人申请设立个人独资企业。由此可见，国家公务员、党政机关的领导干部、法官、检察官、人民警察以及金融机构的工作人员等不能成为个人独资企业的投资人。

（2）有合法的企业名称。个人独资企业享有名称权和商号权。个人独资企业的名称应当与其责任形式及所从事的营业相符合。企业的名称应遵守企业名称登记管理规定。企业只准使用一个名称，在登记主管机关辖区内不得与已登记注册的同行业企业名称相同或者近似。个人独资企业的名称中不得使用“有限”“有限责任”字样。

（3）有投资人申报的出资。一定的资本是任何企业得以存在的物质基础，个人独资企业也不例外。但由于个人独资企业的出资人承担的是无限责任，而不是仅以出资额为限承担责任，因此，现有立法中并不要求个人独资企业有最低注册资本金，仅要求投资人有自己申报的出资即可。这一规定便于个人独资企业的设立，有利于个人独资企业的发展。

（4）有固定的生产经营场所和必要的生产经营条件。这是个人独资企业存续与经营的基本物质条件，也是其区别于以流动经营为特征的小商贩的重要标志。至于经营场所与经营条件的规模与数量，则取决于个人独资企业具体生产经营活动的需要。

（5）有必要的从业人员。拥有一定数量的从业人员，是个人独资企业组织性的应有之义。

2. 个人独资企业的登记程序

个人独资企业经登记机关依法核准登记，领取营业执照后，方可从事经营活动。

设立个人独资企业，应当由投资人或者其委托的代理人向个人独资企业所在地登记机关申请设立登记。个人独资企业的登记事项应当包括：企业名称、企业住所、投资人姓名和居所、出资额和出资方式、经营范围及方式。投资人申请设立登记，应当向登记机关提交下列文件：投资人签署的个人独资企业设立申请书；投资人身份证明；企业住所证明；国家市场监督管理总局规定提交的其他文件。从事法律、行政法规规定须报经有关部门审批的业务的，应当提交有关部门的批准文件。委托代理人申请设立登记的，应当提交投资人的委托书和代理人的身份证明或者资格证明。

市场监督管理机关是个人独资企业的登记机关。国家市场监督管理总局主管全国个人独资企业的登记工作。省、自治区、直辖市市场监督管理机关负责本地区个人独资企业的登记工作。市、县市场监督管理机关以及大中城市市场监督管理机关负责本辖区内的个人独资企业登记。登记机关应当在收到全部文件之日起15日内，给出核准登记或者不予登记的决定。予以核准的，发给营业执照；不予核准的，发给企业登记驳回通知书。

个人独资企业营业执照的签发日期为个人独资企业的成立日期。

二、商合伙资格的取得

(一)合伙企业的设立条件

1. 普通合伙企业

(1)有2个以上合伙人。合伙人可以是自然人，也可以是法人和其他组织。合伙人为自然人的，应当具有完全民事行为能力。国有独资公司、国有企业、上市公司以及公益性的事业单位、社会团体不得成为普通合伙人。普通合伙企业合伙人的人数没有上限。

(2)有书面的合伙协议。合伙协议是合伙企业最重要的法律文件，也是确定合伙人之间权利、义务关系的基本依据。合伙协议依法由全体合伙人协商一致，以书面形式订立。合伙协议经全体合伙人签名、盖章后生效。修改或者补充合伙协议，应当经全体合伙人一致同意，但是，合伙协议另有约定的除外。合伙人违反合伙协议的，应当依法承担违约责任。合伙协议应当载明下列事项：合伙企业的名称和主要经营场所的地点；合伙目的和合伙经营范围；合伙人的姓名或者名称、住所；合伙人的出资方式、数额和缴付期限；利润分配、亏损分担方式；合伙事务的执行；入伙与退伙；争议解决办法；合伙企业的解散与清算；违约责任。

(3)有合伙人认缴或者实际缴付的出资。合伙人可以用货币、实物、知识产权、土地使用权或者其他财产权利出资，也可以用劳务出资。合伙人以劳务出资的，其评估办法由全体合伙人协商确定，并在合伙协议中载明。需特别注意的是，用劳务作为出资是合伙企业特有的规定，并且只有对普通合伙人才适用。另外，以非货币财产出资的，依照法律、行政法规的规定，需要办理财产权转移手续的，应当依法办理。

(4)有合伙企业的名称和生产经营场所。普通合伙企业名称中应当标明普通合伙字样。生产经营场所是指合伙企业从事生产经营活动的所在地。要求合伙企业有明确、固定的生产经营场所的法律意义在于确定债务履行地、确定诉讼管辖地及法律文书的送达地等。

(5)法律、行政法规规定的其他条件。

2. 有限合伙企业

(1)有合伙人要求。有限合伙企业由2个以上50个以下合伙人设立，但是，法律另有规定的除外。其中至少应当有一名普通合伙人和一名有限合伙人。国有独资公司、国有企业、上市公司以及公益性的事业单位、社会团体不得成为普通合伙人。

(2)有书面的合伙协议。合伙协议应当载明下列事项：合伙企业的名称和主要经营场所的地点；合伙目的和合伙经营范围；普通合伙人和有限合伙人的姓名或者名称、住所；合伙人的出资方式、数额和缴付期限；利润分配、亏损分担方式；执行事务合伙人应具备的条件和选择程序；执行事务合伙人权限与违约处理办法；执行事务合伙人的除名条件和更换程序；入伙与退伙，特别是有限合伙人入伙、退伙的条件、程序以及相关责任；有限合伙人和普通合伙人相互转变程序；争议解决办法；合伙企业的解散与清算；违约责任。

(3)有合伙人认缴或者实际缴付的出资。所有的合伙人都可以用货币实物、知识产权、土地使用权或者其他财产权利作价出资，普通合伙人还可以用劳务出资，但有限合伙人不得以劳务出资。

(4)有合伙企业的名称和生产经营场所，有限合伙企业名称中应当标明有限合伙字样。

(5)法律、行政法规规定的其他条件。

(二)合伙企业的登记程序

根据《中华人民共和国合伙企业登记管理办法》的规定，合伙企业经依法登记，领取合伙企业营业执照后，方可从事经营活动。设立合伙企业，应当由全体合伙人指定的代表或者共同委托的代理人向企业登记机关申请设立登记。全体合伙人决定委托执行事务合伙人的，应当向企业登记机关提交全体合伙人的委托书。执行事务合伙人是法人或者其他组织的，还应当提交其委派代表的委托书和身份证明。

申请设立合伙企业，应当向企业登记机关提交下列文件：全体合伙人签署的设立登记申请书；全体合伙人的身份证明；全体合伙人指定代表或者共同委托代理人的委托书；合伙协议；全体合伙人对各合伙人认缴或者实际缴付出资的确认书；主要经营场所证明；国务院工商行政管理部门规定提交的其他文件。法律、行政法规或者国务院规定设立合伙企业须经批准的，还应当提交有关批准文件。

市场监督管理机关是合伙企业登记机关。国家市场监督管理总局负责全国的合伙企业登记管理工作。市、县市场监督管理机关负责本辖区内的合伙企业登记。国家市场监督管理总局对特殊的普通合伙企业和有限合伙企业的登记管辖可以作出特别规定。

申请人提交的登记申请材料齐全、符合法定形式，企业登记机关能够当场登记的，应予以当场登记，发给合伙企业营业执照。除前款规定情形外，企业登记机关应当自受理申请之日起20日内，作出是否登记的决定。予以登记的，发给合伙企业营业执照；不予登记的，应当给予书面答复，并说明理由。合伙企业营业执照的签发之日，为合伙企业的成立日期。

三、商公司企业法人资格的取得

(一)公司的设立条件

1. 有限责任公司

(1)股东符合法定人数。根据《中华人民共和国公司法》第24条规定，有限责任公司由50个以下股东出资设立。

(2)有符合公司章程规定的全体股东认缴的出资额。需要特别注意的是，2016年新修改的《中华人民共和国公司法》正式将注册资本的实缴制改为认缴制。

股东可以用货币出资，也可以用实物、知识产权、土地使用权等可以用货币估价并可以依法转让的非货币财产作价出资。股东不得以劳务、信用、自然人姓名、商誉、特许经营权或者设定担保的财产等作价出资。对作为出资的非货币财产应当评估作价，核实财产，不得高估或者低估作价。

股东应当按期足额缴纳公司章程中规定的各自所认缴的出资额。股东以货币出资的，应当将货币出资足额存入有限责任公司在银行开设的账户；以非货币财产出资的，应当依法办理其财产权的转移手续。股东不按照前款规定缴纳出资的，除应当向公司足额缴纳外，还应当向已按期足额缴纳出资的股东承担违约责任。

(3)股东共同制定公司章程。有限责任公司的章程是记载有关公司组织和行为基本规则的文件。对于公司来讲，章程是最为重要的自治规则，是对公司的存在与发展有着不可替代的重要意义的纲领性文件。根据公司法的要求，章程应当由有限责任公司的全体股东来共同制定，以使章程反映全体投资者的意志。此外，公司法还对公司章程的记载事项予以了明确规定，即有限责任公司章程应当载明下列事项：公司名称和住所；公司经营范围；公司注册资本；股东的姓名或者名称；股东的出资方式、出资额和出资时间；公司的机构及其产生办法、职权、议事规则；公司法定代表人；股东会认为需要规定的其他事项。

(4)有公司名称，建立符合有限责任公司要求的组织机构。这是设立有限责任公司的组织条件。公司名称是本公司与其他公司、企业相区别的文字符号。设立有限责任公司必须有公司名称，并应当在其名称中标明有限责任公司或有限公司字样，然后在公司登记机关作相应的登记。

有限责任公司是通过公司的组织机构进行运作的，依照公司法的规定，有限责任公司的内部组织机构分为股东会、董事会和监事会等。其中，股东会由全体股东组成，是公司的权力机构；董事会是公司的经营决策机构，对股东会负责；监事会是公司的监督机构，由股东代表和适当比例的公司职工代表组成。另外，股东人数较少或规模较少的有限责任公司可以不设董事会，只设一名执行董事，也可以不设监事会，只设一至两名监事。

(5)有公司住所。根据《中华人民共和国公司法》第10条的规定，公司以其主要办事机构所在地为住所。

2. 股份有限公司

(1)发起人符合法定人数。设立股份有限公司，应有2人以上200人以下的发起人，发起人可以是自然人，也可以是法人，但发起人中须有半数以上的人在中国境内有住所。

(2)有符合公司章程规定的全体发起人认购的股本总额或者募集的实收股本总额。股份有限公司采取发起设立方式设立的，注册资本为在公司登记机关登记的全体发起人认购的股本总额。在发起人认购的股份缴足前，不得向他人募集股份。股份有限公司采取募集方式设立的，注册资本为在公司登记机关登记的实收股本总额。法律、行政法规以及国务院决定对股份有限公司注册资本实缴、注册资本最低限额另有规定的，从其规定。

(3)股份发行、筹办事项符合法律规定。股份有限公司的资本划分为股份，每一股的金额相等。公司的股份采取股票的形式。股份的发行实行公开、公平、公正的原则，且必须同股同权、同股同利。同次发行的股份、每股的发行条件、发行价格应当相同。

以发起方式设立股份有限公司的，发起人以书面认足公司章程规定及发行的股份后，应即缴纳全部股款。

以募集方式设立股份有限公司的，发起人认购的股份不得少于公司股份总数的35%，其余股份应当向社会公开募集。发起人向社会公开募集股份时，必须依法经国务院证券管理部门批准，并公告招股说明书，制作认股书，由依法批准设立的证券经营机构承销，签订承销协议，同银行签订代收股款协议，由银行代收和保存股款，向认股人出具收款单据。

(4)发起人制定公司章程，采用募集方式设立的经创立大会通过。根据《中华人民共和国公司法》第81条的规定，股份有限公司章程应当载明下列事项：公司名称和住所；公司经营范围；公司设立方式；公司股份总数、每股金额和注册资本；发起人的姓名或者名称、认购的股份数、出资方式和出资时间；董事会的组成、职权和议事规则；公司法定代表人；监事会的组成、职权和议事规则；公司利润分配办法；公司的解散事由与清算办法；公司的通知和公告办法；股东大会认为需要规定的其他事项。

(5)有公司名称，建立符合股份有限公司要求的组织机构。名称是股份有限公司作为法人必须具备的条件。公司名称必须符合企业名称登记管理的有关规定，股份有限公司的名称还应标明股份有限公司字样。

股份有限公司必须有一定的组织机构，对公司实行内部管理和对外代表公司。股份有限公司的组织机构是股东大会、董事会、监事会和经理。股东大会作出决议；董事会是执行公司股东大会决议的执行机构；监事会是公司的监督机构，依法对董事、经理和公司的活动实行监督；经理由董事会聘任，主持公司的日常生产经营管理工作，组织实施董事会决议。

(6)有公司住所，根据《中华人民共和国公司法》第10条规定，公司以其主要办事机构所在地为住所。

(二)公司的登记程序

根据《中华人民共和国公司登记管理条例》的规定，公司经公司登记机关依法登记，领取《企业法人营业执照》，方取得企业法人资格。未经公司登记机关登记的，不得以公司名义从事经营活动。市场监督管理机关是公司的登记机关。

1. 核准名称

设立公司应当申请名称预先核准。法律、行政法规或者国务院决定规定设立公司必须报经批准，或者公司经营范围中属于法律、行政法规或者国务院决定规定在登记前须经批准的项目的，应当在报送批准前办理公司名称预先核准，并以公司登记机关核准的公司名称报送批准。

设立有限责任公司，应当由全体股东指定的代表或者共同委托的代理人向公司登记机关申请名称预先核准；设立股份有限公司，应当由全体发起人指定的代表或者共同委托的代理人向公司登记机关申请名称预先核准。

预先核准的公司名称保留期为6个月。预先核准的公司名称在保留期内，不得用于从事经营活动，不得转让。

2. 提交资料

设立有限责任公司，应当由全体股东指定的代表或共同委托的代理人向公司登记机关申请设立登记。设立国有独资公司，应当由国务院或者地方人民政府授权的本级人民政府国有资产监督管理机构作为申请人，申请设立登记。申请设立有限责任公司，应当向公司登记机关提交下列文件：公司法定代表人签署的设立登记申请书；全体股东指定代表或者共同委托代理人的证明；公司章程；股东的主体资格证明或者自然人身份证明；载明公司董事、监事、经理的姓名、住所的文件以及有关委派、选举或者聘用的证明；公司法定代表人任职文件和身份证明；企业名称预先核准通知书；公司住所证明；国家工商行政管理总局规定要求提交的其他文件。

设立股份有限公司，应当由董事会向公司登记机关申请设立登记。以募集方式设立股份有限公司的，应当于创立大会结束后30日内向公司登记机关申请设立登记。申请设立股份有限公司，应当向公司登记机关提交下列文件：公司法定代表人签署的设立登记申请书；董事会指定代表或者共同委托代理人的证明；公司章程；发起人的主体资格证明或者自然人身份证明；载明公司董事、监事、经理姓名、住所的文件以及有关委派、选举或者聘用的证明；公司法定代表人任职文件和身份证明；企业名称预先核准通知书；公司住所证明；国家工商行政管理总局规定要求提交的其他文件。以募集方式设立股份有限公司的，还应当提交创立大会的会议记录以及依法设立的验资机构出具的验资证明；以募集方式设立股份有限公司公开发行股票的，还应当提交国务院证券监督管理机构的核准文件。

3. 核准登记

公司登记机关需要对申请文件、材料核实的，应当自受理之日起 15 日内作出是否准予登记的决定。公司的登记事项包括：名称；住所；法定代表人姓名；注册资本；公司类型；经营范围；营业期限；有限责任公司股东或者股份有限公司发起人的姓名或者名称。

4. 领取营业执照

依法设立的公司，由公司登记机关发给《企业法人营业执照》。公司营业执照的签发日期为公司成立日期。公司凭公司登记机关核发的《企业法人营业执照》刻制印章，开立银行账户，申请纳税登记。

第三节 商主体资格权利与义务的法律规范

一、商个人的权利与义务

目前，我国调整商个人的法律规范有待进一步完善，这一领域最主要的法律为《中华人民共和国个人独资企业法》，因此本书主要就个人独资企业的权利与义务展开介绍。

(一)个人独资企业的权利

(1)确定企业名称和使用企业名称。根据《中华人民共和国民法典》第 110 条规定，非法人组织享有名称权。

(2)招聘职工和建立工会。个人独资企业依法招用职工，职工的合法权益受法律保护。个人独资企业职工依法建立工会，工会依法开展活动。

(3)设立分支机构。个人独资企业设立分支机构，应当由投资人或者其委托的代理人向分支机构所在地的登记机关申请登记，领取营业执照。分支机构经核准登记后，应将登记情况报该分支机构隶属的个人独资企业的登记机关备案。分支机构的民事责任由设立该分支机构的个人独资企业承担。

(4)自主经营。个人独资企业在其登记的经营范围内开展自主经营的权利，受法律保护。为了开展生产经营活动，个人独资企业还可以依法申请贷款、取得土地使用权，并享有法律、行政法规规定的其他权利。

(5)拒绝摊派权。任何单位和个人不得违反法律、行政法规的规定，以任何方式强制个人独资企业提供财力、物力、人力；对于违法强制提供财力、物力、人力的行为，个人独资企业有权拒绝。

(二)个人独资企业的义务

(1)依法经营。个人独资企业从事经营活动必须遵守法律、行政法规，遵守诚实信用原则，不以损害社会公共利益为代价谋取私人利益；也不得从事法律、行政法规禁止经营的业务。

(2)依法主动接受监管。个人独资企业负有主动接受并配合工商登记管理机关对其进行监管的义务。具体表现为：凡是设立分支机构的，其分支机构经核准登记后，个人独资企业应将登记情况报该分支机构隶属的个人独资企业的登记机关备案。个人独资企业设立分支机构，分支机构的民事责任由设立该分支机构的个人独资企业承担。个人独资企业存续期间登记事项发生变更的，应当在作出变更决定之日起15日内依法向登记机关申请办理变更登记。无论是设立登记、变更登记还是注销登记，不得采取提交虚假证明文件或其他欺骗手段取得登记。不得伪造营业执照，不得涂改、出租、转让营业执照。

(3)自觉遵守财会法律规范。个人独资企业应当依法设置会计账簿，进行会计核算，并自觉做到依法纳税。

(4)遵守劳动用工和社会保险法律规范。个人独资企业招用职工的，应当依法与职工签订劳动合同，保障职工的劳动安全，按时、足额发放职工工资。个人独资企业还应当按照国家规定参加社会保险，为职工交纳社会保险费。

二、商合伙的权利与义务

(一)合伙企业的权利

(1)合法财产及权益受法律保护。合伙企业及其合伙人的合法财产及其权益受法律保护。合伙人的出资、以合伙企业名义取得的收益和依法取得的其他财产，均为合伙企业的财产。

(2)设立分支机构。合伙企业设立分支机构，应当向分支机构所在地的企业登记机关申请登记，领取营业执照。

(3)分配利润。普通合伙企业的利润分配、亏损分担，按照合伙协议的约定办理；合伙协议未约定或者约定不明确的，由合伙人协商决定；协商不成的，由合伙人按照实缴出资比例分配、分担；无法确定出资比例的，由合伙人平均分配、分担。但是合伙协议不得约定将全部利润分配给部分合伙人或者由部分合伙人承担全部亏损。有限合伙企业不得将全部利润分配给部分合伙人，但是合伙协议另有约定的除外。

(4)有限合伙企业的特殊规定。有限合伙人可以同本有限合伙企业进行交易，但是合伙协议另有约定的除外。有限合伙人可以自营或者同他人合作经营与本有限合伙企业相竞争的业务，但是合伙协议另有约定的除外。

(二)合伙企业的义务

(1)依法经营。合伙企业及其合伙人必须遵守法律、行政法规，遵守社会公德、商业道德，承担社会责任。

(2)依法申请登记。申请设立合伙企业，应当向企业登记机关提交登记申请书、合伙协议书、合伙人身份证明等文件；合伙企业的经营范围中有属于法律、行政法规规定在登记前须经批准的项目的，该项经营业务应当依法经过批准，并在登记时提交批准文件。

(3)建立财会制度。合伙企业应当依照法律、行政法规的规定建立企业财务、会计制度。

(4)保护善意第三人。合伙企业对合伙人执行合伙事务以及对外代表合伙企业权利的限制，不得对抗善意第三人。

(5)清偿债务。合伙企业对其债务，应先以其全部财产进行清偿。

(6)建立职业风险基金和职业保险制度。特殊的普通合伙企业应当建立执业风险基金、办理职业保险。执业风险基金用于偿付合伙人执业活动造成的债务。执业风险基金应当单独立户管理。具体管理办法由国务院规定。

三、商公司企业法人的权利与义务

(一)公司的权利

(1)享有人身权。公司作为法律拟制的人，可享有与自然属性无关的人身权。根据《中华人民共和国民法典》第110条规定，法人享有名称权、名誉权、荣誉权。

(2)享有法人财产权。公司是企业法人，有独立的法人财产，享有法人财产权。公司以其全部财产对公司的债务承担责任。

(3)自主经营。公司的经营范围由公司章程规定，并依法登记。公司可以修改公司章程，改变经营范围，但是应当办理变更登记。

(4)设立分公司与子公司。设立分公司，应当向公司登记机关申请登记，领取营业执照。分公司不具有法人资格，其民事责任由公司承担。公司可以设立子公司，子公司具有法人资格，依法独立承担民事责任。

(5)转投资。公司可以向其他企业投资，但是，除法律另有规定外，不得成为对所投资企业的债务承担连带责任的出资人。

(6)为他人担保。公司向其他企业投资或者为他人提供担保，依照公司章程的规定，由董事会或者股东会、股东大会决议；公司章程对投资或者担保的总额及单项投资或者担保的数额有限额规定的，不得超过规定的限额。公司为公司股东或者实际控制人提供担保的，必须经股东会或者股东大会决议。上述股东或者受实际控制人支配的股东，不得参加前款规定事项的表决。该项表决由出席会议的其他股东所持表决权的过半数通过。

(7)依法变更组织形式。有限责任公司变更为股份有限公司，应当符合《中华人民共和国公司法》规定的股份有限公司的条件。股份有限公司变更为有限责任公司，应当符合《中华人民共和国公司法》规定的有限责任公司的条件。有限责任公司变更为股份有限公司的，或者股份有限公司变更为有限责任公司的，公司变更前的债权、债务由变更后的公司承继。

(8)合并、分立、增资、减资。公司合并可以采取吸收合并或者新设合并。公司合并时，合并各方的债权、债务，应当由合并后存续的公司或者新设的公司承继。公司分立，其财产作相应的分割。公司分立前的债务由分立后的公司承担连带责任。但是，公司在分立前与债权人就债务清偿达成的书面协议另有约定的除外。有限责任公司增加注册资本时，股东认缴新增资本的出资，依照《中华人民共和国公司法》设立有限责任公司缴纳出资的有关规定执行。股份有限公司为增加注册资本发行新股时，股东认购新股，依照《中华人民共和国公司法》设立股份有限公司缴纳股款的有关规定执行。公司需要减少注册资本时，必须编制资产负债表及财产清单。

(二)公司的义务

(1)依法经营。公司从事经营活动，必须遵守法律、行政法规，遵守社会公德、商业道德，诚实守信，接受政府和社会公众的监督，承担社会责任。

(2)依法登记并领取营业执照。设立公司，应当依法向公司登记机关申请设立登记。符合本法规定的设立条件的，由公司登记机关分别登记为有限责任公司或者股份有限公司；不符合本法规定的设立条件的，不得登记为有限责任公司或者股份有限公司。法律、行政法规规定设立公司必须报经批准的，应当在公司登记前依法办理批准手续。依法设立的公司，由公司登记机关发给公司营业执照。公司营业执照签发日期为公司成立日期。公司营业执照应当载明公司的名称、住所、注册资本、经营范围、法定代表人姓名等事项。公司营业执照记载的事项发生变更的，公司应当依法办理变更登记，由公司登记机关换发营业执照。

(3)依法制定公司章程。制定公司章程是设立公司的条件之一。审批机构和登记机关要对公司章程进行审查，以决定是否给予批准或者给予登记。公司没有公司章程，不能获得批准；公司没有公司章程，也不能获得登记。公司章程有违反法律、行政法规的内容的，公司登记机关有权要求公司作相应修改。公司章程经有关部门批准，并经公司登记机关核准即对外产生法律效力。公司、公司股东以及董事、监事和高级管理人员都要受到公司章程的约束。

(4)保护职工合法权益。公司必须保护职工的合法权益，依法与职工签订劳动合同，参加社会保险，加强劳动保护，实现安全生产。公司应当采用多种形式，加强公司职工的职业教育和岗位培训，提高职工素质。公司应当为本公司工会提供必要的活动条件。公司工会代表职工就职工的劳动报酬、工作时间、福利、保险和劳动安全卫生等事项依法与公司签订集体合同。公司依照宪法和有关法律的规定，通过职工代表大会或者其他形式，实行民主管理。公司研究决定改制以及经营方面的重大问题、制定重要的规章制度时，应当听取公司工会的意见，并通过职工代表大会或者其他形式听取职工的意见和建议。

(5)依法设立党组织。在公司中，根据《中国共产党章程》的规定，设立中国共产党的组织，开展党的活动。公司应当为党组织的活动提供必要条件。

(6)向股东签发出资证明书或股票的义务。有限责任公司成立后，应当向股东签发出资证明书。出资证明书应当载明公司名称、公司成立日期等事项。股份有限公司成立后，即向股东正式交付股票。股票也应当载明股票种类、股票的编号等事项。

(7)对股东的信息披露义务。在有限责任公司中，股东有权查阅、复制公司章程、股东会会议记录、董事会会议决议、监事会会议决议和财务会计报告。股东可以要求查阅公司会计账簿。公司拒绝提供查阅的，股东可以请求人民法院要求公司提供查阅。有限责任公司应当依照公司章程规定的期限将财务会计报告送交各股东。在股份有限公司中，股份有限公司应当将公司章程、股东名册、公司债券存根、股东大会会议记录、董事会会议记录、监事会会议记录、财务会计报告置备于本公司。股东有权查阅公司章程、股东名册、公司债券存根、股东大会会议记录、董事会会议决议、监事会会议决议、财务会计报告，对公司的经营提出建议或者质询。股份有限公司的财务会计报告应当在召开股东大会年会的 20 日前置备于本公司，供股东查阅；公开发行股票的股份有限公司必须公告其财务会计报告。

(8)依法发行及转让股份。股份有限公司的资本划分为股份，每一股的金额相等。公司的股份采取股票的形式。股份的发行，实行公平、公正的原则，同种类的每一股份应当具有同等权利。同次发行的同种类股票，每股的发行条件和价格应当相同；任何单位或者个人所认购的股份，每股应当支付相同价额。股票发行价格可以按票面金额，也可以超过票面金额，但不得低于票面金额。公司发行记名股票的，应当置备股东名册，记载相应的事项。公司经国务院证券监督管理机构核准公开发行新股时，必须公告新股招股说明书和财务会计报告，并制作认股书。公司发行新股募足股款后，必须向公司登记机关办理变更登记，并进行公告。公司不得收购本公司股份。但是，有下列情形之一的除外：减少公司注册资本；与持有本公司股份的其他公司合并；将股份用于员工持股计划或者股权激励；股东因对股东大会作出的公司合并、分立决议持异议，要求公司收购其股份；将股份用于转换上市公司发行的可转换为股票的公司债券；上市公司为维护公司价值及股东权益所必需。

(9)依法发行及转让债券。公司发行公司债券应当符合《中华人民共和国证券法》规定的发行条件。发行公司债券的申请经国务院授权的部门核准后，应当公告公司债券募集办法。公司以实物券方式发行公司债券的，必须在债券上载明公司名称、债券票面金额、利率、偿还期限等事项，并由法定代表人签名，公司盖章。公司发行公司债券应当置备公司债券存根簿。公司债券在证券交易所上市交易的，应按照证券交易所的交易规则转让。发行可转换为股票的公司债券的，公司应当按照其转换办法向债券持有人换发股票，但债券持有人对转换股票或者不转换股票有选择权。

(10)遵守财会制度。公司应当依照法律、行政法规和国务院财政部门的规定建立本公司的财务、会计制度。公司应当在每一会计年度终了时编制财务会计报告，并依法经会计师事务所审计。公司分配当年税后利润时，应当提取利润的百分之十列入公司法定公积金。公司持有的本公司股份不得分配利润。公司应当向聘用的会计师事务所提供真实、完整的会计凭证、会计账簿、财务会计报告及其他会计资料，不得拒绝、隐匿、谎报。公司除法定的会计账簿外，不得另立会计账簿。对公司资产，不得以任何个人名义开立账户存储。

第四节　商主体资格变化与消亡的法律规范

一、商个人资格的变化与消亡

目前我国商个人领域的法律规范处于不完善的状态，这一领域的主要立法为《中华人民共和国个人独资企业法》，本节中主要就个人独资企业解散与清算问题进行介绍。

(一)个人独资企业的解散

个人独资企业的解散是导致个人独资企业终止的原因。根据《中华人民共和国个人独资企业法》第 26 条的规定，个人独资企业有下列情形之一时，应当解散：投资人决定解散；投资人死亡或者被宣告死亡，无继承人或者继承人决定放弃继承；被依法吊销营业执照；法律、行政法规规定的其他情形。个人独资企业解散后，原投资人对个人独资企业存续期间的债务仍应承担偿还责任，但债权人在五年内未向债务人提出偿债请求的，该责任消灭。

(二)个人独资企业的清算

个人独资企业因上述法定原因之一的出现而解散后，必须对其财产进行清理，以便企业及其投资人能及时收回债权、清偿债务，并最终了结企业现存的各种经济及法律关系，达到彻底终止个人独资企业主体资格的目的。

1. 清算人及其职责

根据《中华人民共和国个人独资企业法》第 27 条规定，个人独资企业解散，由投资人自行清算或者由债权人申请人民法院指定清算人进行清算。

清算人的主要职责是：在宣布解散或被宣布解散后、进入清算前的 15 日内通知、公告债权人，以便债权人及时申报债权。债权人应当在接到通知之日起 30 日内、未接到通知的应当在公告之日起 60 日内，向清算人申报债权。对债权人申报的债权，清算人应该登记造册，并编制财产清单及资产负债表。在此基础上，逐个收取债权、清偿债务，并在处理完各项清算事务的基础上，主动办理注销登记手续。清算人应忠实履行职责，依法进行清算。

清算期间，个人独资企业不得开展与清算目的无关的经营活动。在清偿债务前，投资人不得转移、隐匿财产。个人独资企业的投资人或清算人在清算前或清算期间隐匿或转移财产、逃避债务的，除应依法追回该财产外，还将按照有关规定予以处罚；构成犯罪的，将依法追究刑事责任。

2. 财产清偿顺序

个人独资企业解散的，其财产应当按照下列顺序进行清偿：企业所欠的职工工资和社会保险费用；企业所欠的税款；企业的其他债务。个人独资企业财产不足以清偿债务的，投资人应当以其个人的其他财产予以清偿。

3. 办理注销登记手续

个人独资企业清算结束后，投资人或者人民法院指定的清算人应当编制清算报告，并于 15 日内到登记机关办理注销登记。个人独资企业申请注销登记，应当向登记机关提交下列文件：投资人或者清算人签署的注销登记申请书；投资人或者清算人签署的清算报告；国家工商行政管理局规定提交的其他文件。个人独资企业办理注销登记时，应当缴回营业执照。登记机关应当在收到全部文件之日起 15 日内，作出核准登记或者不予登记的决定。予以核准的，发给核准通知书；不予核准的，发给企业登记驳回通知书。经登记机关注销登记，个人独资企业终止。

二、商合伙资格的变化与消亡

（一）合伙企业类型的转换

根据《中华人民共和国合伙企业法》的规定，普通合伙企业成立后，合伙人被依法认定为无民事行为能力人或者限制民事行为能力人的，经其他合伙人一致同意，可以依法转为有限合伙人，普通合伙企业依法转为有限合伙企业。合伙人的继承人为无民事行为能力人或者限制民事行为能力人的，经全体合伙人一致同意，可以依法成为有限合伙人，普通合伙企业依法转为有限合伙企业。

有限合伙企业成立后，可能因为普通合伙人合伙份额的转让或退伙而导致合伙企业内部仅剩下有限合伙人，此时因该合伙已经不再具备有限合伙的基本特征，所以应当解散。此外，若因为有限合伙人合伙份额的转让或退伙而使得合伙内部仅剩普通合伙人时，该有限合伙企业应该转为普通合伙企业。

除合伙协议另有约定外，普通合伙人转变为有限合伙人，或者有限合伙人转变为普通合伙人，应当经全体合伙人一致同意。

(二)合伙企业的解散与清算

1. 合伙企业的解散

合伙企业的解散是指因法定或合伙人约定的事由出现或者经全体合伙人决定终止合伙协议、解散合伙企业的行为。根据《中华人民共和国合伙企业法》第 85 条规定，合伙企业有下列情形之一时，应当解散：合伙期限届满，合伙人决定不再经营；合伙协议约定的解散事由出现；全体合伙人决定解散；合伙人已不具备法定人数满 30 天；合伙协议约定的合伙目的已经实现或者无法实现；依法被吊销营业执照、责令关闭或者被撤销；法律、行政法规规定的其他原因。

合伙企业解散后，依法应当进行清算，以结清各种债权债务关系。

2. 合伙企业的清算

合伙企业的清算，是指合伙企业解散后，为了终结合伙企业现存的各种法律关系，依法清理合伙企业债权债务、分配合伙企业剩余财产的行为。

(1)清算人及其职责。清算人，是指合伙企业解散后依法产生的专门负责清理合伙企业债权债务分配剩余财产的人员。清算人由全体合伙人担任；经全体合伙人过半数同意，可以自合伙企业解散事由出现后 15 日内指定一个或者数个合伙人，或者委托第三人，担任清算人。自合伙企业解散事由出现之日起 15 日内未确定清算人的，合伙人或者其他利害关系人可以申请人民法院指定清算人。

清算人在清算期间执行下列事务：清理合伙企业财产，分别编制资产负债表和财产清单；处理与清算有关的合伙企业未了结事务；清缴所欠税款；清理债权、债务；处理合伙企业清偿债务后的剩余财产；代表合伙企业参加诉讼或者仲裁活动。

清算人自被确定之日起 10 日内将合伙企业解散事项通知债权人，并于 60 日内在报纸上公告。债权人应当自接到通知书之日起 30 日内，未接到通知书的自公告之日起 45 日内，向清算人申报债权。债权人申报债权，应当说明债权的有关事项，并提供证明材料。清算人应当对债权进行登记。清算期间，合伙企业存续，但不得开展与清算无关的经营活动。

(2)财产清偿顺序。合伙企业财产在支付清算费用和职工工资、社会保险费用、法定补偿金以及缴纳所欠税款、清偿债务后的剩余财产，按照合伙协议的约定办理；合伙协议未约定或者约定不明确的，由合伙人协商决定；协商不成的，由合伙人按照实缴出资比例分配、分担；无法确定出资比例的，由合伙人平均分配、分担。

(3)办理注销登记手续。清算结束，清算人应当编制清算报告，经全体合伙人签名、盖章后，在 15 日内向企业登记机关报送清算报告，申请办理合伙企业注销登记。合伙企业办理注销登记，应当提交下列文件：清算人签署的注销登记申请书；人民法院的破产裁定，合伙企业依照合伙企业法作出的决定，行政机关责令关闭、合伙企业依法被吊销营业执照或者被撤销的文件；全体合伙人签名、盖章的清算报告；国务院工商行政管理部门规定提交的其他文件。合伙企业办理注销登记时，应当缴回营业执照。经企业登记机关注销登记，合伙企业终止。

合伙企业注销后，原普通合伙人对合伙企业存续期间的债务仍应承担无限连带责任。

合伙企业不能清偿到期债务的，债权人可以依法向人民法院提出破产清算申请，也可以要求普通合伙人清偿。合伙企业依法被宣告破产的，普通合伙人对合伙企业债务仍应承担无限连带责任。

三、商公司企业法人资格的变化与消亡

(一)公司形式的变更

根据《中华人民共和国公司法》的规定，有限责任公司变更为股份有限公司，应当符合本法规定的股份有限公司的条件。股份有限公司变更为有限责任公司，应当符合本法规定的有限责任公司的条件。有限责任公司变更为股份有限公司的，或者股份有限公司变更为有限责任公司的，公司变更前的债权、债务由变更后的公司承继。

有限责任公司变更为股份有限公司时，折合的实收股本总额不得高于公司净资产额。有限责任公司变更为股份有限公司，为增加资本公开发行股份时，应当依法办理。

(二)公司的解散与清算

1. 公司解散

公司解散，是指已经合法成立的公司，因发生法律或公司章程规定的解散事由而宣告停止其积极主动的营业活动并将进行清算的特定状态。

根据《中华人民共和国公司法》的规定，公司因下列原因解散：公司章程规定的营业期限届满或者公司章程规定的其他解散事由出现；股东会或者股东大会决议解散；因公司合并或者分立需要解散；依法被吊销营业执照、责令关闭或者被撤销；公司经营管理发生严重困难，继续存续会使股东利益受到重大损失，通过其他途径不能解决的，持有公司全部股东表决权10%以上的股东，可以请求人民法院解散公司。

其中，因为公司章程规定的营业期限届满或者公司章程规定的其他解散事由出现而解散的，可以通过修改公司章程而存续。按上述规定修改公司章程，有限责任公司须经持有2/3以上表决权的股东通过，股份有限公司须经出席股东大会会议的股东所持表决权的2/3以上通过。

2. 公司清算

公司清算，是指为了终结已解散公司的经济和法律关系而清理其债权债务并处分其财产，最终消灭其法人资格的程序。

(1)清算组的成立与组成。除因公司合并或者分立需要解散外，因其他事由解散，应当在解散事由出现之日起十五日内成立清算组，开始清算。有限责任公司的清算组由股东组成，股份有限公司的清算组由董事或者股东大会确定的人员组成。逾期不成立清算组进行清算的，债权人可以申请人民法院指定有关人员组成清算组进行清算。人民法院应当受理该申请，并及时组织清算组进行清算。

(2)清算组的职权。清算组在清算期间行使下列职权：清理公司财产，分别编制资产负债表和财产清单；通知、公告债权人；处理与清算有关的公司未了结的业务；清缴所欠税款以及清算过程中产生的税款；清理债权、债务；处理公司清偿债务后的剩余财产；代表公司参与民事诉讼活动。

(3)清算程序。清算组在清理公司财产、编制资产负债表和财产清单后，应当制定清算方案，并报股东会、股东大会或者人民法院确认。公司财产在分别支付清算费用、职工的工资、社会保险费用和法定补偿金，缴纳所欠税款，清偿公司债务后的剩余财产，有限责任公司按照股东的出资比例分配，股份有限公司按照股东持有的股份比例分配。清算期间，公司存续，但不得开展与清算无关的经营活动。公司财产在未依照前款规定清偿前，不得分配给股东。

(4)破产申请。清算组在清理公司财产、编制资产负债表和财产清单后，发现公司财产不足以清偿债务的，应当依法向人民法院申请宣告破产。公司经人民法院裁定宣告破产后，清算组应当将清算事务移交给人民法院。公司被依法宣告破产的，依照有关企业破产的法律实施破产清算。

(5)办理注销登记手续。公司清算结束后，清算组应当制作清算报告，报股东会、股东大会或者人民法院确认，并报送公司登记机关，申请注销公司登记。有下列情形之一的，公司清算组应当自公司清算结束之日起 30 日内向原公司登记机关申请注销登记：公司被依法宣告破产；公司章程规定的营业期限届满或者公司章程规定的其他解散事由出现，但公司通过修改公司章程而存续的除外；股东会、股东大会决议解散或者一人有限责任公司的股东、外商投资的公司董事会决议解散；依法被吊销营业执照、责令关闭或者被撤销；人民法院依法予以解散；法律、行政法规规定的其他解散情形。

公司申请注销登记，应当提交下列文件：公司清算组负责人签署的注销登记申请书；人民法院的破产裁定、解散裁判文书，公司依照《中华人民共和国公司法》作出的决议或者决定，行政机关责令关闭或者公司被撤销的文件；股东会、股东大会、一人有限责任公司的股东、外商投资的公司董事会或者人民法院、公司批准机关备案、确认的清算报告；《企业法人营业执照》；法律、行政法规规定应当提交的其他文件。国有独资公司申请注销登记，还应当提交国有资产监督管理机构的决定，其中，国务院确定的重要的国有独资公司，还应当提交本级人民政府的批准文件。有分公司的公司申请注销登记，还应当提交分公司的注销登记证明。经公司登记机关注销登记，公司终止。

第三章　商主体法律制度(下)

第一节　商行会主体的历史由来

一、商行会的概念定义

商行会是由社会分工发展起来的一种同业团体，由同一行业的商人组成。行会订有行规，对本行业行为予以规范，调解会内纠纷，监督行会成员执行情况，并通过奖罚督促行业有序运行；同时也代表本行业对外进行交涉，以维护本行业的正当利益。

二、商行会的历史演变

中国历史上的商品经济发展过程中，为了调整同业关系，解决同业矛盾，保护同行利益，协调与政府的关系，同业或相关行业会联合起来组成行会。这种行会带有地域和行业两重性。唐代工商业组织，大多是在街巷贩卖经商。当时，一条街上开设的往往都是同类的店铺，故称“行”，如“织锦行”“金银行”等。到了宋代，行会组织进一步发展。北宋汴京、南宋临安行会多达数十家，入行者百千人。明清以后，行会进一步发展成会馆、公所。行会组织也更为严密，具有行规、业规、帮规等制度，形成一种行业势力。至清末时期则日益衰落。

10 世纪前后，意大利出现同一行业的手工业者或商人为保障本行业的利益而建立的团体。13 世纪时，巴黎大约有 100 个行会。到 14 世纪中叶，行会数增至 350 个左右。从 15 世纪起，手工业行会随资本主义工场手工业逐渐发展起来。到 16 世纪，随着近代工业革命的发展，英国行会制度因新社会分工而不断改进。大陆各国的行会制度残存的时间较长。法国的行会制度于解体后又曾一度恢复并成为皇家御用行会，德国的旧行会制度则到 19 世纪才逐渐消亡，为新兴企业协会取代。

在西方，行会的存续并不仅仅局限于制造业和贩卖业，服务业亦成立行会以规范对企业的服务。如英国法律协会(Law Society)，法律职业人士(律师、法律顾问、司法书士等)自治管理本行业行为，通过自律、自治，维护法律服务行业的执业利益和形象环境，促进法律服务社会的良善运行。

当代行业协会专业划分更加规范。我国行业协会主要为两大种类：第一类，半官方的全国及各地方工商联合会，以及中国企业家协会(中企协)；第二类，按生产经营分工的行业协会，如制造业协会、建筑业协会、旅游业协会，等等。按照国家民政部最新统计，我国目前有全国商业行业性社团有41722个，占社会团体总数的30%，居各类社团数量之首。

第二节　商行会主体资格的取得及其法律性质

在我国，与商主体性质不同，商行会主体资格并不是向市场监督管理机关登记备案取得，而是向民政管理机关申请审批取得。究其原因，主要在于商行会本身并不是直接经商盈利的组织，而只是维护和管理本行业经商的组织。

从法律性质上分析，商行会不以营利为直接目的法律属性，决定了商行会存续的社团法人性质及地位。商行会不是财团法人，既不属于企业法人或公司法人，也相应不享有企业法人或公司法人依法享有的权利和义务，也不对其行会成员经商行为直接承担法律责任。但是，商行会对于本行业成员经商运营给社会造成的影响，负有监督纠正的管理责任和道义责任。

第三节　商行会规范的一般内容

综括人类社会的商行会(包括以营利为目的的各类服务商行会)，基本上都制定或传承了维持并促进本行业持续发展的行业规范。尽管因生产、销售、贩卖及服务的分工不同，各行各业的行业规范千差万别，但一般来说，商行会规范大多具备以下基本内容。

第一，商行会组织规范，包括行会名称、行会办公地点、行会设立目的、行业运行原则以及入行资格条件等。

第二，商行会会员的权利义务，包括行会理事会、监事会、管理组织的选举罢免、改选重选、重大决策的投票规则等。

第三，商行会会员自律规范，包括本行会会员维护本行会声誉和利益的规范，以及会员禁止行为规范等。

第四，商行会会员奖惩规范，即对维护本行业声誉和利益予以鼓励及奖励的规范，对损害本行业声誉和利益予以处罚的规范等。

第五，商行会运行管理规范，如会员会费的缴纳、使用，财务收支管理，开会或重大活动组织的规范等。

第四节　商行会规范的法律效力

人类发展史上，作为维护本行业声誉和利益的商行会规范，一般既具体又有鲜明的行业特点。正是基于其特点的客观性，人们忽视了商行业规范的法律效力属性。

一般来说，不管是制造业、建筑业、贩卖业、销售业还是服务业，都会为了其全行业的持续发展而制定或固定相适应的行为规范。其规范的基本目的，就是向全社会树立其行业行会形象，以争取立足社会、求得生存。正是基于维护全行业长期存续发展的利益，各行各业的行会规范要求，都要比一般社会行为规范包括法律规范的要求高。

从本质上看，商行会规范不是国家立法，不属于法律范畴。然而社会运行实际，往往显示出商行会规范得到国家意志承认并由国家强制力保障实施的情况。因此，商行会规范的法律效力，会通过国家行为彰显于世。商行会规范的法律效力彰显的具体途径和方式，主要就是国家司法裁判的承认。英美法系国家也好，大陆法系国家也好，大多尊重并承认商行会规范的意思自治。我国司法实践中，对于商行会有益于社会文明进步的规范，一般基于国家法律精神予以认可和支撑。例如，对于违反旅游行业规范的导游予以行业除名的惩戒，各地司法机关均予以尊重。而对于违反食品药品制造销售行业规范的企业的各种处罚，各地司法机关在适用国家相关法律裁判时，也是充分认可的。

第四章 一般商行为法律制度(上)

第一节 商主体信息真实法律规范

诚实信用原则是人类社会交往行为规范的基本原则，简称诚信原则。商法中贯彻落实这一原则，基本的精神和主旨是督促商主体在商事活动中应当诚实、守信用，正当行使权利和履行义务。

商主体信息真实，第一是要求实名；第二是要求经营地点和联系方式真实可靠；第三是要求经营范围信息真实；第四是要求商主体网上、网下信息一致真实；第五是要求商主体缔结契约、履约承诺践诺的信息表示诚信互信等。对于商主体信息不真实的行为，轻则行业不予承认，重则视为行业欺诈。其法律后果往往是被行业禁入，或相应地得到司法处罚。

第二节 经商运营行为诚信法律规范

经商运营行为诚信法律规范，基本精神和主旨是敦促商主体在商贸经营活动中，应当守信用，诚实不欺，正当行使权利和履行义务。具体包括产品质量信息公开真实诚信、价格真实诚信、招标邀约真实诚信、竞价竞标意思真实诚信、质量检验行为真实诚信、契约合同签署履行承诺践诺行为真实诚信、经营争议纠纷及其解决行为真实诚信、企业上市经营债权债务信息真实及时披露诚信等方面内容。

具体规范经商诚信经营行为的法律规范有《中华人民共和国民法通则》(第4条)，《中华人民共和国合同法》(第6条、第42条、第43条、第60条、第92条)，《中华人民共和国反不正当竞争法》(第2条)，《中华人民共和国公司法》(第5条第1款、第20条)，《中华人民共和国证券法》(第4条、第11条第2款、第124条、第131条第1款、第132条)，《中华人民共和国证券投资基金法》(第4条)，《期货交易管理条例》(第3条、第16条)，《证券公司监督管理条例》(第2条、第3条)等。我国加入(批准)的国际反欺诈条约公约，也享有拘束商业经营行为的最高法律效力。各级地方法规(实施细则等)，也依据国家法作了具体的规定，对经商运营行为进行规范。

商主体管理行为诚信规范，主要基于其主体的章程展开。包括章程真实诚信、组织结构信息真实可靠、董事监事及管理人员信息真实诚信、股份信息真实诚信、财务会计记录真实诚信、员工招聘任用解聘及保险薪奖待遇真实诚信、所得税申报缴纳真实诚信、债权债务分担及清偿真实诚信，等等。

除国家法、地方法规及我国加入批准的相关国际条约外，商业行业诚信规范，往往以行业反欺诈名义，通过司法认可的方式，起着拘束同行业商主体成员诚信经营和管理行为的作用。因此，本书特列专节分析。

第三节　行业反欺诈法律规范

一、行业反欺诈规范的基本发展趋势

人类社会发展史上，商业(包括制造业)作为独立的行业分化出来，反欺诈就成为行业行为规范。如中国宋代商业行会规约碑刻上就记载有行会反欺诈内容。

近代以来，行业反欺诈成为国家反欺诈法制有机构成体系，由一国国内扩展至国际。2015—2018 年，行业反欺诈被各行各业高度重视，金融、保险、证券、期货、食品、互联网、大数据等全行业反欺诈活动，通过反欺诈峰会、反欺诈大会、反欺诈年会、反欺诈展会等，成为商家生存发展所必需的共识，行业反欺诈行为规范及其制度基本固定。

二、行业反欺诈规范的法律性质、法律效力及主要内容

商业欺诈是危害社会也危害全行业最为严重的行为之一。对于商业欺诈的危害，各行各业都坚决予以抵制和反对。任何人或企业，一旦参与商业行业制造生产或销售，就负有维护行业声誉及行业市场发展等义务。因此，行业反欺诈行为规范的发起者和捍卫者，是全行业成员。各国对商业行业秩序的形成和支持，都是通过立法执法和司法，在承认并保障其行业反欺诈规范的基础上展开。

同世界上所有国家一样，我国商业行业反欺诈行为规范，多以行规形式呈现。鉴于商业行业专业分工的不同，我国商业行业反欺诈规范，亦根据其行业特点体现出来。以食品生产批发销售行业为例，主要的反欺诈规范有：第一，督促食品生产经营者和进口商落实主体责任，督促第三方平台经营者、广告发布单位和相关方履行法律责任，尚德守法，诚实守信，杜绝欺诈和虚假宣传；第二，建立健全行规行约，规范企业竞争行为，创建和维护公平的营商环境，推动形成不敢、不想、不做欺诈和虚假宣传的良好行风；第三，持续监测行业欺诈和虚假宣传问题，自觉通报信息，积极分析原因，全力推动整改，主动开展风险交流预警；第四，加强法规政策宣贯培训，鼓励企业依法主张权利，支持企业内部人员投诉举报，及时发现处置

欺诈和虚假宣传问题线索；第五，鼓励企业互相监督、互相促进，承担社会责任，维护食品行业整体荣誉，推动产业健康有序发展；第六，密切与政府有关部门沟通协作，及时反映行业诉求和意见建议，配合开展监管工作，共治违法行为，共享治理成果；第七，针对舆论热点和社会关切，及时主动发声，科学解读，消除公众疑虑，努力推动媒体科学客观报道，营造良好社会氛围；第八，积极引导科学、理性消费，提高广大消费者对欺诈和虚假宣传的辨识能力，提升自身维权意识；第九，充分发挥科研院所等技术力量作用，共同推动科技创新，提升科学管理，推动产业升级；第十，积极开展行业内部和跨行业合作，发动全社会力量，共同提升食品安全水平。

而我国的《电商联盟食品保健食品反欺诈反虚假宣传公约》具体内容包括：①严格履行平台管理有关法律责任，严格平台准入机制，严格审核入网食品经营者资质，禁止无证无照商家入驻；②积极推进商家诚信体系建设，建立健全信用评价制度，保障消费者的合法权益，营造健康公平的网络市场经营环境；③严格食品广告宣传内容的审查与发布，广告不得含有虚假或者引人误解的内容，保健食品广告应当显著标明“本品不能代替药物”，不得涉及疾病预防、治疗功能；④建立健全平台食品安全管理体系，完善食品安全管理机制，认真履行日常管理职责，加强对平台员工在审查商家资质及商品宣传内容等方面的培训；⑤建立严格的商家管理制度，共同加强对入网食品商家的食品安全培训，积极组织培训教育，同时共同宣传和推动打击欺诈和虚假宣传的违法违规行为；⑥对有欺诈和虚假宣传违法违规行为的商家及时采取措施制止，必要时可以停止对其提供第三方交易平台服务。监管部门发现平台内商家有欺诈和虚假宣传违法违规行为的，依法要求平台采取措施制止的，平台应当积极配合；⑦加强与食品监管部门的沟通协作，依法依规提供平台有关管理数据和信息，帮助做好食品安全管理的政策制定和风险信息分析等工作；⑧积极引导消费者科学、理性消费，提高消费者对食品保健食品欺诈和虚假宣传的辨识能力；⑨畅通平台投诉举报通道，便利消费者进行食品安全投诉举报，快捷处理食品安全纠纷；⑩与其他电商平台增进交流，开展合作，共同提升网络食品安全水平。

第四节　失信行为惩戒规范

商业失信行为，不仅直接危害社会，也危害商业存续发展。针对商业失信行为，我国各地(如内蒙古、江苏等)先后出台了法人包括个人失信行为惩戒规范。

一般内容包括：①按照严重程度划分为一般失信行为、较严重失信行为和严重失信行为。②严重失信的社会法人将被列为重点监控和监督检查对象，列入省、市公共信用信息系统黑名单并向社会公开，有效期 3~7 年不等。

针对旅游市场经营商失信行为及其危害，我国各地方相继颁布旅游经营失信行为惩戒暂行办法。从旅游经营失信行为信息采集、认定失信行为到实施失信惩戒，均有规范。针对一般失信行为的惩戒规范有信用提醒。旅游经营失信惩戒部门将一般失信行为通过书面或口头方式通知旅游经营者、旅游从业人员，提醒其纠正或规范相关行为。通过诚信约谈，旅游经营失信惩戒部门敦促失信者在经济社会活动中严格自律、诚信守法、履行社会责任。针对较为严重失信行为的惩戒规范包括：撤销相关荣誉称号，限制参与评先、评优；同时列入当地旅游信用信息共享平台予以公示，向社会公开具体失信信息，公示期不少于 1 年(“黑榜”)。针对严重失信行为，则多列入当地旅游信用信息共享平台“黑榜”，公示期不少于 3 年。针对造成较大社会负面影响的旅游经营商的严重失信行为，旅游经营失信惩戒部门可依法在职责范围内采取相应措施，或逐级向有执法权的上一级部门报告，给予或建议给予取消出境(赴台)旅游业务经营资格、吊销旅行社业务经营许可证、导游证、领队证或者降低、取消旅游评定等级等处罚。旅游经营失信惩戒部门可将严重失信行为进行记录并依法通报给公安、工商、交通、文化、金融、税务、价格、质检、网信等相关部门及机构。民事责任方面则承担赔偿责任和接受罚款处罚。造成国家利益、社会公共利益受损，严重侵害旅游经营者、旅游从业人员合法权益等后果的，应依法依规追究相关单位负责人和直接责任人的责任。

随着我国经济社会发展的不断进步，各行各业的商业失信行为，也被纳入消费者权益保护法中，并不断健全和完善，由各级市场监督管理机关督促规范。严重违法的，承担民事赔偿责任和接受责任罚款处罚。构成犯罪的，依法追究刑事责任。

第五节　公平交易行为法律规范

一、价格公平交易规范

价格公平交易规范的基本目的包括：准确制定适应社会良善运行的公平的价格，准确执行国家制定的产品价格及其销售价格和服务价格，合理制定和调整本行业企业产品价格和服务价格，制定本行业企业产品价格管理制度，展开本行业产品销售和服务价格监督检查等。

商业产品销售(零售)价格公平交易规范的社会价值意义在于形成并维系人类社会生产生活存续发展必需的公平交易秩序。这方面的国家法律规范主要有：《中华人民共和国价格法》《中华人民共和国消费者权益保护法》《零售商供应商公平交易行为规范(SB/T 10467—2008)》《零售商供应商公平交易管理办法》等。

商业行业价格调控的主要规范包括：各地各行业商品(工业品、消费品、农产品)和服务价格规范，如旅游门票定价规范、摄影行业价格规范、城乡供热供水价格规范、商品零售定价规范、行业标准价格规范、行业价格定价规范，等等。

价格公平交易规范的主要内容包括：第一，行业商品和服务价格定价根据市场需求确定并调整；第二，行业商品和服务价格定价对全行业交易行为具有约束力，必须得到全行业所有成员企业（批发、销售、零售）的遵守；第三，禁止并惩罚行业成员“趁火打劫”“谋暴利”的乱涨价行为；第四，禁止并惩罚行业成员合伙垄断价格；第五，上市企业必须严格遵守国家金融证券价格法律规范和价格纪律拘束；第六，违反国家价格法，受到刑法、行政法等追究的，行业禁止再进入，等等。

二、商业产品质量标准规范

商业产品质量标准规范的对象和范围，包括中华人民共和国境内从事产品生产、销售活动的企业；经过加工、制作，用于销售的产品，包括建设工程使用的建筑材料、建筑构配件和设备（核产品、军工产品各依其特别法规范）等。

我国对商业产品质量进行法律规范的原则是：严格与强制相结合、严禁假冒伪劣、过错责任、奖励（鼓励）科学先进和赶超国际标准、政府正当监督、禁设标准壁垒等。

产品质量监督法制明确：禁止生产、销售不符合保障人体健康和人身、财产安全的标准和要求的工业产品；国家根据国际通用的质量管理标准，推行企业质量体系认证制度；实行以抽查为主要方式的监督检查制度（强制性、禁重复、禁收费、可复查、不合格的限期整改、查封扣押、撤销认证、禁止生产销售）等。

商品生产者在产品质量方面的一般法律要求有：不存在危及人身、财产安全的不合理的危险，有保障人体健康和人身、财产安全的国家标准、行业标准的，应当符合该标准；具备产品应当具备的使用性能；符合在产品或者其包装上注明采用的产品标准，符合以产品说明、实物样品等方式表明的质量状况等。

商业产品或者其包装不仅标识必须真实，而且要求有产品质量检验合格证明；有中文标明的产品名称、生产厂厂名和厂址。根据产品的特点和使用要求，需要标明产品规格、等级、所含主要成分的名称和含量的，应当用中文予以标明；需要事先让消费者知晓的，应当在外包装上标明，或者预先向消费者提供有关资料；限期使用的产品，应当在显著位置清晰地标明生产日期和安全使用期或者失效日期；因使用不当，容易造成产品本身损坏或者可能危及人身、财产安全的产品，应当有警示标志或者中文警示说明（裸装的食品和其他根据产品的特点难以附加标识的裸装产品，可以不附加产品标识）；严禁假冒伪劣等。

销售产品的商户，也负有质量责任和义务，包括：建立并执行进货检查验收制度，验明产品合格证明和其他标识；保持销售产品的质量；不得销售国家明令淘汰并停止销售的产品和失效、变质的产品；销售的产品的标识应当符合《中华人民共和国质量法》第 27 条的规定；不得伪造产地，不得伪造或者冒用他人的厂名、厂址和质量标志；不得掺杂、掺假，不得以假充真、以次充好，不得以不合格产品冒充合格产品等。

不管是生产商还是销售商，对产品质量有瑕疵问题的，应当负责修理、更换、退货。给购买产品的消费者造成损失的，销售者应当赔偿损失。因产品存在缺陷造成人身、缺陷产品以外的其他财产损害的，生产者应当承担赔偿责任(生产者能够证明有下列情形之一的，不承担赔偿责任：未将产品投入流通的；产品投入流通时，引起损害的缺陷尚不存在的；将产品投入流通时的科学技术水平尚不能发现缺陷的存在的)。因产品存在缺陷造成受害人人身伤害的，侵害人应当赔偿医疗费、治疗期间的护理费、因误工减少的收入等费用；造成残疾的，还应当支付残疾者生活自助具费、生活补助费、残疾赔偿金以及由其扶养的人所必需的生活费等费用；造成受害人死亡的，并应当支付丧葬费、死亡赔偿金以及由死者生前扶养的人所必需的生活费等费用(诉讼时效期间为二年，满十年失效)等。

凡是出现产品质量问题的，依据法律均应予以相应处罚，包括：责令停止生产、销售，没收违法生产、销售的产品，并处违法生产、销售产品(包括已售出和未售出的产品)货值金额等值以上三倍以下的罚款；有违法所得的，并处没收违法所得；情节严重的，吊销营业执照；构成犯罪的，依法追究刑事责任等。

产品质量检验机构、认证机构伪造检验结果或者出具虚假证明的，应责令改正，对单位处五万元以上十万元以下的罚款，对直接负责的主管人员和其他直接责任人员处一万元以上五万元以下的罚款；有违法所得的，并处没收违法所得；情节严重的，取消其检验资格、认证资格；构成犯罪的，依法追究刑事责任；产品质量检验机构、认证机构出具的检验结果或者证明不实，造成损失的，应当承担相应的赔偿责任；造成重大损失的，撤销其检验资格、认证资格；产品质量保证、广告等造成损害，依法承担直接责任和连带责任。

第六节　不正当竞争行为法律规范

一、市场支配地位的法律定性、法律推定及其排除

市场支配地位，指经营者在相关市场内具有能够控制商品价格、数量或者其他交易条件，或者能够阻碍、影响其他经营者进入相关市场能力的市场地位。经营者具有市场支配地位的法律推定：①一个经营者在相关市场的市场份额达到二分之一的；②两个经营者在相关市场的市场份额合计达到三分之二的；③三个经营者在相关市场的市场份额合计达到四分之三的。经营者具有市场支配地位，应当依据后列因素认定：①该经营者在相关市场的市场份额，以及相关市场的竞争状况；②该经营者控制销售市场或者原材料采购市场的能力；③该经营者的财力和技术条件；

④其他经营者对该经营者在交易上的依赖程度；⑤其他经营者进入相关市场的难易程度；⑥与认定该经营者市场支配地位有关的其他因素。

市场经营者支配地位的法定排除：经营者市场份额不足十分之一的，不应当推定该经营者具有市场支配地位。被推定具有市场支配地位的经营者，有证据证明不具有市场支配地位的，不应当认定其具有市场支配地位。

二、反协议垄断

垄断协议，是指排除、限制竞争的协议、决定或者其他协同行为，其是阻碍市场自由竞争、危害商业进步的不文明行为。反协议垄断，主要包括禁止以下行为：①以不公平的高价销售商品或者以不公平的低价购买商品；②没有正当理由，以低于成本的价格销售商品(倾销)；③没有正当理由，拒绝与交易相对人进行交易；④没有正当理由，限定交易相对人只能与其进行交易或者只能与其指定的经营者进行交易；⑤没有正当理由搭售商品，或者在交易时附加其他不合理的交易条件；⑥没有正当理由，对条件相同的交易相对人在交易价格等交易条件上实行差别待遇；⑦国务院反垄断执法机构认定的其他滥用市场支配地位的行为。

三、反市场垄断

反市场垄断，主要是禁止具有竞争关系的经营者达成下列垄断协议：①限制商品的生产数量或者销售数量；②分割销售市场或者原材料采购市场；③限制购买新技术、新设备或者限制开发新技术、新产品；④联合抵制交易；⑤国务院反垄断执法机构认定的其他市场垄断协议。

四、反价格垄断

其内容包括：①禁止固定或者变更商品价格；②禁止经营者与交易相对人固定向第三人转售商品的价格；③禁止经营者与交易相对人向第三人转售商品的最低价格；④禁止国务院反垄断执法机构认定的其他价格垄断协议。

五、反不正当集中

(一)经营者集中的表现形态

经营者集中是指下列情形：①经营者合并；②经营者通过取得股权或者资产的方式取得对其他经营者的控制权；③经营者通过合同等方式取得对其他经营者的控制权或者能够对其他经营者施加决定性影响。

(二)经营者集中申报规范

《中华人民共和国反垄断法》对经营者集中申报作出了规定。达到国务院规定的申报标准的，经营者应当事先向国务院反垄断执法机构申报，未申报的不得实施集中。经营者集中有下列情形之一的，可以不向国务院反垄断执法机构申报：参与集中的一个经营者拥有其他每个经营者50%以上有表决权的股份或者资产的；参与集中的每个经营者50%以上有表决权的股份或者资产被同一个未参与集中的经营者拥有的。经营者申报集中，应当提交申报书、集中对相关市场竞争状况影响的说明、集中协议、参与集中的经营者经会计师事务所审计的上一会计年度财务会计报告、国务院反垄断执法机构规定的其他文件、资料。同时申报书应载明参与集中的经营者的名称、住所、经营范围、预定实施集中的日期和国务院反垄断执法机构规定的其他事项。经营者提交的文件、资料不完备的，应当在国务院反垄断执法机构规定的期限内补交文件、资料。经营者逾期未补交文件、资料的，视为未申报。国务院反垄断执法机构应当自收到经营者提交的符合《中华人民共和国反垄断法》第23条规定的文件、资料之日起30日内，对申报的经营者集中进行初步审查，作出是否实施进一步审查的决定，并书面通知经营者。国务院反垄断执法机构作出决定前，经营者不得实施集中。但国务院反垄断执法机构作出不实施进一步审查的决定或者逾期未作出决定的，经营者可以实施集中。国务院反垄断执法机构决定实施进一步审查的，应当自决定之日起90日内审查完毕，作出是否禁止经营者集中的决定，并书面通知经营者。作出禁止经营者集中的决定，应当说明理由。审查期间，经营者不得实施集中。延长审查期限(需满足下列情形之一：经营者同意延长审查期限的；经营者提交的文件、资料不准确，需要进一步核实的；经营者申报后有关情况发生重大变化的)最长不得超过60日。国务院反垄断执法机构逾期未作出决定的，经营者可以实施集中。

(三)经营者集中审查的考虑因素

审查经营者集中，应当考虑下列情形：参与集中的经营者在相关市场的市场份额及其对市场的控制力；相关市场的市场集中度；经营者集中对市场进入、技术进步的影响；经营者集中对消费者和其他有关经营者的影响；经营者集中对国民经济发展的影响；国务院反垄断执法机构认为应当考虑的影响市场竞争的其他因素。

(四)经营者集中禁止定性及其例外

经营者集中具有或者可能具有排除、限制竞争效果的，国务院反垄断执法机构应当作出禁止经营者集中的决定。但是，经营者能够证明该集中对竞争产生的有利影响明显大于不利影响，或者符合社会公共利益的，国务院反垄断执法机构可以作出对经营者集中不予禁止的决定。对不予禁止的经营者集中，国务院反垄断执法机构可以决定附加减少集中对竞争产生不利影响的限制性条件。

(五)经营者集中的公布及特别规定

国务院反垄断执法机构应当将禁止经营者集中的决定或者对经营者集中附加限制性条件的决定，及时向社会公布。对外资并购境内企业或者以其他方式参与经营者集中，涉及国家安全的，除依照《中华人民共和国反垄断法》规定进行经营者集中审查外，还应当按照国家有关规定进行国家安全审查。

六、禁止滥用行政权力排除、限制竞争

世界反垄断的共同规范重点，是防止各国行政权力制造竞争壁垒，阻碍甚至破坏商业的自由且正当的竞争。我国加入世界贸易组织(WTO)以后，禁止滥用行政权力排除、限制正当的商贸竞争，就成为具有法律拘束力且必须履行的承诺。目前《中华人民共和国垄断法》明确规定：行政机关和法律、法规授权的具有管理公共事务职能的组织不得滥用行政权力，限定或者变相限定单位或者个人经营、购买、使用其指定的经营者提供的商品。不得滥用行政权力，实施下列行为，妨碍商品在地区之间的自由流通：对外地商品设定歧视性收费项目、实行歧视性收费标准，或者规定歧视性价格；对外地商品规定与本地同类商品不同的技术要求、检验标准，或者对外地商品采取重复检验、重复认证等歧视性技术措施，限制外地商品进入本地市场；采取专门针对外地商品的行政许可，限制外地商品进入本地市场；设置关卡或者采取其他手段，阻碍外地商品进入或者本地商品运出；妨碍商品在地区之间自由流通的其他行为。不得滥用行政权力，以设定歧视性资质要求、评审标准或者不依法发布信息等方式，排斥或者限制外地经营者参加本地的招标投标活动。不得采取与本地经营者不平等待遇等方式，排斥或者限制外地经营者在本地投资或者设立分支机构。不得强制经营者从事本法规定的垄断行为。不得制定含有排除、限制竞争内容的规定。

七、对涉嫌垄断行为的调查制度

反垄断执法机构依法对涉嫌垄断行为进行调查。对涉嫌垄断行为，任何单位和个人有权向反垄断执法机构举报。反垄断执法机构应当为举报人保密。举报采用书面形式并提供相关事实和证据的，反垄断执法机构应当进行必要的调查(需书面报告并经批准，执法人员不得少于2人，应当出示执法证件)。调查措施有：现场检查；询问(做笔录并签字)；查阅、复制涉案文件、资料(注意保密)；查封、扣押相关证据(注意保密)；查询经营者的银行账户(注意保密)。被调查的经营者、利害关系人有权陈述意见，反垄断执法机构应当进行核实。在核实后，认为构成垄断行为的，应当依法作出处理决定，并向社会公布。

八、调查中止、调查恢复和调查终止

被调查的经营者承诺在反垄断执法机构认可的期限内采取具体措施消除该行为后果的，反垄断执法机构可以决定中止调查。中止调查的决定应当载明被调查的经营者承诺的具体内容。决定中止调查的，应当对经营者履行承诺的情况进行监督。但经营者未履行承诺的，作出中止调查决定所依据的事实发生重大变化的，中止调

查的决定是基于经营者提供的不完整或者不真实的信息作出的，反垄断执法机构应当恢复调查。

涉嫌垄断行为经营者履行消除具体垄断行为承诺的，反垄断执法机构可以决定终止调查。

九、违反法律的责任

(一)罚款

按照法律规定的酌情原则，反垄断执法机构确定具体罚款数额时，应当考虑违法行为的性质、程度和持续的时间等因素。具体包括：①经营者违法达成并实施垄断协议的，由反垄断执法机构责令停止违法行为，没收违法所得，并处上一年度销售额1%以上10%以下的罚款；尚未实施所达成的垄断协议的，可以处50万元以下的罚款。②经营者主动向反垄断执法机构报告达成垄断协议的有关情况并提供重要证据的，反垄断执法机构可以酌情减轻或者免除对该经营者的处罚。③行业协会违法组织本行业的经营者达成垄断协议的，反垄断执法机构可以处50万元以下的罚款；情节严重的，社会团体登记管理机关可以依法撤销登记。④经营者违法滥用市场支配地位的，由反垄断执法机构责令停止违法行为，没收违法所得，并处上一年度销售额1%以上10%以下的罚款。⑤经营者违法实施集中的，由国务院反垄断执法机构责令停止实施集中、限期处分股份或者资产、限期转让营业以及采取其他必要措施恢复到集中前的状态，可以处50万元以下的罚款。经营者实施垄断行为，给他人造成损失的，依法承担民事责任。

(二)行政责任及处理

①行政机关和法律、法规授权的具有管理公共事务职能的组织滥用行政权力，实施排除、限制竞争行为的，由上级机关责令改正；对直接负责的主管人员和其他直接责任人员依法给予处分。反垄断执法机构可以向有关上级机关提出依法处理的建议。法律、行政法规对行政机关和法律、法规授权的具有管理公共事务职能的组织滥用行政权力实施排除、限制竞争行为的处理另有规定的，依照其规定。②对反垄断执法机构依法实施的审查和调查，拒绝提供有关材料、信息，或者提供虚假材料、信息，或者隐匿、销毁、转移证据，或者有其他拒绝、阻碍调查行为的，由反垄断执法机构责令改正，对个人可以处2万元以下的罚款，对单位可以处20万元以下的罚款；情节严重的，对个人处2万元以上10万元以下的罚款，对单位处20万元以上100万元以下的罚款；构成犯罪的，依法追究刑事责任。

(三)行政复议及行政诉讼

对反垄断执法机构依法作出的决定不服的，可以先依法申请行政复议；对行政复议决定不服的，可以依法提起行政诉讼。

（四）刑事责任

反垄断执法机构工作人员滥用职权、玩忽职守、徇私舞弊或者泄露执法过程中知悉的商业秘密，构成犯罪的，依法追究刑事责任；尚不构成犯罪的，依法给予处分。

十、反垄断法适用的排除

为改进技术、研究开发新产品的，为提高产品质量、降低成本、增进效率，统一产品规格、标准或者实行专业化分工的，为提高中小经营者经营效率，增强中小经营者竞争力的，为实现节约能源、保护环境、救灾救助等社会公共利益的，因经济不景气，为缓解销售量严重下降或者生产明显过剩的，为保障对外贸易和对外经济合作中的正当利益的，法律和国务院规定的其他情形等，依法适用排除反垄断法施行。

经营者依照有关知识产权的法律、行政法规规定行使知识产权的行为，不适用《中华人民共和国反垄断法》。但是，经营者滥用知识产权，排除、限制竞争的行为，适用《中华人民共和国反垄断法》。农业生产者及农村经济组织在农产品生产、加工、销售、运输、储存等经营活动中实施的联合或者协同行为，不适用《中华人民共和国反垄断法》。

第五章　一般商行为法律制度(下)

第一节　著作权交易法律规范

一、著作权的概念

“著作权”与“版权”两个术语均译自日本。① 从其在我国使用的情况看，“版权”的出现早于“著作权”。

按照《简明不列颠百科全书》解释，对著作的复制和发行等利用之权，随着出版业的兴起而产生，起源于英国。15 世纪中叶，伦敦成立了出版行会，此后英国实行了出版书刊的特许证制度，英王玛丽一世于 1662 年颁布了第一个许可证法，规定由皇家经过特别授权，给予伦敦出版行会的成员或其他持有特许证的人以出版书刊的特权，条件是向英王缴纳特许费。出版商的这种特权，在英文中称“Copyright”，字面意思是复印、复制的权利。19 世纪日本人据此创造了“版权”一词，清政府在与外国签订条约时沿用这一表述，1903 年清政府与美国和日本签订的通商条约中最早在法律文件中使用“版权”一词。1886 年日本学者黑川诚一郎受到法国和德国天赋人权思想的影响，将法国等国的作者权(Author's Right)改称为著作权。② 我国最早使用“著作权”一词的法律文件，是 1910 年清政府颁布的《大清著作权律》，此后北洋政府和国民党政府颁布的法律中，一直称“著作权法”。我国在起草著作权法时，对于法律名称究竟叫“版权法”还是“著作权法”一直争论不休，1988 年以前的草案一直称“版权法”，1985 年国家版权局成立，1988 年后，改称“著作权法”。1990 年通过的《中华人民共和国著作权法》第 51 条也明确规定著作权与版权系同义语，国家版权局也就没有因此而改称国家著作权局。这结束了我国对此问题 100 多年的争论。立法的名称取“著作权法”主要基于以下考虑：避免版权被误会为出版权。2010 年修订的著作权法第 57 条明确规定：“本法所称的著作

---

① [日]狄原有里. “版权”和“著作权”两个词在日本的来龙去脉[M]//唐广良. 知识产权研究(第 17 卷). 北京：中国方正出版社，2005：19.

② 刘春田. 知识产权法(第五版)[M]. 北京：高等教育出版社，2015：43.

权即版权”。

根据《中华人民共和国著作权法实施条例》第 2 条的规定，著作权法所称作品，是指文学、艺术和科学领域内具有独创性并能以某种有形形式复制的智力成果。

首先，作品是著作权存在的前提，没有作品，就没有著作权。但是，并不是有了作品就一定会产生著作权。为了平衡公共利益，我们会将符合作品构成要件的某些信息排除在著作权法保护的范畴之外，比如说法律、法规，国家机关的决议、决定、命令和其他具有立法、行政、司法性质的文件及其官方正式译文。其次，著作权的内容独特。它并非单一权利，而是一系列权利的总和，是一种复合型权利，具体来说由著作财产权和著作人身权构成。再次，作品形成后不需要履行任何程序，对应的权利人也就随即产生。通常情况下，作者是著作权的原始主体，享有完整的著作权，作者以外的人可以基于法律的直接规定，比如说继承享有著作财产权，或者是通过商事活动转让著作权中的一项或多项，通过著作权转让合同，受让人成为新的著作财产权的主体。

二、著作权的特征

著作权存在于文学、艺术和科学领域，是更多地与文化领域有关的智力成果权，有别于只存在于工商业领域的商标权、专利权等工业产权。著作权与商标权、专利权构成了知识产权的核心和基础。著作权作为知识产权的三大传统权利之一，具有知识产权的一般特征，如专有性、时间性、地域性等。但由于著作权客体即作品的特殊性，决定了著作权与其他知识产权相比，具有许多独特的法律特征。

(一) 权利主体广泛

原则上，各类民事主体(公民、法人和其他组织)都可以成为知识产权的权利主体，但著作权权利主体的实际范围较之其他各种类型的知识产权更为广泛。如未成年人，一般不能成为专利权和商标权的权利主体，但可以是著作权的主体。另外在我国没有住所的外国人，其作品只要是在国内首次发表，就可以依法享有著作权，而这就使得著作权的权利主体范围比专利权和商标权更广泛。如果探索原因，那么一方面是因为文学、艺术和科学作品的创作活动较之发明创造、商标设计活动更具有普遍性，另一方面也因为著作权所遵循的是不同于授予专利权、商标专用权的形式要件。

(二) 权利对象多样

作为著作权的对象——作品同是一种智力成果，但其表现形式繁多，范围极其广泛。无论从其思想内容(含文学、艺术、自然科学、社会科学等各方面)还是外观表现(口头、书面、摄影、绘画、雕刻、音像等)来看，只要能被人感知或者能被机器感知，均能成为著作权对象，从而广于专利权、商标权等工业产权的对象范围(专利权的对象表现为“技术发明创造”，商标权的对象也只表现为一定的“文字、图形或其组合，声音”)。

(三)权利内容丰富

著作权的内容不同于其他知识产权，包括人身权和财产权两方面权利。就人身权而言，工业产权中的专利权、商标权基本上不涉及人身权，而《中华人民共和国著作权法》第9条规定：著作权中的人身权则包括发表权、署名权、修改权和保护作品完整权。著作权的财产权也极为丰富，包括复制权、发行权、播放权、摄影权、演绎权、发行权等12项内容。

(四)权利的产生较为独特

知识产权中的专利权、商标权，均以“依法确认”为特征，即权利的取得需经国家行政主管机关依法确认。如专利权的产生需要经过申请，报专利机关审查批准；商标权的产生，需依照法定程序申请注册。从历史上看，著作权的取得也曾经过“注册保护主义”的立法阶段，但时至今日，世界绝大多数国家(包括我国)的著作权法均采取“创作保护主义”的立法原则，即规定作品一经产生，只要不违背法律的规定，无论是否发表，均依法享有著作权，从而使得著作权的产生有别于其他知识产权。

(五)权利限制较多

从法理角度来说，任何权利都不是绝对的，权利滥用为法律所禁止。著作权的立法原则既要保护权利人的私权，又要平衡公共利益。由于作为著作权客体的作品既是个体的财产，又是一种社会财富，为了国家、公众和社会利益，法律对著作权人对其作品的专有权利作了直接规定并加以限制。如《中华人民共和国著作权法》第24条所规定的合理使用情形，第26条所作的法定许可规定，都是对著作权人专有权利的限制。

(六)权利保护期比较长

一般情况下自然人的作品，其权利的保护期为作者终生及其死亡后50年。法人或者非法人组织的作品、著作权(署名权除外)由法人或者非法人组织享有的职务作品，以及试听作品，其发表权的保护期为50年，截止于作品创作完成后第50年的12月31日；《中华人民共和国著作权法》规定的权利的保护期为50年，截止于作品首次发表后第50年的12月31日，但作品自创作完成后50年内未发表的，该法不再保护。而专利权和商标权的保护期限一般为10~20年，究其原因，系作品占有的社会资源相对较少，给予较长时间的保护不会损害公共利益。

三、著作权交易模式及相应法律规范

著作权交易是指将作品著作财产权中的全部或部分权利，通过著作权许可使用、转让、质押、出资等方式，获取相应经济收入的交易行为。

(一) 著作权的许可

著作权的许可是最常见的著作权利用方式，它是指著作权人以签订许可合同的方式，授权他人在约定的时间、约定的地域范围以法律规定的方式商业性地使用其作品的利用方式。著作权许可合同根据被许可人享有的权利排他性的程度可以分为普通许可合同、排他许可合同以及独占许可合同。根据许可合同使用的财产权的不同，一般可以分为出版权许可合同、表演权许可合同、摄制权许可合同、改编权许可合同、翻译权许可合同；各类邻接权许可合同等。

著作权许可合同作为一类无名合同，应当遵循合同法的一般原则，合同与生效要件均受合同法的约束。除此之外，《中华人民共和国著作权法》第 26 条规定了著作权许可合同的主要条款：许可使用的权利种类；许可使用的权利是专有使用权或者非专有使用权；许可使用的地域范围、期间；付酬标准和办法；违约责任；双方认为需要约定的其他内容。其中付酬标准，根据《中华人民共和国著作权法》第 30 条规定，使用作品的付酬标准可以由当事人约定，也可以按照国务院著作权行政管理部门会同有关部门制定的付酬标准支付报酬。当事人约定不明确的，按照国务院著作权行政管理部门会同有关部门制定的付酬标准支付报酬。2014 年国家版权局、国家发展和改革委员会发布了《使用文字作品支付报酬办法》，但是对于图片作品尚欠缺明确标准。近年来在实务中，作者和出版社普遍采用版税的方式计酬，2017 年网络作家唐家三少以 1.1 亿元的版税收入登上“网络作家榜”榜首。

(二) 著作权的转让

著作权的转让是指权利人将自己著作财产权中的一项或多项乃至全部转让给他人，从而使得受让人成为新的著作财产权人的民事法律行为。《中华人民共和国著作权法》第 27 条、第 29 条对此进行了规定。根据《中华人民共和国著作权法》第 27 条规定，应当订立书面合同。著作权转让与许可使用，都使他人得以行使原属于著作权人的一项或多项财产权，但二者的区别主要表现为著作权转让中发生了主体的变更，受让人成为新的著作权财产权主体，有权独立提起诉讼以对抗侵权行为；著作权的许可使用中则不会发生主体资格的变化，需要由被许可人主张权利以对抗侵权人。

值得关注的是，双方如何在著作权的海量利用中达成许可或者是转让协议，传统的线下方式主要由双方直接接触或通过版权交易机构、通过协商达成合意。

2011 年 12 月 30 日，中宣部、商务部、文化部、国家广电总署、新闻出版总署五部委共同发布《关于贯彻落实国务院决定加强文化产权交易和艺术品交易管理的意见》，其中指出：文化产权交易所是为文化产权转让提供条件和综合配套服务的专业化市场平台，是文化领域多层次市场的重要组成部分。作为针对文化产业、文化企业、文化资产的一个专业的平台，文交所突出的职能是在体量庞大的社会资本和优质文化资源之间构筑起一座最有效的桥梁，整合文化要素市场，提高文化资源的配置效率，通过公开公平的交易市场形成公正完善的文化价值体系。

新的历史时期文化产权交易机构的发展方向应是促进文化和科技融合，发展新型文化业态，提高文化产业规模化、集约化、专业化水平。

版权产业的发展使得依靠单独的版权交易机构难以形成版权交易的规模化和示范效应。为突破这一困局，共同市场呼吁各地版权交易机构摈弃壁垒，实现统一和共享，促进版权交易的发展，促进文化企业无形资产的保值、增值，通过版权流转来为文化企业创造新的收益来源，进而共同推动版权交易业务的发展，共同推动各地文化产业的活跃发展。

除以传统为主、线上为辅的交易形式外，还产生了一种全新的交易形式，即第三方交易平台如内蒙古文化产权交易所数字产权交易平台所采用的类证券化交易模式。该模式将数字版权纳入金融化交易管理体系之中，在版权持有人将版权托管至平台之后，该平台再将版权的收益权拆分成若干份，由投资人统一申购，共享之后的开发收益，并同时形成一个投资人自由交易权证的二级市场。更为重要的一点是，数字产权交易平台的交易模式将使数字版权交易完全脱离于传统模式，运用符合其数字属性的全线上(PC与移动端)交易形式，而由内蒙古文交所对数字版权持有人的严格审核，杜绝了侵权行为的产生。这是一种全新的数字化交易模式，延展赋予了数字版权以金融属性，为数字版权交易开启了一个崭新的发展方向，极具创造性，因此在此特别提出。

(三)著作权的质押

1. 著作权质押的含义

著作权质押是指债务人或者第三人依法将其著作权中的财产权出质，将该财产权作为债权的担保。债务人不履行债务时，债权人有权依法以该财产权折价或者以拍卖、变卖该财产权的价款优先受偿。债务人或者第三人为出质人，债权人为质权人。权利质押是一种债的担保方式，著作权中的财产权利是可以转移的财产权，可以作为权利质押的标的。《中华人民共和国科学技术进步法》第18条规定，国家鼓励金融机构开展知识产权质押业务，鼓励和引导金融机构在信贷等方面支持科学技术应用和高新技术产业发展。《国家知识产权战略纲要》明确提出要引导企业采取知识产权转让、许可、质押等方式实现知识产权的市场价值。国家知识产权局从2008年起先后在全国范围内确立了三批16个知识产权质押融资试点单位，体现了知识产权系统对于知识产权质押融资工作的重视。早在1997年4月20日，国家专利局和国有资产管理局就曾联合发布了《专利资产评估管理暂行办法》。①

① 安雪梅，李秋燕. 美国影视作品著作权担保融资制度的新发展[J]. 时代法学，2013(6)：92.

2. 著作权质押的法律规定

第一，质权自有关主管部门办理出质登记时设立。根据《中华人民共和国民法典》第444条的规定，以注册商标专用权、专利权、著作权等知识产权中的财产权出质的，质权自办理出质登记时设立。故质权的成立以登记为准，但双方签订的书面合同成立与生效是依照《中华人民共和国民法典》第490条及第502条的规定，即双方意思表示一致时成立并发生效力。第二，著作权自动取得原则与出质登记之间的冲突。著作权与工业产权之间的差异之一是著作权自动取得，也就是说，著作权随着作品的完成而依法自动产生，不需要履行任何法律手续；而专利权和商标权的取得需要经审查授权、登记(注册)公告等一系列法律程序。取得不需要办理登记手续，转让也就不需要规定转让登记制度。基于此，著作权法与担保法在版权质押合同的登记效力方面的法理和规定就存在着公示方法的冲突，应该尽快完善著作权转让公示制度，以便更好地与著作权出质登记制度衔接。2007年交通银行北京分行与北京天星际影视文化传播公司的电视剧《宝莲灯前传》签订了一份以版权作为质押的贷款合同，成为中国影视产业版权质押贷款的第一例。2017年全年，我国专利、商标、版权质押融资总额超过1000亿元。文化创意企业普遍存在轻资产的特点，但市场推广和运营资金投入往往给公司带来巨大的财务压力，困扰企业的发展，因此有必要从立法上完善我国的著作权质押制度。按照担保法理论，以动产作质押时，设定质押的动产价值不应低于所担保的主债权数额，那么，设定质押的财产权利价值也应如此。但是，著作权是无形资产，著作权中的财产权主要是指著作权人因为自身使用或者授权他人使用其作品，或者转让某项权利而获取报酬的权利，这种权利的实现需要当事人协商确定，如果这项权利尚未实现，还存在对出质的标的评估作价的问题。目前知识产权质押评估方法主要包括市场法、收益法和成本法。市场法是利用市场上同样或类似资产的近期交易价格，经过直接比较和类比分析以估测知识产权的价值的评估方法。收益法则是通过估测被评估知识产权未来收益的现值来判断知识产权价值的评估方法，它服从资产评估中将利求本的思路，即采用资本化和折现的途径及其方法来判断和估算资产价值。成本法是首先估测评估知识产权的重置成本，然后估测被评估知识产权也已存在的各种贬损因素，并将其从重置成本中予以扣除而得到被评估知识产权价值的评估方法。① 在办理时，应注意对出质的著作权进行公平、公正的评估，更好地发挥著作权质押制度的功能。

① 李瑜青，陈慧芳. 知识产权评估与质押——基于上海浦东模式的实证研究[J]. 华东理工大学学报，2009(4)：68.

第二节　商标与商号保护法律规范

一、商标与商号的相关概念

(一)商标及商标权的定义

商标(Trade Mark)，就是一种商业标识。它是生产者、经营者为使自己的商品或服务与他人的商品或服务相区别，而使用在商品及其包装上或服务标记上的由文字、图形、字母、数字、三维标志、颜色组合和声音等，以及上述要素的组合所构成的一种具有显著区别于其他商主体的可视性标志。

世界知识产权组织(World Intellectual Property Organization，简称 WIPO)对商标的定义为：商标是用来区别某一工业或商业企业或这种企业集团的商品的标志。

国际保护工业产权协会(AIPPI)曾在柏林大会上对商标作出定义："商标是用以区别个人或集体所提供的商品及服务的标记"。法国政府在《工业、商业和服务业商标法》中指出："一切用以识别任何企业的产品、物品或服务的有形标记均可视为商标。"①

从各国立法及国际公约的立法例来看，商标构成要素的共同点是具有可视性，包括动画形态。我国 2013 年修订的商标法考虑到声音也能够区别商品或服务来源，同时参考美国、澳大利亚、印度及欧盟等的立法例，将声音商标纳入可申请注册的范围。2016 年 2 月 13 日，我国首例声音商标申请"中国国际广播电台广播节目开始曲"经审查符合规定后发布初审公告，成为我国首件初审公告的声音商标。5 月 14 日，这件声音商标注册公告完成正式发证，成为我国首例注册成功的声音商标。

商标权，是指商标所有人对其商标所享有的独占的、排他的权利。按照《中华人民共和国商标法》第 3 条的规定，经商标局核准注册的商标为注册商标，包括商品商标、服务商标和集体商标、证明商标；商标注册人享有商标专用权，受法律保护。商标权实际上是因商标所有人申请、经国家商标行政主管部门授权确认才享有的专有权利，即因商标注册而产生的专有权。换言之，商标权一般来说也称为注册商标专用权。它包含商标权人对自己的商标主张的专用权、禁止权、许可权和转让权。

(二)商号及商号权的定义

在我国，企业名称由以下部分依次组成：字号(或者商号)、行业或者经营特点、组织形式。企业字号，即商号，是企业名称显著区别于其他企业的标志性文字。我国采用的是商号真实主义。一是企业商号原则上要冠以县级以上行政区划的

① 刘春田. 知识产权法(第五版)[M]. 北京：高等教育出版社，2015：244.

名称。二是在商号之后，需要体现该商主体营业所属行业或经营特点，且应与企业的经营范围一致。三是企业商号不得明示或暗示有超越其经营范围的业务。商号必须由两个以上的汉字组成，少数民族自治区可以采用地方文字。依据法律规定，商号不得含有下列内容与文字：①有损于国家、社会公共利益的；②可能对公众造成欺骗或者误解的；③外国国家（地区）名称、国际组织名称；④政党名称、党政军机关名称、群众组织名称、社会团体名称及部队番号；⑤汉语拼音字母（外文名称中使用的除外）、数字；⑥其他法律、行政法规规定禁止的。

2017年以来企业商号出现求新、求怪、求洋等现象，比如陕西宝鸡一家网络科技有限公司，其商号为"宝鸡有一群怀揣着梦想的少年相信在牛大叔的带领下会创造生命的奇迹"，当时被称为史上名称最长的公司。这样的企业名称给管理工作带来不便，因此，行政主管部门相继制定《企业名称禁限用规则》《企业名称相同相近比对规则》等，明确规定商号不得使用语句、句群和段落等，以便营造良好的营商环境。

在国际上对商号权的保护的法律依据包括《保护工业产权巴黎公约》，其中规定，工业产权的保护对象有专利、实用新型、外观设计、商标、服务标记、厂商名称、货源标记或原产地名称和制止不正当竞争。依据该条规定，工业产权包括两类：一类是创造性成果权，包括发明权、专利权、工业品外观设计权、集成电路设计权、工业秘密权、著作权（包括计算机软件、著作邻接权）；另一类是识别性标志权，包括商标权、商号权、地理标记权（即原产地名称、货源标记）以及反不正当竞争涉及的有识别性标记的权利。商号权作为一种与商业标记有关的权利，学术界对其性质存在着比较大的争论，有人认为其属于财产权，有人认为其属于人格权，也有人认为其既有人格权又有财产权的属性，尽管《保护工业产权巴黎公约》将商号权作为知识产权的一项给予保护，也有一些国家开始在国内商标法或反不正当竞争法中对其予以保护，但商号权在多数国家是受商法典或民法典的保护，而不是受知识产权法的专门保护，所以《与贸易有关的知识产权协议》（*Agreement on Trade-related Aspect of Intellectual Property Rights*，简称"Trips"协议）中没有关于商号权的规定。

商号权是一项知识产权，其是商品生产经营者依法对其注册商号所享有的专用权，是一种无形的权利，商号权有专有独占性的属性，依据《企业名称登记管理规定》第17条，在同一企业登记机关，申请人拟定的企业名称中的字号不得与下列同行业或者不使用行业、经营特点表述的企业名称中的字号相同：已经登记或者在保留期内的企业名称，有投资关系的除外；已经注销或者变更登记未满1年的原企业名称，有投资关系或者受让企业名称的除外；被撤销设立登记或者被撤销变更登记未满1年的原企业名称，有投资关系的除外。该条款说明商号权主体在商号注册地域范围内可以禁止同行业其他企业使用相同或近似的商号，除特定权利主体之外的任何人都不得非法干预和妨碍商号权人行使商号权，也不允许他人侵犯其商号权，否则可以依据该法第 21 条，企业认为其他企业名称侵犯本企业名称合法权益的，可以向人民法院起诉或者请求为涉嫌侵权企业办理登记的企业登记机关处理。

(三)商标与商号的联系与区别

商号与商标其实是两个很容易混淆的概念，因为两者之间的关系十分密切，有的商标可以登记为商号，有的商号也可以注册为商标。由于商标权与商号权高度的相似性，所以两者常常被标示在同一种商品上。比如阿迪达斯公司的商号为阿迪达斯，其主商标中英文的阿迪达斯字样；华为技术有限公司旗下以“华为”为商标的有手机、笔记本电脑等。

商标与商号最大的相同点就是都具有区别性功能。商号和商标都能够将一种商品与他种商品很好地区别开来。

商标是用来区别不同的商品生产经营者提供的商品或服务，它反映了特定的商品或服务的质量、特色，便于人们认牌购买或消费，防止与其他同种商品或类似商品及服务相混淆。

商号反映了特定的主体身份，表现了经营者的人格性和经营性，其目的是将自己的营业与其他人的营业相区别，以避免在各种活动中与其他经营者发生混淆，使公众误认。

当然，商号和商标作为企业的产权，都是有价值的无形资产。不仅具有排他性，而且都可作为经济财富依法进行交易转让。

两者之间的不同则主要表现在各自分属的不同领域。

商标主要是用来区别商品的，代表着商品的信誉，必须与其所依附的某些特定商品相联系而存在。商标权作为知识产权的一种，需要到商标局进行注册才能得到法律保障。我们常喝的牛奶，有人选择伊利，有人倾向于蒙牛，这就是对商标的认牌购物。

商号主要是用来区别企业的，代表的是厂家的信誉，必须与商品的生产者或经营者相联系而存在，商号权属于名称权，所以商号权与人身或身份的联系更紧密。就像超市中的方便面品牌，有的产自统一企业，有的来源于今麦郎食品。

注册商标的有效期是 10 年，到期需进行续展才能继续享有商标权，商号权随企业同生共灭，并没有时间上的限制。商标权在全国具有效力，商号专用权除全国性的企业外，一般只在登记主管的管辖区域内发生效力等。

随着企业品牌知名度的不断提升，越来越多的企业将自己的商号或特取部分用来注册成商标，或者将已注册商标变更登记为企业的商号，对商标与商号的统一化、一体化经营，确实是实现品牌宣传最大化的有效方式。但是由于注册商标需要具有显著性特征，很多情况下一些商号不宜也不能成功注册为商标。

二、商标与商号的权利冲突的表现形式及解决机制

（一）权利冲突的含义

所谓权利冲突，在商标法学者看来，“权利冲突就是指两个或者两个以上同样具有法律上之依据的权利，因法律未对它们之间的关系做出明确的界定所导致的权利边界的不确定性、模糊性，而引起的他们之间的不和谐状态、矛盾状态。”①也有人认为是指同一客体依法衍生的两项或两项以上权利相互矛盾或抵触的法律模态。② 对于商标权与商号权而言，所谓的权利冲突，就是指不同的民事主体基于相同的客体依法定程序取得的商标权和商号权之间发生的权利冲突。

（二）商标与商号的权利冲突的表现形式

商标与商号的权利冲突主要表现为以下两种形式：

（1）将与他人注册商标相同或相似的文字作为企业名称的一部分（即商号）登记使用；2002年立时集团国际有限公司与武汉立邦涂料有限公司侵犯商标专用权及不正当竞争纠纷一案，便属于此类：立时集团国际有限公司是一家香港公司，分别于1993年、1997年、2002年1月在国家商标局注册了立邦漆“N”字商标、“立邦漆”文字及图形商标、“立邦”及“立邦”文字及图形商标，并自1992年起在中国内地多个城市设立公司及办事处。2002年2月，向某、陆某某、向某某三人合资成立武汉立邦涂料有限公司。该公司经工商局核准后开始生产经营，其宣传资料和产品包装上均注明了武汉立邦涂料有限公司出品，并使用了“立邦”字样。立时集团于2002年7月29日向武汉市中级人民法院提起诉讼，案件最终经湖北省高级人民法院二审终审，确认武汉立邦涂料有限公司侵犯立时集团商标权。③ 此外，如“上海奔驰汽车维修公司”将德国戴莫勒-奔驰股份有限公司的注册商标“奔驰”作为企业商号进行登记一案，也属此类。

（2）将与他人在先注册企业名称中的一部分（即商号）相同或相似的文字，注册为商标。2001年烟台龙茂制鞋有限公司申请撤销烟台市芝罘盛龙皮鞋厂注册的“龙茂”商标一案，便属于此类。烟台龙茂制鞋有限公司是1988年批准注册的合资企业，1999年经批准由合资企业转内资公司，经过十余年的经营推广，其生产的皮鞋销售遍布山东省及全国主要大中城市，知名度较高。烟台市芝罘盛龙皮鞋厂成立于1995年，1996年申请注册“龙茂”商标。2001年6月烟台龙茂制鞋有限公司向国

---

① 王强. 商标权与其他相关权利的冲突与整合[M]//知识产权文丛(第9卷). 北京：中国方正出版社，2003：389.

② 曹新明. 论知识产权协调冲突原则[J]. 法学研究，1999(3)：73.

③ 叶尤刚. 傍名牌一月开张百店利润大赚 搅乱局名漆弄成一团糨糊 立邦遭遇严重侵权[N]. 中国工商报，2005-06-09.

家商标评审委员会提出撤销申请，商标评审委员会经评审合议后，作出撤销注册商标的决定。烟台市芝罘盛龙皮鞋厂对裁定不服，向北京市中级人民法院起诉。案件经北京市中级法院一审、高级法院二审终审，最终维持了商标评审委员会撤销注册商标的决定。①

目前，由于先进的信息传播方式，使得商标知名度的形成时间愈来愈短，相比之下，企业名称创出知名度的机会和难度要大得多，故将商标注册为商号的情况要远多于将商号注册商标的情况。

(三)商标与商号权利冲突的解决机制

1. 商标和商号权冲突的国际立法

《保护工业产权巴黎公约》第 1 条对工业产权的范围作了明确规定，其中列举到的工业产权的范围包括商标与商号，这条的规定将商标与商号一并归于工业产权的类型，肯定它们同等的地位。其第 6 条规定，商标申请不得侵犯在先权利，否则不予注册或撤销注册。第 8 条对商号作出了特殊的规定：商号无须申请或注册，需要受到各成员国的保护。第 10 条对权利冲突从禁止不正当竞争的角度给予了保护，对于工商业领域违反诚实信用的习惯做法作为不正当竞争行为予以制止。《建立世界知识产权组织公约》第 2 条也以列举的方式明确了知识产权的保护对象，即明确列举商标、商号均为知识产权。这两个国际公约都将商标与商号作为知识产权进行同等的保护，巴黎公约明确规定了在先权优先，在先的商号权可以对抗在后的商标权，为国际立法趋势作出了方向性的指引。

2. 我国法律的规定

《中华人民共和国商标法》第 57 条规定，给他人的注册商标专用权造成其他损害的，属于侵犯注册商标专用权。依据 2002 年最高人民法院《关于审理商标民事纠纷案件适用法律若干问题的解释》第 1 条第一项规定，将与他人注册商标相同或者相近似的文字作为企业的字号在相同或者类似商品上突出使用，容易使相关公众产生误认的，属于《中华人民共和国商标法》第 52 条第(五)项规定的给他人注册商标专用权造成其他损害的行为。而对于虽未突出使用商号，但由于其使用的行为足以产生市场混淆，构成不正当竞争行为的审理依据，则根据《中华人民共和国反不正当竞争法》第 2 条“经营者在市场交易中，应当遵循自愿、平等、公平、诚信的原则，遵守法律和商业道德”，认定为构成不正当竞争行为。同时《中华人民共和国商标法》第 58 条规定，将他人注册商标、未注册的驰名商标作为企业名称中的字号使用，误导公众，构成不正当竞争行为的，依照《中华人民共和国反不正当竞争法》处理。该条规定的本意是对驰名商标在商号侵权方面给予特殊保护，依据该条款的规定，驰名商标权利人可以向企业名称登记主管部门申请撤销该企业名称

① 杜倩. 抢注“龙茂”真能“事业茂盛”吗？[N]. 中国消费者报，2005-12-19.

登记。

涉及商号保护的主要规定有国家工商行政管理总局发布的《企业名称登记管理规定》《企业名称登记管理实施办法》等，从法律位阶上看，这两个规定属于规章，其法律效力低于全国人大及其常委会制定的法律，且与商标法的专门法律规定相比，对商号的保护，大多数是与企业名称相结合，其缺乏自己独立的法律地位。因此从立法上评价，商号权保护弱于商标权保护。

关于解决商标与企业名称冲突的问题，我国最早的立法是 1999 年国家工商行政管理局颁布的《关于解决商标与企业名称中若干问题的意见》，其中的第 4 条规定：商标中的文字和企业名称中的字号相同或者近似，使他人对市场主体及其商品或者服务的来源产生混淆(包括混淆的可能性)，从而构成不正当竞争的，应当依法予以制止。2008 年的《最高人民法院关于审理注册商标、企业名称与在先权利冲突的民事纠纷案件若干问题的规定》等相关法律规定都将商号权与商标权的冲突指向《中华人民共和国反不正当竞争法》来解决，这不利于对商号权人利益的维护。

要解决商标与商号的权利冲突的对策，依照学者的主张，可以颁布一部商业标识和其他标识法，统一对包括商标在内的商业标识在同一法律中进行规范。①

通过行政和司法两个渠道能够解决一定的问题。从行政渠道来看，商标审查或名称登记审查这两个机构可以统一协调，共享数据库，检索资源还有审查的标准。利用行政解决这种冲突还可以考虑设置一些异议或者撤销的程序。从司法解决的角度来看，争议的焦点就是法院的判决应当怎么执行。如果判定侵权，侵权者的商号就应停止使用或者是被撤销，目前很多法院现在都是判决停止使用。②

第三节　专利推广及保护法律规范

一、专利的概念与特征

(一)专利的含义

从字面上讲，“专利”即是指专有的利益。“专利”(Patent)一词来源于拉丁语“Litterae Patentes”，意为公开的信件或公共文献，是中世纪的君主用来颁布某种特权的证明，后来指英国国王亲自签署的独占权利证书。英语“Patent”一词包括“垄断”和“公开”两个方面的意思，与现代法律意义上的“专利”基本特征是吻合的。对“专利”这一概念，目前尚无统一的定义，其中较为人们接受并被我国专利教科书

① 王连峰. 我国商业标识立法体系的模式选择——基于我国商标法第 3 次修改的思考[J]. 华东政法大学学报，2009(5)：31-39.

② 张平. 商标和商号权利冲突的成因与解决[R]. 上海大学知识产权学院论坛，2004.

普遍采用的一种说法是：专利是专利权的简称。它是由专利机构依据发明申请所颁发的一种文件。这种文件叙述发明的内容，并且产生一种法律状态，即该获得专利的发明在一般情况下只有得到专利所有人的许可才能利用(专利权的效力范围包括以生产经营为目的的制造、使用、销售和进口以及许诺销售)，专利的保护有时间和地域的限制。我国专利法将专利分为三种，即发明、实用新型和外观设计。专利的两个最基本的特征就是“独占”与“公开”，以“公开”换取“独占”是专利制度最基本的核心，这分别代表了权利与义务的两面。“独占”是指法律授予技术发明人在一段时间内享有排他性的独占权利；“公开”是指技术发明人作为对法律授予其独占权的回报而将其技术公之于众，使社会公众可以通过正常的渠道获得有关专利技术的信息。

(二)专利的特征

专利属于知识产权的一部分，是一种无形的财产，具有与其他财产不同的特点。

(1)排他性。它是指同一发明在一定的区域范围内，其他任何人未经许可都不能对其进行制造、使用和销售等，否则属于侵权行为。专利实际上并不具有严格的独占性。

(2)区域性。区域性是指专利权是一种有区域范围限制的权利，它只有在法律管辖区域内有效。除了在有些情况下，依据保护知识产权的国际公约，以及个别国家承认另一国批准的专利权有效以外，技术发明在哪个国家申请专利，就由哪个国家授予专利权，而且只在专利授予国的范围内有效，而对其他国家则不具有法律的约束力，其他国家不承担任何保护义务。但是，同一发明可以同时在两个或两个以上的国家申请专利，获得批准后其发明便可以在所有申请国获得法律保护。

(3)时间性。时间性是指专利只有在法律规定的期限内才有效。专利权的有效保护期限结束以后，专利权人所享有的专利权便自动丧失，一般不能续展。发明便随着保护期限的结束而成为社会公有的财富，其他人便可以自由地使用该发明来创造产品。专利受法律保护的期限的长短由有关国家的专利法或有关国际公约规定。目前世界各国的专利法对专利的保护期限规定不一。

(4)实施性。除美国等少数几个国家外，绝大多数国家要求专利权人必须在一定期限内，在给予保护的国家内实施其专利权，即利用专利技术制造产品或转让其专利。

二、职务发明创造专利概述

由于目前国内外有效的发明专利申请中职务发明申请所占的比例为95%以上，因此我们必须了解职务发明的相关法律规定。

（一）职务发明创造的法定含义

职务发明创造，是指发明人或设计人执行本单位的任务或者主要是利用本单位的物质技术条件所完成的发明创造。编制及工资关系所在单位是对“本单位”的一般理解。实践中，借调单位、聘任单位一般也被视为“本单位”。

（二）职务发明创造的特征

(1)完成主体是职务发明人或设计人。

(2)发明创造是体现了单位与发明人(设计人)双方意志的结果。

（三）职务发明创造的判断标准

(1)“执行本单位的任务”是指：在本职工作中作出的发明创造；履行本单位交付的本职工作之外的任务所作出的发明创造。这主要是指根据单位的要求，工作人员在所承担的短期或临时的职务中所作出的发明创造。判断是否为单位交付的任务，必须同时具备两个条件：一是有充分的证据，如会议纪要、计划书、通知书、决定书等；二是有单位的具体支持和安排，如有人员、时间、经费、场地、设施等完成任务的措施保证。一般性的号召、宣传或同意等不能视为单位交付的任务。

退职、退休或者调动工作后一年内作出的，与其原单位承担的本职工作或者分配的任务有关的发明创造。理解该规定应注意以下问题：辞职、停薪留职、内部调动可参照适用该规定。

(2)“主要利用本单位的物质技术条件”的立法解释：根据《中华人民共和国专利法实施细则》(2010年修订)第12条规定，应解释为主要利用了“本单位的资金、设备、零部件、原材料或者不对外公开的技术资料等”。对“主要利用”的理解应注意从质和量上把握。

（四）职务发明创造的权利归属

(1)职务发明创造专利权归属于单位，职务发明创造申请专利的权利属于该单位，申请被批准后，该单位为专利权人。

(2)职务发明创造专利权归属由合同约定。利用本单位的物质技术条件所完成的发明创造，单位与发明人或者设计人订有合同，对申请专利的权利和专利权的归属作出约定的，从其约定。

（五）职务发明创造专利权利归属制度中的利益失衡

职务发明创造专利权利归属制度中的利益失衡现象主要包括以下两种：

(1)单位权力过大，不符合《中华人民共和国专利法》的立法宗旨，单位直接控制了职务发明创造专利申请权，忽视了雇员的权利和作用。

(2)发明人规避法律。由于职务发明人没有申请的权利，不必对成果的创新性负责。而由于管理不善，存在着发明人通过各种途径将职务发明转为非职务发明的现象，有些公共资源被转化为个人成果。

三、专利推广及保护的模式构建

专利推广常见的做法是按照点面结合的方针，实现重点专利重点转化，普通专利平台转化。通过依托地方知识产权行政管理部门构建“知识产权展示与交易电商平台”，普通专利通过平台展示交易直接实现转化，重大项目逐级转化，从而实现成果转化全链条服务。

引入“互联网+”知识产权交易模式，以优势主导产业和战略性新兴产业为突破口，建立覆盖本地乃至影响全国的“知识产权展示与交易电商平台”。

(一)平台框架

平台总体框架与核心模块如图 5-1 所示。以下对部分内容作详细阐释。

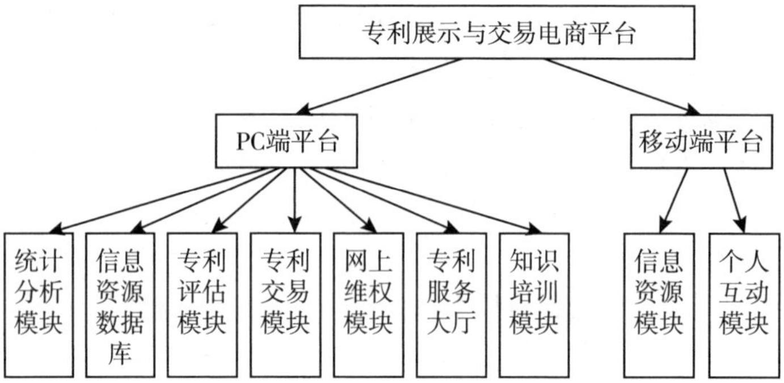

图 5-1　平台总体框架与核心模块

PC 端平台一般是指在电脑上使用的客户端软件。

(1)信息资源数据库。聚集、整合本地特色产业专利成果、本省内外的知识产权资讯政策、知产智库、专利统计报告、文献资料等公共性资源数据信息，促进信息的开放共享和开发利用。

(2)专利服务大厅。通过开辟机构专区，吸引各种企业以及代理、律师、银行、投资商等各类服务机构入驻平台。在前台提供展示专区，可展示专利成果、服务产品、服务人才等，用户可通过在线购买；平台管理员可通过后台发布信息、查看并受理订单；审核管理机构入驻及其发布的信息。可对接知识产权申请、质押融资、贯标、预警分析、管理咨询等服务。

(3)专利评估模块。提供在线软件评估与申请机构评估两种服务。

(4)专利交易模块。为用户提供知识产权成果推介、竞价拍卖、交易的全程服务，推动优质的知识产权成果实现有效转化。包括：①专利推介。结合市场需求，筛选专利信息进行重点推介，用户可查看专利信息，并进行在线咨询，专业交易人员提供一对一服务。②拍卖竞价。开发竞价拍卖系统，专利权人可通过平台，将自己拥有的专利权进行挂牌拍卖，意向买方通过竞价方式购买，以价高者成交。③在线交易。构建在线交易体系，为涉及专利交易的各方，包括企业、院校、技术经纪、个人专利拥有者等，提供实名制认证、在线签约、在线支付、交易客服、资金安全保障等交易流程服务，提供专业、安全、规范的专利交易保障环境。

(5)网上维权模块。具体做法包括：①在线举报。链接中国知识产权维权援助与举报投诉管理系统，该系统提供举报投诉、维权援助案件在线受理、答复、移交、反馈、案件信息实时统计分析等多项功能，便于维权。②专项援助。依托知识产权法律与鉴定专家进行展示，用户可通过联系方式一对一咨询知识产权相关问题，获取专项维权援助。③法规解读。为用户提供知识产权保护的相关法律法规及解读，普及知识产权保护法律意识。

移动端平台是指在手机、平板等移动设备上使用的客户端软件。用户可在移动端查看平台的专利成果、专家资源、企业与高校院所等资源。可查看管理员发布(PC 端后台)的通知公告、服务动态信息、政策法规信息和资讯信息。可在移动端进行成果展示，互相发起洽谈。

通过以上平台的构建，充分利用电子商务手段，对内实现本地知识产权综合服务，面向广大创新用户提供知识产权的信息服务、申请服务、法律服务、转化服务、咨询服务和培训服务；对外通过与电商合作，形成以单位为入口，联通各 B2C、C2C 电子商务网站，打造知识产权品牌，形成知识产权快速服务体系，实现全国以及国际市场贯通。

(二)建设专利检索中心

专利检索中心的目标为通过平台构建，支撑国家专利导航和专利预警战略，了解技术最新进展，预测相关发展趋势。跟踪竞争对手活动，发现和避免专利侵权行为。充分利用失效专利经济和技术价值，减少重复研发项目。为地方用户提供全面、高效、优质的专利信息服务，促进区域专利信息传播与利用，支撑社会经济创新转型发展。

(三)建设专利评估中心

专利评估是专利交易的必经环节，直接影响专利质量与效益的连接。比起有形资产，知识产权价值评估更为复杂。通过依托互联网知识产权综合服务平台和引进合作机构相结合，建设专利评估中心，推动知识产权评估手段智能化，提供在线软件评估与申请机构评估两种服务。线上评估与线下评估齐头并进，并通过不断完善评估方法和评估系统，提升知识产权评估能力，更好地满足单位成果转化和市场需求。

四、完善专利推广及保护的法律规范

(一)专利推广的立法完善

为了促进科技成果转化为现实生产力，规范科技成果转化活动，加速科学技术进步，推动经济建设和社会发展，我国制定了《中华人民共和国促进科技成果转化法》，国务院于 2016 年 2 月 26 日印发了《实施〈中华人民共和国促进科技成果转化法〉若干规定》，强调要打通科技与经济结合的通道，鼓励研究开发机构、高等院校、企业等创新主体及科技人员转移转化科技成果，推进经济提质增效升级。

(二)专利保护的立法完善

专利制度是国家知识产权战略中的重要组成部分，国家鼓励发明和创造，出台了相关法律法规保护发明和创造的专利。《中华人民共和国专利法》明确规定了发明专利、实用新型专利及外观设计专利的授权条件及不同程序。其第 64 条至第 80 条专门规定了专利权的保护，其中第 74 条第 2 款更是将专利权保护的主体延伸到发明专利的申请人。但这一立法没有赋予实用新型和外观设计专利的申请人，且该种临时保护也仅仅限于使用费的请求，不利于对"准专利权人"进行保护。

另外，随着我国专利申请与授权数量的大幅增长，如何充分发挥专利价值以推动科技成果真正转化为现实生产力，越来越受到国家的重视。在未来专利法的修订中纳入专利当然许可制度具有重要意义，能够完善中国的知识产权许可交易机制，并通过促进专利技术在市场中的转移与转化，间接地弥补当前我国专利制度运行中所呈现的弊端。专利当然许可制度指的是权利人在获得专利权之后，自愿向有关部门提出许可声明并明确许可使用的费用，在有关部门公告之后，在当然许可期内，任何人都可以按照该专利的当然许可条件实施专利技术，因此这也被称作专利开放许可制度。这种制度是促进专利转化实施的重要手段。在中国法律中的功能定位应为促进交易信息公开与简化交易程序。①

随着我国经济发展方式加快转变，创新引领发展的趋势越发明显，国家大力倡导通过加大专利侵权行为惩治力度，规制专利滥用行为。通过引入专利侵权惩罚性赔偿制度，可以解决我国知识产权大而不强、多而不优，保护不够严格，侵权易发多发，影响创新创业热情的转型期新问题。②

惩罚性赔偿制度是英美法中的一种民事损害赔偿制度，这是与补偿性赔偿制度相对应的赔偿制度，也是英美法中颇具争议的法律制度之一。2019 年 4 月 23 日公

---

① 黄玉烨，李建忠. 专利当然许可声明的性质探析——兼评《专利法修订草案(送审稿)》[J]. 政法论丛，2017(2)：145-153.

② 李晶，林秀芹. 专利侵权惩罚性赔偿的法经济学分析[J]. 国家行政学院学报，2016(3)：90-95.

布的《中华人民共和国商标法》修改决定，明确将恶意侵犯商标专用权的赔偿数额，由修改前的 3 倍以下提高到 5 倍以下，并将法定赔偿额上限从 300 万元，提高到 500 万元。基于专利保护的需要，应在专利法中引入惩罚性赔偿制度。

第六章　国家特许经营商行为法律制度(上)

第一节　国家特许经营商行为概述

国家对于市场上的商主体和商事活动进行有效管理的方式之一就是设置商事登记制度。在我国，根据工商登记法规的规定，商事登记不仅是商法人取得法人资格的前提条件，也是不具备法人条件的其他商主体取得商事经营活动的资格前提条件。我国法律禁止无证照的商事经营行为。在取得主体资格、有了法律上的人格后，商主体方可享有权利能力和一般行为能力，在取得营业资格后则能够享有营业能力。作为商事登记制度核心的营业执照，成为商主体资格和营业资格的证明。

商主体的商事行为能力，是指商主体基于自己的意思，以自己的名义从事活动，取得权利并承担义务的资格。一般商主体的行为能力是法律赋予的，主要受到法律及章程的约束。但也有部分特殊的商主体，其经营范围涉及需要其他部门审批的内容，譬如需要环保、安监、卫生、商务等部门批准的，则商主体在进行工商登记之前要先向其他审批部门申请取得经营许可。一般情况下，这些商主体需要凭借名称预先核准通知书向有关部门申请取得前置审批，有关部门在认定这些主体具备可以经营其申请范围的条件后，才发给其许可证。这就是所谓的先证后照程序。目前某些自贸区正进行先照后证的改革，即除法律、行政法规、国务院决定规定的企业登记前置许可事项外，商主体可以先向工商部门申请登记、取得营业执照后即可进行一般的生产经营活动，经营项目涉及需要相关部门前置许可的，在取得相应的许可证及所需文件后，可向工商部门申领营业执照。但尽管如此，目前国家特许经营的商主体要进行相应的商行为，仍然需要履行先证后照的程序。

在我国古代，专卖即称“榷酤”，榷是指一个人通过不准他人并行的独木桥，是专的意思；酤，即卖。作为一种制度，专卖最早由我国封建社会官营工商业制度发展而来，当时称为禁榷制度，实行禁榷的商品由政府垄断，限制或禁止私人经营。西周末年，周厉王推行盐铁专卖，历代皆对其有所发展，唐宋时期曾对盐、铁、茶、酒等商品实施禁榷制度。禁榷制度发展到今天，就成为国家特许经营商行为。本书通过对一些特许经营商行为的介绍，讨论国家特许经营商行为法律制度。

第二节　烟草专卖经营法律规范

一、烟草专卖历史沿革

中华人民共和国初期，我国大部分地区和省、市设立烟酒专卖公司，产销统一。东北、内蒙古等地区成立了东北烟酒专卖总局和东北烟酒公司，对卷烟产品商标、盘纸及烟叶实行专卖。1954 年中央地方工业部成立，接管了地方国营卷烟工业。1963 年中央批准建立了第一家全国性的中国烟草工业公司，对烟草实行产供合一的管理体制。改革开放后，烟草专卖进入了法制化轨道。1982 年 1 月 1 日，中国烟草总公司正式挂牌成立；1983 年，国务院批准成立国家烟草专卖局，同年 9 月 23 日国务院发布《烟草专卖条例》，11 月 1 日起在全国实施。这标志着我国现行烟草专卖制度正式确立；1991 年 6 月 29 日全国人大通过了我国烟草行业有史以来的第一部烟草专卖法典——《中华人民共和国烟草专卖法》。该法把烟草的国家专卖制度、行业的集中统一管理和垂直领导体制，以法律的形式确立和固定下来。《中华人民共和国烟草专卖法》是烟草行业的“宪法”，标志着我国烟草专卖从此走上了依法治理的轨道。1997 年 7 月 3 日，国务院令第 223 号发布实施的《中华人民共和国烟草专卖法实施条例》，是对《中华人民共和国烟草专卖法》的细化，与《中华人民共和国烟草专卖法》规定的内容相对应，其针对烟草专卖品生产经营活动及其各项管理行为，进一步规定了具体的行为规范，进一步明确了烟草专卖品生产经营行为及各项管理活动中作为与不作为的义务内容。现行的《中华人民共和国烟草专卖法》于 2015 年 4 月 24 日进行了第三次修正，《中华人民共和国烟草专卖法实施条例》根据 2016 年 2 月 6 日《国务院公布修改电信条例等部分行政法规的决定》(中华人民共和国国务院令第 666 号)第 16 条进行了修改。

二、烟草专卖立法宗旨及意义

《中华人民共和国烟草专卖法》总则第一条对立法宗旨做出了规定，即“为实行烟草专卖管理，有计划地组织烟草专卖品的生产和经营，提高烟草制品质量，维护消费者权益，保证国家财政收入，制定本法”。

对《中华人民共和国烟草专卖法》的宗旨作出这样的规定，充分体现了我国烟草专卖制度的社会主义特色，即把提高烟草制品质量、维护消费者权益、保障人民健康与促进烟草行业发展、保证国家财政收入结合起来，寓权益保障与行业发展之中，正确处理了吸烟与健康权利保护与财政收入保证之间的关系。烟草专卖立法具有重要意义：

(1)《中华人民共和国烟草专卖法》确定了国家对烟草行业生产经营的垄断地

位，把烟草行业农工商的生产经营活动全部纳入了法治轨道，通过国家立法确保烟草专卖制度的顺利实施和巩固发展。

(2)《中华人民共和国烟草专卖法》确定了专卖管理机关的法律地位和执法权限，提高了烟草专卖执法机关的权威，专卖机关的行政执法权由过去的政府授予上升为国家法律赋予。有了烟草专卖法，专卖管理的行政执法才真正有法可依。

(3)《中华人民共和国烟草专卖法》是烟草行业从事生产和经营活动的行为规范和法律保障，有利于烟草行业形成规范化的生产流通秩序。只要遵照专卖法的规定去做，就能得到专卖法的保护，否则，专卖行政管理机关就要依法进行干预，查处违法生产经营行为。

(4)《中华人民共和国烟草专卖法》突出了“两个至上”，即国家利益至上和消费者利益至上。正是出于切实维护国家利益和消费者利益的需要，国家才会颁布《中华人民共和国烟草专卖法》，在烟草行业实行专卖管理。如果不能达到这一要求，烟草行业也就失去了实行专卖管理的理由。正是由于实行了“统一领导、垂直管理、专卖专营”烟草专卖制度，使得烟草行业有条件举行业之力在一些有利于国家利益和消费者利益的重大问题上集体攻关、整体推进。烟草行业正处于重要调整时期，调整的主要目的就是要通过资源的有效整合，实现资源优化配置和充分利用，提高中国烟草总体竞争实力，更好地维护国家利益、人民利益。

三、烟草专卖法律规定

广义的烟草专卖法是指调整烟草专卖行政法律关系的法律规范的总称。我国现行的烟草专卖法律的体系由《中华人民共和国烟草专卖法》《中华人民共和国烟草专卖法实施条例》《烟草专卖品准运证管理办法》《烟草专卖许可证管理办法》《烟草专卖行政处罚程序规定》《烟草专卖品准运证管理办法》及各地方性法律法规构成。狭义的烟草专卖法仅指《中华人民共和国烟草专卖法》。

烟草专卖许可证由我国烟草专卖局颁发，在我国任何单位和个人若未取得烟草专卖许可证，则禁止从事烟草经营和销售。其中包括烟草专卖生产企业许可证、烟草专卖批发企业许可证、特种烟草专卖经营企业许可证以及烟草专卖零售许可证，每种许可证办理所要求的条件也是不一样的。

(一)烟草专卖生产企业许可证申请条件

(1)有与生产烟草专卖品相适应的资金；

(2)有生产烟草专卖品所需要的技术、设备条件；

(3)符合国家烟草行业的产业政策要求及企业组织结构调整的需要；

(4)符合国务院烟草专卖行政主管部门规定的其他条件。

(二)特种烟草专卖经营企业许可证申请条件

(1)有与经营特种烟草专卖品业务相适应的资金；

(2)有固定的经营场所和必要的专业人员；

(3)符合经营外国烟草专卖品业务合理布局的要求；

(4)符合国务院烟草专卖行政主管部门规定的其他条件。

(三)烟草专卖零售许可证申请条件

(1)有与经营烟草制品零售业务相适应的资金；

(2)有与住所相独立的固定经营场所；

(3)符合当地烟草制品零售点合理布局的要求；

(4)符合国务院烟草专卖行政主管部门规定的其他条件。

申请人一般以书面方式提出申请，也可以通过信函、电报、传真、电子数据交换和电子邮件等方式提出申请，并按烟草专卖行政主管部门要求填报格式文本。

(四)不予发放烟草专卖零售许可证的情形包括

(1)外商投资的商业企业或者个体工商户；

(2)经营场所基于安全因素不适宜经营卷烟的；

(3)中、小学校周围；

(4)取消从事烟草专卖业务资格不满三年的；

(5)因隐瞒情况或者提供虚假材料，一年内再次提出申请的；

(6)因以欺骗、贿赂等不正当手段取得的许可证被撤销后，三年内再次提出申请的；

(7)无证经营，并且一年内被执法机关处罚两次以上，在三年内提出申请的。

(五)违反烟草专卖制度的行为包括

(1)未在当地烟草专卖批发企业进货；

(2)无烟草专卖品准运证运输烟草专卖品；

(3)无烟草专卖批发企业许可证从事烟草制品批发业务；

(4)无烟草专卖零售许可证经营烟草制品零售业务；

(5)销售非法生产的卷烟(假烟)；

(6)销售走私烟。

第三节　酒类特许经营法律规范

一、酒类特许经营历史沿革

商务部于2005年6月2日发布了《酒类商品批发经营管理规范》和《酒类商品零售经营管理规范》两项行业标准，自7月1日起推荐实施酒类商品批发、零售经营管理规范的发布，严格规定了酒类商品经营者从事酒类商品交易活动应具备的经营条件，包括企业经营资质，必要的人员经营场地、经营设备和专业人员等。要求经营者在采购、销售人员、财务、广告等环节建立完善规范的管理制度。

2005年9月1日起，国家对生产重要工业产品的企业(包括白酒生产企业)实行生产许可证制度。2006年，国家颁布了《白酒生产许可证审查细则》(2006版)，该细则规定国家发改委在《产业结构调整指导目录》(2005年本)中，将白酒生产线列入限制类目录。此后，国家质检总局于2010年8月发布《食品生产许可审查通则》(2010版)，规定了食品生产企业的必备条件，并在《关于调整部分食品生产许可工作的公告》中规定，将规模以上(即年销售额500万元以上)白酒生产企业的生产许可审批工作由国家质检总局组织实施调整为由各省级质量技术监督部门组织实施，许可证有效期为3年。2005年10月19日，商务部第15次部务会议审议通过《酒类流通管理办法》，自2006年1月1日起施行。该管理办法规定包括酒类批发、零售、储运在内的酒类流通实行经营者登记备案制度和溯源制度。

酒类经营企业应具备一般经营性企业所必需的工商、税务等手续外，在注册的营业范围内还应具备酒类经营资格。

二、现行规定

目前《酒类流通管理办法》已于2016年11月9日根据商务部令2016年第4号《商务部关于废止部分规章的决定》而被废止。随着我国开始推行审批制度改革，《酒类流通许可证》从2015年开始退出历史舞台。根据我国《中华人民共和国食品安全法》及《食品经营许可管理办法》，原《食品流通许可证》和《餐饮服务许可证》被废止，合并为《食品经营许可证》，《食品生产许可证》保持不变。现在持《食品经营许可证》则可从事包括酒水在内的食品销售、贮存和运输，无需对经营酒类进行专门备案，并可凭《食品经营许可证》办理营业执照。

对进口酒类商品则需要国家出入境检验检疫部门核发的《进口食品卫生证书》和《进口食品标签审核证书》复印件。根据由国家经贸委、国家工商局、海关总署、国家技术监督局、卫生部、国家商检局联合制定的《进口酒类国内市场管理办法》第六条的规定："进口单位应提供进口酒类输出国(地区)产地卫生证明。进口酒类(不包括免税进口酒类)应根据我国《食品标签通用标准》和有关规定加贴中文标签。口岸进口食品卫生、质量监督检验机构依照本条规定对进口酒类进行监督检验。对监督检验合格的加贴'进口食品卫生监督检验标志'，签发卫生证书(正本、副本)。监督检验不合格的不准进口。"第九条规定："从事进口酒类的批发企业，应符合下列条件：(一)有符合规定的注册资本(金)、经营场所和仓储设施。(二)有健全的批发企业管理制度。(三)有熟悉进口酒类知识的专业人员。(四)有稳定的批发销售网络。(五)有识别'进口食品卫生监督检验标志'的手段。(六)有卫生行政部门核发的卫生许可证。(七)符合国家法律、法规规定的其他条件。"

第四节　食品经营法律规范

一、食品特许经营主管机关

2018年3月，根据第十三届全国人民代表大会第一次会议批准的国务院机构改革方案，将国家工商行政管理总局的职责，国家质量监督检验检疫总局的职责，国家食品药品监督管理总局的职责，国家发展和改革委员会的价格监督检查与反垄断执法职责，商务部的经营者集中反垄断执法以及国务院反垄断委员会办公室等职责整合，组建国家市场监督管理总局，作为国务院直属机构之一。

食品安全监督管理的综合协调工作由新组建的国家市场监督管理总局负责，具体工作由食品安全协调司、食品生产安全监督管理司、食品经营安全监督管理司、特殊食品安全监督管理司及食品安全抽检监测司等内设机构负责。而药品安全的监督管理工作则由国家药品监督管理局承担，其也由国家市场监督管理总局管理。将食品与药品的监督管理分割开来，从而明确区分了食品与药品的不同性质，使食品与药品的监督管理步入科学的管理轨道，有助于实现食品安全的长治久安。

二、食品特许经营法律规范

我国对食品生产和经营商行为均实施许可制度。根据《中华人民共和国食品安全法》第35条规定："国家对食品生产经营实行许可制度。从事食品生产、食品销售、餐饮服务，应当依法取得许可。"根据《中华人民共和国食品安全法实施条例》第15条规定："食品生产经营许可的有效期为5年。食品生产经营者的生产经营条件发生变化，不再符合食品生产经营要求的，食品生产经营者应当立即采取整改措施；需要重新办理许可手续的，应当依法办理。"

食品生产和经营许可制度实施以来，对于规范企业必备生产条件、督促企业加强生产过程控制、落实食品安全主体责任，以及改善食品安全总体水平，乃至推动食品工业健康持续发展都发挥了积极而重要的作用。

我国目前已经制定《中华人民共和国食品安全法》《食品生产许可审查通则》、各类食品生产许可审查细则、《食品生产许可管理办法》《食品经营许可管理办法》《中华人民共和国食品安全法实施条例》等专门法律法规规范食品生产和经营的商行为。食品生产需要取得食品生产许可证，食品销售和餐饮服务需要取得食品经营许可证。

（一）食品生产法律规范

目前《食品生产许可管理办法》于2020年3月1日起实施。针对食品生产企业，国家相关部门已经简化了许可审查条件、要求和内容。首先简化了延续、变更需要提交的材料和审查要求，企业延续和变更事项仅对变化情况进行现场核查；其次简化了对试制产品检验合格报告的要求，企业可以委托有资质的检验机构进行检验，也可以自行检验；再次简化了对外设仓库的核查要求，可通过提供影像资料等方式进行核查；最后简化了许可文书，对于申请材料和审查文书进行简化，方便许可实施。

1. 审查程序

根据《食品生产许可审查通则》的规定，许可申请受理后，许可审查的基本程序为：

(1)审查部门应当对申请人提交的申请材料的完整性、规范性进行审查。

(2)审查部门应当自收到申请材料之日起3个工作日内组成核查组，负责对申请人进行现场核查，并将现场核查决定书面通知申请人及负责对申请人实施食品安全日常监督管理的市场监督管理部门。

(3)核查组应当自接受现场核查任务之日起10个工作日内完成现场核查，并将《食品、食品添加剂生产许可核查材料清单》所列的许可相关材料上报审查部门。

(4)审查部门应当在规定时限内收集、汇总审查结果以及《食品、食品添加剂生产许可核查材料清单》所列的相关许可材料。

(5)许可机关应当自受理申请之日起20个工作日内，根据申请材料审查和现场核查等情况，作出是否准予生产许可的决定。因特殊原因需要延长期限的，经本许可机关负责人批准，可以延长10个工作日，并将延长期限的理由告知申请人。

(6)对于通过现场核查的，申请人应当在1个月内对现场核查中发现的问题进行整改，并将整改结果向负责对申请人实施食品安全日常监督管理的市场监督管理部门书面报告。许可机关在作出许可决定10日内向申请人颁发《食品生产许可证》。

食品生产许可首先要进行材料审查。材料审查主要是对申请人提交的申请材料的完整性、规范性、符合性进行审查。完整性是指申请人按照《食品生产许可管理办法》等要求提交相应材料的种类、内容、份数符合地方管理部门规定的情况。规范性是指申请人填写的内容、方式符合材料规定的内容、格式要求的情况。符合性是指申请材料中的有关内容如身份证、营业执照等与原件保持一致的情况。申请材料经审查，不需要现场核查的，由许可机关按程序作出准予许可或不予许可的决定，并将许可决定告知申请人；申请材料经审查，需要进行现场核查的，许可机关应将受理决定书及现场核查通知书告知申请人。

食品生产许可还需进行现场核查。现场核查主要是对申请材料与实际状况的一致性、合规性进行审查。一致性主要指申请人提交的材料是否与现场一致。合规性主要指生产场所、设备设施、设备布局与工艺流程、人员管理、管理制度及其执行情况，以及按规定需要查验的试制产品检验合格报告是否符合有关规定和要求。

食品生产许可现场核查是食品生产许可的重要环节。《食品生产许可审查通则》第19条列出了需要进行现场核查的7种情形，并实行组长负责制，即由核查组组长负责组织现场核查，对最终的现场核查结果负责。核查人员不得少于2人。核查人员应当出示有效证件，填写食品生产许可现场核查表，制作现场核查记录，经申请人核对无误后，由核查人员和申请人在核查表和记录上签名或者盖章。申请人拒绝签名或者盖章的，核查人员应当注明情况。

目前食品生产许可主体实行一企一证，对每一家符合条件的食品生产企业发放一张食品生产许可证，生产多类别食品的，在生产许可证副本中予以注明。食品生产许可证书发证日期为许可决定作出的日期，有效期限为5年。获证企业在许可食品类别范围内增加生产新的食品品种明细，不再进行许可现场核查；申请保健食品、特殊医学用途配方食品、婴幼儿配方乳粉生产许可，在产品注册时经过现场核查的，可以不再进行现场核查；增加新的食品类别，保健食品企业变更原料前处理、提取等受托企业的，许可审批机关仅对其生产工艺、生产场所及设备设施等进行现场补充核查。除婴幼儿配方乳粉、特殊医学用途食品、保健食品等重点食品原则上由省级市场监督管理部门组织生产许可审查外，其余食品的生产许可审批权限可以下放到市、县级市场监督管理部门。具体办法和目录由省级市场监督管理部门确定。

2. 审查提交材料

申请食品生产许可的，根据《食品生产许可管理办法》第13条规定：“应当向申请人所在地县级以上地方市场监督管理部门提交下列材料：(一)食品生产许可申请书；(二)食品生产设备布局图和食品生产工艺流程图；(三)食品生产主要设备、设施清单；(四)专职或者兼职的食品安全专业技术人员、食品安全管理人员信息和食品安全管理制度。”

申请变更食品生产许可的，根据第33条规定：“应当提交下列申请材料：(一)食品生产许可变更申请书；(二)与变更食品生产许可事项有关的其他材料。”

申请延续食品生产许可的，应当在该食品生产许可有效期届满30个工作日前，向原发证的市场监督管理部门提出申请。同时根据第35条规定：“应当提交下列材料：(一)食品生产许可延续申请书；(二)与延续食品生产许可事项有关的其他材料。保健食品、特殊医学用途配方食品、婴幼儿配方食品的生产企业申请延续食品生产许可的，还应当提供生产质量管理体系运行情况的自查报告。”

(二)食品经营法律规范

根据2015年10月1日正式实施，并于2017年11月7日修改的《食品经营许可管理办法》，《食品流通许可证》与《餐饮服务许可证》被整合为《食品经营许可证》。任何单位和个人从事食品生产经营活动，都应当向市场监督管理局申报，并按照规定办理《食品经营许可证》申请手续，经市场监督管理部门审查批准后方可从事食品生产经营活动，并承担相关法律责任。《食品经营许可证》的审查流程与申领《食品生产许可证》大致相同，主要在于材料的变化。

1. 审查提交材料

申请《食品经营许可证》，提交的资料包括：①食品经营许可申请书；②营业执照或法人登记证等主体资格证明(复印件，并提供原件核对)；③与食品经营相适应的主要设备设施布局、操作流程等文件；④食品安全自查、从业人员健康管理、进货查验记录、食品安全事故处置等保证食品安全的规章制度。除上述一般材料外，还可能包括特殊情形下需要提交的食品安全管理员考试合格证明、房产用途证明、场所设备设施布局与操作流程、食品安全设备设施清单、从业人员名单和健康证明、食品安全管理制度。申请销售散装熟食制品、散装酒的，还应提交与挂钩生产单位的合作协议(合同)，提交生产单位的《食品生产许可证》或《食品生产加工小作坊登记证》等有效的许可证明材料。

2. 食品经营主体分类

对食品经营主体进行分类，大致可分为食品销售经营者、餐饮服务经营者、单位食堂。食品经营项目包括10种，分别是：①预包装食品销售(含冷藏冷冻食品、不含冷藏冷冻食品)；②散装食品销售(含冷藏冷冻食品、不含冷藏冷冻食品、含散装熟食、不含散装熟食)；③特殊食品销售(保健食品、特殊医学用途配方食品、婴幼儿配方乳粉、其他婴幼儿配方食品)；④其他类食品销售；⑤热食类食品制售；⑥冷食类食品制售(含烧卤熟肉、不含烧卤熟肉)；⑦生食类食品制售；⑧糕点类食品制售(含裱花类糕点、不含裱花类糕点)；⑨自制饮品制售(含自酿酒、不含自酿酒)；⑩其他类食品制售(具体到品种)。

第五节　药品特许经营法律规范

一、主管机关

2013年3月22日，国家食品药品监督管理局(State Food and Drug Administration，简称SFDA)改名为国家食品药品监督管理总局(China Food and Drug Administration，简称CFDA)。2018年3月，根据第十三届全国人民代表大会第一次会议批准的国务院机构改革方案，将国家食品药品监督管理总局的职责整合，组建中华人民共和国国家市场监督管理总局；不再保留国家食品药品监督管理总局。

根据目前的《深化党和国家机构改革方案》，药品企业的生产与主管机关为中华人民共和国国家药品监督管理局，是国家市场监督管理总局管理下副部级的国家局。市场监管实行分级管理，药品监管机构设置到省一级，药品经营销售等行为的监管，由市、县市场监管部门统一承担。

国家药品监督管理局负责制定药品、医疗器械和化妆品监管制度，负责药品、医疗器械和化妆品研制环节的许可、检查和处罚。省级药品监督管理部门负责药品、医疗器械、化妆品生产环节的许可、检查和处罚，以及药品批发许可、零售连锁总部许可、互联网销售第三方平台备案及检查和处罚。市县两级市场监督管理部门负责药品零售、医疗器械经营的许可、检查和处罚，以及化妆品经营和药品、医疗器械使用环节质量的检查和处罚。

二、关于药品生产经营企业的相关法律规定

目前与药品生产经营企业相关的法律规定主要包括《中华人民共和国药品管理法》《中华人民共和国药品管理法实施条例》《药品经营质量管理规范》《药品生产监督管理办法》《药品流通监督管理办法》《药品经营许可证管理办法》及《互联网药品信息服务管理办法》等。

(一)药品生产企业

开办药品生产企业一般需要《工商营业执照》《药品生产许可证》《药品 GMP 证书》(即药品生产质量管理规范认证证书)。

《工商营业执照》的取得与其他企业并无不同，不再赘述。

1. 审查流程及要求

根据 2019 年修订的《中华人民共和国药品管理法》，删除了凭《药品生产许可证》到工商行政管理部门办理登记注册的相关法律规定，意即新申办药企在工商行政管理部门办理登记注册的时候，只需要按常规企业来办理登记注册，以及企业法人营业执照、税务登记证等事项。从《企业经营范围登记管理规定》中第四条规定的前置许可经营项目转为了后置许可经营项目，因此被吊销《药品生产许可证》时，也无需再通知工商行政管理部门。

根据《中华人民共和国药品管理法》第六条的规定：“国家对药品管理实行药品上市许可持有人制度。药品上市许可持有人依法对药品研制、生产、经营、使用全过程中药品的安全性、有效性和质量可控性负责。”

在此之前，我国药品注册制度将上市许可与生产许可捆绑管理，即药品上市许可(药品批准文号)只颁发给具有《药品生产许可证》的生产企业，药品研发机构、科研人员则不具备独立获取药品上市许可的资质。这一制度不利于鼓励药物创新，容易导致低水平的重复建设。对此，2016 年 6 月，国务院办公厅正式印发《药品上市许可持有人制度试点方案》，宣布在北京、天津、河北、上海、四川等 10 个省(市)开展药品上市许可持有人制度试点工作，允许药品研发机构和科研人员取得药品批准文号，对药品质量承担相应责任。新修订的《中华人民共和国药品管理法》第六条明确了国家实行药品上市许可持有人制度。药品上市许可持有人依法对药品研制、生产、经营、使用全过程中药品的安全性、有效性和质量可控性负责。

这也意味着，通过试点验证了该制度的科学性及可行性，药品上市许可持有人制度的确立，迈出了我国药品领域全面推广实施的重要一步。

按照《药品生产监督管理办法》的规定，《药品生产许可证》的申请流程大致如下：

第一步，向省、自治区、直辖市的药品监督管理部门提交申请，填写《药品生产许可证登记表》。

第二步，相关部门收到申请后，根据下列情况分别作出处理：如不属于职权范围的，则不予受理，并告知申请人向有关行政机关申请；申请事项依法不需要取得行政许可的，应当即时告知申请人不受理；申请材料存在可以当场更正的错误的，应当允许申请人当场更正，材料不齐全或不符合要求的，则当场或5日内发给申请人补正材料通知书；申请材料齐全，符合形式审查要求，或者申请人按照要求提交全部补正材料的，予以受理。

第三步，由省、自治区、直辖市的药品监督管理部门组织审核，自收到申请之日起30个工作日内作出决定。合格的自书面批准决定作出之日起10个工作日内颁发《药品生产许可证》，不合格的发放不予批准书面决定。《药品生产许可证》应当标明有效期限和生产范围，有效期一般为5年。开办药品生产企业所需的条件包括：依法经过资格认定的专业人员，相应的厂房和设施设备硬件，相应的质量控制和检验机构，以及保证药品质量规章制度等几个方面。

2. GMP认证

《药品GMP证书》是依据药品生产质量管理规范而取得的证书，取得依据为《药品生产质量管理规范》，审核内容和材料也主要包括质量管理、机构与人员、厂房与设施、设备、物料与产品、确认与验证、文件管理、生产管理、质量控制与质量保证、委托生产与委托检验、产品发运与召回、自检等方面。《药品生产质量管理规范认证证书》同样经过认证申请、现场检查、审批和发证的程序，有效期为5年，药品生产企业应在有效期届满前6个月，重新申请药品GMP认证。

药品生产企业除了自行生产以外，还可以进行药品委托生产，即药品委托生产企业(委托方)在因技术改造暂不具备生产条件和能力或产能不足暂不能保障市场供应的情况下，将其持有药品批准文号的药品委托其他药品生产企业(受托方)全部生产的行为，不包括部分工序的委托加工行为。委托生产依据为2014年10月1日起实施的《药品委托生产监督管理规定》，要求双方均为持有GMP认证证书的药品生产企业，也需经过审批手续。

3. 相关法律责任

药品生产企业如实施了未取得《药品生产许可证》而生产药品，或非法购进药品，违法取得或使用许可证或药品批准证明文件的行为，可能会需要承担相应的民事、行政乃至刑事法律责任。

（二）药品经营企业

药品经营企业需要《工商经营执照》《药品经营许可证》《药品经营质量管理规范认证证书》(即 GSP 证书)。药品经营企业在工商行政管理部门办理登记注册的时候，只需要按常规企业来办理登记注册，同样不需要《药品经营许可证》。药品批发企业与药品零售企业办埋《药品经营许可证》的流程与办理《药品生产许可证》的流程大致相同，只是部分提交资料与审核周期不同。

1.《药品经营许可证》

《药品经营许可证管理办法》于 2004 年 2 月 4 日公布，自 2004 年 4 月 1 日起施行。后又根据 2017 年 11 月 17 日国家食品药品监督管理总局令第 37 号《国家食品药品监督管理总局关于修改部分规章的决定》进行修正。该办法分为总则、申领《药品经营许可证》的条件、申领《药品经营许可证》的程序、《药品经营许可证》的变更与换发、监督检查、附则共 6 章 35 条。

《药品经营许可证管理办法》第四条、第五条分别规定了药品批发企业、药品零售企业申领《药品经营许可证》的条件。基本要求为：具有依法经过资格认定的药学技术人员；具有与所经营药品相适应的营业场所、设备、仓储设施、卫生环境；具有与所经营药品相适应的质量管理机构或人员，具有保证所经营药品质量的规章制度。

申请《药品经营许可证》需要按下列步骤进行。

第一步是提交申请。

开办药品批发企业需办理《药品经营许可证》。其申办人需向拟办企业所在地的省、自治区、直辖市市场监督管理部门提出筹建申请，并提交以下材料：

(1) 拟办企业法定代表人、企业负责人、质量负责人的学历证明原件、复印件及个人简历；

(2) 执业药师的执业证书原件、复印件；

(3) 拟经营药品的范围；

(4) 拟设营业场所、设备、仓储设施及周边卫生环境等情况。

开办药品零售企业需办理《药品经营许可证》。其申办人需向拟办企业所在地设区的市级市场监督管理部门或省、自治区、直辖市市场监督管理部门直接设置的县级市场监督管理部门提出筹建申请，并提交以下材料：

(1) 拟办企业法定代表人、企业负责人、质量负责人的学历、执业资格或职称证明原件、复印件及个人简历及专业技术人员资格证书、聘书；

(2) 拟经营药品的范围；

(3) 拟设营业场所、仓储设施、设备情况。

第二步是审查。

市场监督管理部门对申办人提出的申请，应当根据下列情况分别作出处理：

(1)申请事项不属于本部门职权范围的，应当即时作出不予受理的决定，发给《不予受理通知书》，并告知申办人向有关食品药品监督管理部门申请。

(2)申请材料存在可以当场更正错误的，应当允许申办人当场更正。

(3)申请材料不齐或者不符合法定形式的，应当当场或者在5日内发给申办人《补正材料通知书》，一次性告知需要补正的全部内容。逾期不告知的，自收到申请材料之日起即为受理。

(4)申请事项属于本部门职权范围，材料齐全、符合法定形式，或者申办人按要求提交全部补正材料的，发给申办人《受理通知书》。《受理通知书》中注明的日期为受理日期。

市场监督管理部门自受理申请之日起30个工作日内，依据规定对申报材料进行审查，作出是否同意筹建的决定，并书面通知申办人。不同意筹建的，应当说明理由，并告知申办人享有依法申请行政复议或者提起行政诉讼的权利。

第三步是筹建并验收。

药品批发企业和药品零售企业完成筹建后，向受理申请的食品药品监督管理部门提出验收申请，并按规定提交材料。受理申请的食品药品监督管理部门在收到验收申请之日起30个工作日内，作出是否发给《药品经营许可证》的决定。不符合条件的，应当书面通知申办人并说明理由，同时，告知申办人享有依法申请行政复议或提起行政诉讼的权利。《药品经营许可证》的有效期为5年。

2.《药品经营质量管理规范证书》

《药品经营质量管理规范证书》(GSP认证)是按照《药品经营质量管理规范》进行认定的。目前现行的规范根据2016年6月30日国家食品药品监督管理总局局务会议通过、2016年7月13日国家食品药品监督管理总局令第28号公布的《关于修改〈药品经营质量管理规范〉的决定》修正。共4章184条，主要包括质量管理机构与质量管理职责、人员和培训、文件管理、设施与设备、校准和验证、计算机系统、药品经营过程中的质量控制等内容。GSP认证同样需要经过申请与初审、现场检查、审批和颁证的程序，有效期为5年。

3. 药品销售电商企业的法律规制

在目前电子商务发达的情况下，为加强药品监督管理，规范互联网药品信息服务活动，保证互联网药品信息的真实、准确，根据《中华人民共和国药品管理法》《互联网信息服务管理办法》，国家有关部门制定了《互联网药品信息服务管理办法》(2017年11月17日修正)及《互联网药品交易服务审批暂行规定》。

提供互联网药品信息服务活动的网站需经过审批同意后取得《互联网药品信息服务资格证书》，并应当在其网站主页显著位置标注《互联网药品信息服务资格证书》的证书编号。《互联网药品信息服务资格证书》的有效期为5年。有效期届满，需要继续提供互联网药品信息服务的，持证单位应当在有效期届满前6个月内，向原发证机关申请换发《互联网药品信息服务资格证书》。提供互联网药品信息服务的网站不得发布麻醉药品、精神药品、医疗用毒性药品、放射性药品、戒毒药品和医疗机构制剂的产品信息。

提供互联网药品交易服务的企业必须经过审查验收，取得《互联网药品交易服务机构资格证书》。《互联网药品交易服务机构资格证书》由国家食品药品监督管理局统一印制，有效期5年。提供互联网药品交易服务的企业必须在其网站首页显著位置标明《互联网药品交易服务机构资格证书》的编号。在依法获得(食品)药品监督管理部门颁发的《互联网药品交易服务机构资格证书》后，申请人应当按照《互联网信息服务管理办法》的规定，依法取得相应的电信业务经营许可证，或者履行相应的备案手续。

另根据《中华人民共和国药品管理法》第61条明确规定："药品上市许可持有人、药品经营企业通过网络销售药品，应当遵守本法药品经营的有关规定。具体管理办法由国务院药品监督管理部门会同国务院卫生健康主管部门等部门制定。疫苗、血液制品、麻醉药品、精神药品、医疗用毒性药品、放射性药品、药品类易制毒化学品等国家实行特殊管理的药品不得在网络上销售。"网售处方药的主体必须是取得了许可证的实体企业，遵循线上线下相同标准、一体监管的原则。

第六节　危险化学制品生产经营法律规范

危险化学制品生产经营企业相比一般企业而言，对人民群众的生命、财产安全影响更大。因此，国家对危险化学制品生产经营企业实行特许经营的管理，制定相应法律法规全面排查并消除化工(危险化学品)企业安全生产隐患，坚决防止重特大事故发生，确保人民群众生命财产安全。

一、主管机关

2018年3月，根据第十三届全国人民代表大会第一次会议批准的国务院机构改革方案，中华人民共和国应急管理部设立。根据《深化党和国家机构改革方案》，为防范化解重特大安全风险，健全公共安全体系，整合优化应急力量和资源，推动形成统一指挥、专常兼备、反应灵敏、上下联动、平战结合的中国特色应急管理体制，将原国家安全生产监督管理总局的职责、国务院办公厅的应急管理职责，公安部的消防管理职责与其他相关部门的职责整合，组建应急管理部，作为国务院组成部门。

二、法律体系

目前我国关于规范危险化学制品生产经营企业的法律法规已初具规模，包括

《中华人民共和国宪法》《中华人民共和国安全生产法》《中华人民共和国消防法》《中华人民共和国刑法》等。行政法规包括《安全生产许可证条例》《危险化学品安全管理条例》《生产安全事故报告和调查处理条例》等，部门规章包括《危险化学品生产企业安全生产许可证实施办法》《危险化学品建设项目安全监督管理办法》《危险化学品经营许可证管理办法》。规范性文件包括《国家安全监管总局办公厅关于危险化学品经营许可有关事项的通知》《国家安全监管总局、住房城乡建设部关于进一步加强危险化学品建设项目安全设计管理的通知》等。

三、危险化学制品生产经营法律规范

(一)危险化学制品生产企业

1. 总体要求

《危险化学品生产企业安全生产许可证实施办法》自2011年12月1日起施行，根据2017年3月6日国家安全生产监督管理总局令第89号《国家安全监管总局关于修改和废止部分规章及规范性文件的决定》修正，并根据《首批重点监管的危险化学品名录》和《危险化学品重大危险源监督管理暂行规定》，大致有以下要求：

第一是企业选址布局、规划的要求。企业应当符合国家产业政策；符合当地县级以上(含县级)人民政府的规划和布局；新设立企业建在地方人民政府规划的专门用于危险化学品生产、储存的区域内。危险化学品生产装置或者储存危险化学品数量构成重大危险源的储存设施，与《危险化学品安全管理条例》第19条第一款规定的八类场所、设施、区域的距离应当符合有关法律、法规、规章和国家标准或者行业标准的规定；企业总体布局应当符合《化工企业总图运输设计规范》(GB50489)《工业企业总平面设计规范》(GB50187)《建筑设计防火规范》(GB50016)等标准的要求。

第二是设计、工艺和安全设施的要求。企业新建、改建、扩建建设项目需经具备相应国家规定资质的单位设计、制造和施工建设；涉及危险化工工艺、重点监管危险化学品的装置，由具有综合甲级资质或者化工石化专业甲级设计资质的化工石化设计单位设计。不得采用国家明令淘汰、禁止使用和危及安全生产的工艺、设备。新开发的危险化学品生产工艺必须在小试、中试、工业化试验的基础上逐步放大到工业化生产；国内首次使用的化工工艺，必须经过省级人民政府有关部门组织的安全可靠性论证。涉及危险化工工艺、重点监管危险化学品的装置装设自动化控制系统；涉及危险化工工艺的大型化工装置装设紧急停车系统；涉及易燃易爆、有毒有害气体化学品的场所装设易燃易爆、有毒有害介质泄漏报警等安全设施。生产区与非生产区分开设置，并符合国家标准或者行业标准规定的距离。危险化学品生产装置和储存设施之间及其与建(构)筑物之间的距离符合有关标准规范的规定。

第三是制度和人员要求。企业应当依法设置安全生产管理机构，配备专职安全生产管理人员。配备的专职安全生产管理人员必须能够满足安全生产的需要。企业应当依据《危险化学品重大危险源辨识》(GB18218)，对本企业的生产、储存和使用装置、设施或者场所进行重大危险源辨识。企业应当有相应的职业危害防护设施，并为从业人员配备符合国家标准或者行业标准的劳动防护用品。企业应当根据化工工艺、装置、设施等实际情况，制定完善相应安全生产规章制度和操作规程。企业经验收符合安全生产条件后，进行生产前，应当依照《安全生产许可证条例》的规定，取得危险化学品安全生产许可证。

2. 首次申请所需材料

企业申请安全生产许可证时，应当提交下列文件、资料，并对其内容的真实性负责。

(1)申请安全生产许可证的文件及申请书；

(2)安全生产责任制文件，安全生产规章制度、岗位操作安全规程清单；

(3)设置安全生产管理机构，配备专职安全生产管理人员的文件复制件；

(4)主要负责人、分管安全负责人、安全生产管理人员和特种作业人员的安全资格证或者特种作业操作证复制件；

(5)与安全生产有关的费用提取和使用情况报告，新建企业提交有关安全生产费用提取和使用规定的文件；

(6)为从业人员缴纳工伤保险费的证明材料；

(7)危险化学品事故应急救援预案的备案证明文件；

(8)危险化学品登记证复制件；

(9)工商营业执照副本或者工商核准文件复制件；

(10)具备资质的中介机构出具的安全评价报告；

(11)竣工验收报告；

(12)应急救援组织或者应急救援人员，以及应急救援器材、设备设施清单。

有危险化学品重大危险源的企业，除提交上述规定的文件、资料外，还应当提交重大危险源及其应急预案的备案证明文件、资料。

3. 变更提交材料

企业在安全生产许可证有效期内变更主要负责人、企业名称或者注册地址的，应当自工商营业执照或者隶属关系变更之日起 10 个工作日内向实施机关提出变更申请，并提交以下变更材料：

(1)变更后的工商营业执照副本复制件；

(2)变更主要负责人的，还应当提供主要负责人经应急管理部门考核合格后颁发的安全资格证复制件；

(3)变更注册地址的，还应当提供相关证明材料。

企业在安全生产许可证有效期内，当原生产装置新增产品或者改变工艺技术对企业的安全生产产生重大影响时，应当对该生产装置或者工艺技术进行专项安全评价，并对安全评价报告中提出的问题进行整改；在整改完成后，向原实施机关提出变更申请，提交安全评价报告。

企业在安全生产许可证有效期内，有危险化学品新建、改建、扩建建设项目的，应当在建设项目安全设施竣工验收合格之日起 10 个工作日内向原实施机关提出变更申请，并提交建设项目安全设施竣工验收报告等相关文件、资料。

4. 延期提交材料

安全生产许可证有效期为 3 年。企业安全生产许可证有效期届满后继续生产危险化学品的，应当在安全生产许可证有效期届满前 3 个月提出延期申请。延期申请的材料即为首次申请所需的全部材料加上安全生产许可证变更申请书。

首次申请、变更及延期换证的时限均为 45 天。

(二)危险化学制品经营企业

1. 总体要求

国家对危险化学品经营(包括仓储经营)实行许可制度。未经许可，任何单位和个人不得经营危险化学品。从事危险化学品经营的企业，应当向所在地县级人民政府应急管理部门提出申请(有储存设施的，应当向所在地设区的市级人民政府应急管理部门提出申请)。依法取得危险化学品安全生产许可证的危险化学品生产企业在其厂区范围内销售本企业生产的危险化学品的，不再办理经营许可证。但销售非本单位生产的危险化学品或在厂外设立销售网点，仍需办理经营许可证。依法取得港口经营许可证的港口经营人在港区内从事危险化学品仓储经营的，无需办理经营许可证。

2. 主管机关

中华人民共和国应急管理部指导、监督全国经营许可证的颁发和管理工作。省、自治区、直辖市人民政府应急管理部门指导、监督本行政区域内经营许可证的颁发和管理工作。设区的市级人民政府应急管理部门(以下简称市级发证机关)负责下列企业的经营许可证审批并颁发证书：经营剧毒化学品的企业；经营易制爆危险化学品的企业；经营汽油加油站的企业；专门从事危险化学品仓储经营的企业；从事危险化学品经营活动的中央企业所属省级、设区的市级公司(分公司)；带有储存设施经营除剧毒化学品、易制爆危险化学品以外的其他危险化学品的企业。

县级人民政府应急管理部门(以下简称县级发证机关)负责上述企业以外的其他企业的经营许可证审批、颁发；没有设立县级发证机关的，其经营许可证由市级发证机关审批、颁发。

3. 禁止行为

危险化学制品经营企业不得向未经许可从事危险化学品生产、经营活动的企业采购、危险化学品，不得经营没有化学品安全技术说明书或者化学品安全标签的危险化学品。

危险化学制品经营企业不得向不具有相关许可证件或者证明文件(如危险化学品安全生产许可证、危险化学品安全使用许可证、危险化学品经营许可证、剧毒化学品购买许可证)的单位销售剧毒化学品、易制爆危险化学品。禁止向个人销售剧毒化学品(属于剧毒化学品的农药除外)和易制爆危险化学品。

4. 经营企业的特许经营条件

第一，根据《危险化学品经营企业开业条件和技术要求(GB 18265—2000)》，经营企业应建设符合国家标准的经营场所和储存设施。

①危险化学品经营企业的经营场所应坐落在交通便利、便于疏散处；②危险化学品经营企业的经营场所的建筑物应符合《中华人民共和国国家标准建筑设计防火规范》GBJ16 的要求；③从事危险化学品批发业务的企业，应具备经县级以上(含县级)公安、消防部门批准的专用危险品仓库(自有或租用)，其所经营的危险化学品不得放在业务经营场所；④零售业务只许经营除爆炸品、放射性物品、剧毒物品以外的危险化学品；⑤零售业管的店面应与繁华商业区或居住人口稠密区保持 500 米以上距离；⑥零售业务的店面经营面积(不含库房)应不小于 60 平方米，其店面内不得设有生活设施；⑦零售业务的店面内只许存放民用小包装的危险化学品，其存放总质量不得超过 1 吨；⑧零售业管的店面内危险化学品的摆放应布局合理，禁忌物料不能混放；⑨综合性商场(含建材市场)所经营的危险化学品应有专柜存放；⑩零售业务的店面内显著位置应设有“禁止明火”等警示标志；⑪零售业务的店面内应放置有效的消防、急救安全设施；⑫零售业务的店面与存放危险化学品的库房(或罩棚)应有实墙相隔，单一品种存放量不能超过 500 千克，总质量不能超过 2 吨；⑬零售店面备货库房应根据危险化学品的性质与禁忌分别采用隔离储存或隔开储存或分离储存等不同方式进行储存。

第二，主管人员和从业人员需经过专业培训，并取得上岗资格。

危险化学品经营企业法定代表人或经理必须经国家授权部门的专业培训，取得合格证书后方能进行经营活动。企业业务经营人员应通过国家授权部门的专业培训，取得合格证书方能上岗。经营剧毒物品企业的人员，除满足上述要求外，还应经过县级以上(含县级)公安部门的专门培训，取得合格证书后方可上岗。

第三，符合法律、法规和国家标准要求的其他条件。

必须建立建立健全的安全管理制度。零售业务只许经营除爆炸品、放射性物品、剧毒物品以外的危险化学品。具体要求为：①零售业务的店面内显著位置应设有“禁止明火”等警示标志；②零售业务的店面内应放置有效的消防、急救安全设施；③零售业务的店面备货库房应报公安、消防部门批准；④运输危险化学品的车辆应专车专用，只能委托有危险化学品运输资质的运输企业承运并悬挂明显的标志。

5. 申报材料及审查方式

办理方式一般根据各地相关部门发布的《危险化学品经营许可证核发(新领)办事指南》，申请人持危险化学品经营许可证向工商行政管理部门办理登记手续后，方可从事危险化学品经营活动。

申报材料包括：

(1)申请经营许可证的文件及申请书；

(2)安全生产规章制度和岗位操作规程的目录清单；

(3)企业主要负责人、安全生产管理人员、特种作业人员的相关资格证书(复制件)和其他从业人员培训合格的证明材料；

(4)经营场所产权证明文件或者租赁证明文件(复制件)；

(5)工商行政管理部门颁发的企业性质营业执照或者企业名称预先核准文件(复制件)；

(6)危险化学品事故应急预案备案登记表(复制件)。

上述材料均要求一式两份。

带有储存设施经营危险化学品的，申请人还应当提交下列文件、资料：

(1)储存设施相关证明文件(复制件)；租赁储存设施的，需要提交租赁证明文件(复制件)；储存设施新建、改建、扩建的，需要提交危险化学品建设项目安全设施竣工报告；

(2)重大危险源备案证明材料、专职安全生产管理人员的学历证书、技术职称证书或者危险物品安全类注册安全工程师资格证书(复制件)；

(3)安全评价报告。

发证机关收到申请人提交的文件、资料后，应当按照下列情况分别作出处理：如申请事项不需要取得经营许可证的，当场告知申请人不予受理；申请事项不属于本发证机关职责范围的，当场作出不予受理的决定，告知申请人向相应的发证机关申请，并退回申请文件、资料；申请文件、资料存在可以当场更正的错误的，允许申请人当场更正，并受理其申请；申请文件、资料不齐全或者不符合要求的，当场告知或者在5个工作日内出具补正告知书，一次告知申请人需要补正的全部内容；逾期不告知的，自收到申请文件、资料之日起即为受理；申请文件、资料齐全，符合要求，或者申请人按照发证机关要求提交全部补正材料的，立即受理其申请。

发证机关受理或者不予受理经营许可证申请，应当出具加盖本机关印章和注明日期的书面凭证。

发证机关受理经营许可证申请后，应当组织对申请人提交的文件、资料进行审查，指派2名以上工作人员对申请人的经营场所、储存设施进行现场核查，并自受理之日起30日内作出是否准予许可的决定。

发证机关现场核查以及申请人整改现场核查发现的有关问题和修改有关申请文

件、资料所需时间，不计算在前款规定的期限内。

发证机关作出准予许可决定的，应当自决定之日起 10 个工作日内颁发经营许可证；发证机关作出不予许可决定的，应当在 10 个工作日内书面告知申请人并说明理由，告知书应当加盖本机关印章。

第七章　国家特许经营商行为法律制度(下)

第一节　银行经营法律规范

为了保护商业银行、存款人和其他客户的合法权益,《中华人民共和国商业银行法》《中华人民共和国银行业监督管理法》规范商业银行的行为,以提高信贷资产质量,加强监督管理,保障商业银行的稳健运行。

一、商业银行的设立和组织机构

设立商业银行,应当经国务院银行业监督管理机构审查批准。未经国务院银行业监督管理机构批准,任何单位和个人不得从事吸收公众存款等商业银行业务,任何单位不得在名称中使用“银行”字样。经批准设立的商业银行,由国务院银行业监督管理机构颁发经营许可证,并凭该许可证向市场监督管理部门办理登记,领取营业执照。

商业银行的注册资本是实缴资本。设立全国性商业银行的注册资本最低限额为10亿元人民币;设立城市商业银行的注册资本最低限额为1亿元人民币;设立农村商业银行的注册资本最低限额为5000万元人民币。国务院银行业监督管理机构根据审慎监管的要求可以调整注册资本最低限额,但不会少于前述规定的限额。

中华人民共和国境内的商业银行分支机构是不按行政区划设立的,但设立前必须经国务院银行业监督管理机构审查批准,如某银行天河北路分行设立前要经审批。总行以其全部法人财产独立承担民事责任,拨付各分支机构营运资金额的总和,不得超过总行资本金总额的60%。因分支机构不具有法人资格,所以需在总行授权范围内依法开展业务,其民事责任由总行承担,但分支机构可作为诉讼主体,是独立原告、被告。

商业银行所呈现的组织形式是根据《中华人民共和国公司法》成立的有限责任公司、股份有限公司。需注意,国有独资商业银行设立监事会,监事会的产生办法由国务院确定。若商业银行出现《中华人民共和国公司法》规定的分立、合并事宜,应经中国银行保险监督管理委员会批准后才能分立或合并。

二、商业银行的业务规则

商业银行以安全性、流动性、效益性为经营原则，实行自主经营，自担风险，自负盈亏，自我约束。其依法开展多项业务：吸收公众存款；发放短期、中期和长期贷款；办理国内外结算；办理票据承兑与贴现；发行金融债券；代理发行、代理兑付、承销政府债券；买卖政府债券、金融债券；从事同业拆借；买卖、代理买卖外汇；从事银行卡业务等，不受任何单位和个人的干涉。现主要介绍以下业务规范。

1. 吸收存款

商业银行办理个人储蓄存款业务，应当遵循存款自愿、取款自由、存款有息、为存款人保密的原则。除法律、行政法规另有规定外，商业银行对个人储蓄存款、单位存款，有权拒绝任何单位或者个人查询、冻结、扣划。这也是律师到银行调查取证困难重重的根源。商业银行应当按照中国人民银行规定的存款利率的上下限，确定存款利率，并予以公告，以吸引公众存款，同时，向中国人民银行交存存款准备金，留足备付金，不得拖延、拒绝支付客户的存款本金和利息。

2. 贷款规则

商业银行贷款，实行审贷分离、分级审批制度。任何单位和个人不得强令商业银行发放贷款或者提供担保。商业银行有权拒绝任何单位和个人强令要求其发放贷款或者提供担保。发放贷款应保证资本充足率不低于8%，流动性资产余额与流动性负债余额的比例不得低于25%，对同一借款人的贷款余额与商业银行资本余额的比例不得超过10%。贷款有两种形式：抵押贷款和担保贷款。

抵押贷款是借款者以一定的抵押品作为物品保证向银行取得的贷款，它是银行的一种放款形式，抵押品通常包括有价证券、国债券、各种股票、房地产，以及货物的提单、栈单或其他各种证明物品所有权的单据。贷款到期，借款者必须如数归还，否则银行有权处理抵押品，作为一种补偿。商业银行因行使抵押权、质权而取得的不动产或者股权，应当自取得之日起2年内予以处分。

担保贷款是指借款人不能足额提供抵押(质押)时，应有贷款人认可的第三方提供承担连带责任的保证。保证人是法人的，必须具有代为偿还全部贷款本息的能力，且在银行开立有存款账户。保证人为自然人的，必须有固定经济来源，具有足够代偿能力，并且在贷款银行存有一定数额的保证金；保证人与债权人应当以书面形式订立保证合同。保证人发生变更的，必须按照规定办理变更担保手续，未经贷款人认可，原保证合同不得撤销。担保贷款中，经商业银行审查、评估，确认借款人资信良好，确能偿还贷款的，可以不提供担保的贷款是信用贷款。

例如，张小三是某银行董事长张三的儿子，张小三为某公司的董事长。某公司向该银行申请商业贷款时，该银行对某公司按低于同类贷款的优惠利息发放此笔贷款。虽然贷款合同成立且生效，但该商业银行的放贷行为违法。因为商业银行的董事、监事、管理人员、信贷业务人员及其近亲属投资或者担任高级管理职务的公司、企业和其他经济组织向商业银行贷款时，商业银行不得向上述关系人发放信用贷款，且向关系人发放担保贷款的条件不得优于其他借款人同类贷款的条件。

贷款展期，是指借款人不能按期归还贷款的，应当在期满之日前，向贷款人申请延长偿还贷款的行为。从房贷、车贷等多个自然人贷款案例可知，并不是所有的贷款人都会按时如期归还贷款，银行作为债权人也会遇到外借款收不回的情形，这笔贷款被称为不良贷款，有呆账贷款、呆滞贷款和逾期贷款三种。呆账贷款是指按财政部有关规定确认为无法偿还，而列为呆账的贷款；呆滞贷款是指按财政部有关规定，逾期(含展期后到期)超过 2 年仍未归还的贷款，或虽未逾期或逾期不满规定年限但生产经营已经终止、项目已经停建的贷款(不含呆账贷款)；逾期贷款是指借款合同约定到期(含展期后到期)未归还的贷款(不含呆滞贷款和呆账贷款)。

3. 同业拆借

同业拆借，是指商业银行因临时资金不足向其他银行及金融机构临时借款。同业拆借一般都是短期的，是各金融机构彼此间的一种资金调剂活动。通俗地说，就是银行手头紧，向其他兄弟银行借钱。兄弟银行只能将交足存款准备金、留足备付金和归还中国人民银行到期贷款之后的闲置资金外借，手头紧的银行借入后限用于弥补票据结算、联行汇差头寸的不足和解决临时性周转资金的需要，禁止发放固定资产贷款或者用于投资。

4. 其他业务

除国家另有规定的外，商业银行在我国境内不得从事信托投资和证券经营业务，不得向非自用不动产投资或者向非银行金融机构和企业投资。企业事业单位可以自主选择一家商业银行的营业场所开立一个办理日常转账结算和现金收付的基本账户，不得开立两个以上的基本账户。任何单位和个人不得将单位的资金以个人名义开立账户存储。

三、商业银行的接管

商业银行已经发生或者可能发生信用危机，严重影响存款人的利益时，国务院银行监督管理机构可以对该银行实行接管。如某商业银行长期以来资本充足率、资产流动性均不能达到监管标准，2015 年某日，该银行行长携款潜逃。事发后，大量存款户和票据持有人前来提款。该银行现有资金不能应付这些提款请求，又不能由同行获得拆借资金，或者可能发生类似的危机，严重影响存款人的利益，国务院银行业监督管理机构可以对该银行实行接管或促成机构重组。

被接管的商业银行的债权债务关系不因接管而变化。银行业金融机构被接管、重组或者被撤销的，国务院银行业监督管理机构有权要求该银行业金融机构的董事、高级管理人员和其他工作人员，按照国务院银行业监督管理机构的要求履行职责。在接管、机构重组或者撤销清算期间，经国务院银行业监督管理机构负责人批准，对直接负责的董事、高级管理人员和其他直接责任人员，可以采取下列措施：直接负责的董事、高级管理人员和其他直接责任人员出境将对国家利益造成重大损失的，通知出境管理机关依法阻止其出境；申请司法机关禁止其转移、转让财产或者对其财产设定权利。

四、商业银行破产规范

一般企业破产，无需主管机构同意，但商业银行不能支付到期债务，须经国务院银行监督管理机构同意，由人民法院依法宣告其破产。商业银行被宣告破产的，由人民法院组织国务院银行业监督管理机构等有关部门和有关人员成立清算组，进行清算。商业银行破产清算时，在支付清算费用、所欠职工工资和劳动保险费用后，应当优先支付客户存款的本金和利息。

五、银行业监督管理规范

2018 年 3 月，国务院银监会与保监会合并为中国银行保险监督管理委员会，统一监管保险业和银行业。为了方便论述，后文暂写为银保监。目前，银保监负责对全国银行业金融机构及其业务活动进行监督管理。如商业银行、城市信用合作社、农村信用合作社等吸收公众存款的金融机构以及政策性银行、金融资产管理公司、信托投资公司、财务公司、金融租赁公司以及经国务院银行业监督管理机构批准设立的其他金融机构。

1. 银保监的职责

银保监是行政性事务监管商业银行的机构。商业银行变更名称、变更注册资本、变更总行或者分支行所在地、变更持有资本总额或者股份总额 5%以上的股东、调整业务范围、修改章程、设立分支机构、分立、合并、解散、接管、破产等均需银保监批准。同时，银保监对银行业金融机构的董事和高级管理人员实行任职资管理。

商业银行有下列情形之一，由国务院银保监责令改正：①未经批准设立分支机构的；②未经批准分立、合并或者违反规定对变更事项不报批的；③违反规定提高或者降低利率以及采用其他不正当手段吸收存款、发放贷款的；④出租、出借经营许可证的；⑤未经批准买卖、代理买卖外汇的；⑥未经批准买卖政府债券或者发行、买卖金融债券的；⑦违反国家规定从事信托投资和证券经营业务、向非自用不动产投资或者向非银行金融机构和企业投资的；⑧向关系人发放信用贷款或者发放担保贷款的条件优于其他借款人同类贷款的条件的；⑨拒绝或者阻碍中国人民银行检查监督的；⑩提供虚假的或者隐瞒重要事实的财务会计报告、报表和统计报表的；⑪未按照中国人民银行规定的比例交存存款准备金的；⑫未经批准在名称中使用“银行”字样的；⑬未经批准购买商业银行股份总额5%以上的；⑭将单位的资金以个人名义开立账户存储的。

2. 中国人民银行监管规范

中国人民银行，通称央行，负责制定和执行货币政策，对商业银行进行业务指导。如央行接受存款准备金，制定同业拆借规则等。此外，商业银行结汇、售汇要经过央行批准，须向央行交存存款准备金，遵守央行的规定进行同业拆借，编制并及时向银保监、央行、财政部报送年度财务会计报告。

商业银行有下列情形之一，由中国人民银行(央行)责令改正：①未经批准办理结汇、售汇的；②未经批准在银行间债券市场发行、买卖金融债券或者到境外借款的；③违反规定同业拆借的；④拒绝或者阻碍中国人民银行检查监督的；⑤提供虚假的或者隐瞒重要事实的财务会计报告、报表和统计报表的；⑥未按照中国人民银行规定的比例交存存款准备金的。上述行为情节特别严重或者逾期不改正的，中国人民银行可以建议国务院银行业监督管理机构责令停业整顿或者吊销其经营许可证。

3. 银监会监督管理规范

(1)现场检查。银行业监督管理机构根据审慎监管的要求，可以进入银行业金融机构进行检查；询问银行业金融机构的工作人员，要求其对有关检查事项做出说明；查阅、复制银行业金融机构与检查事项有关的文件、资料，对可能被转移、隐匿或者毁损的文件、资料予以封存；检查银行业金融机构运用电子计算机管理业务数据的系统。

(2)责令披露。银行业监督管理机构应当责令银行业金融机构按照规定，如实向社会公众披露财务会计报告、风险管理状况、董事和高级管理人员变更以及其他重大事项等信息。

(3)采取措施。银行业金融机构违反审慎经营规则的，银保监或其省一级派出机构应当责令限期改正；逾期未改正的，或者其行为严重危及该银行业金融机构的稳健运行、损害存款人和其他客户合法权益的，经银保监或其省一级派出机构批准，可以责令暂停部分业务、停止批准开办新业务；限制分配红利和其他收入；限制资产转让；责令控股股东转让股权或者限制有关股东的权利；责令调整董事、高级管理人员或者限制其权利；停止批准增设分支机构。

第二节　证券期货经营法律规范

一、证券市场经营主体

(一)证券交易所

证券交易所有公司制和会员制两种。根据我国法律规定，我国的证券交易所是不以营利为目的，仅为证券的集中和有组织的交易提供场所、设施，实行自律性管理的会员制的事业法人，进入证券交易所参与集中交易的，必须是证券交易所的会员。实行会员制的证券交易所的财产积累归会员所有，其权益由会员共同享有，在其存续期间，不得将其财产积累分配给会员。

国务院决定证券交易所的设立和解散，证券交易所章程的制定和修改，必须经国务院证券监督管理机构(以下简称证监会)批准。因突发性事件而影响证券交易正常进行的，证券交易所可以采取技术性停牌的措施，如，重大事项停牌，常见如重组、借壳、定向增发、资产注入等。但到2015年7月8日，沪深两市有1320家上市公司宣布停牌，形成千股停牌的局面。有的股票的停牌原因是“本公司股票价格2015年7月2日、3日、6日连续三个交易日收盘价格跌幅偏离值累计达20%，属于股票交易异常波动”；有的股票因找不到停牌原因，向股民道歉。因不可抗力的突发性事件或者为维护证券交易的正常秩序，证券交易所可以决定临时停市，如因地震、海啸导致停市。但无论是技术性停牌还是临时停市，证券交易所必须及时报告给证监会。

(二)证券公司

证券公司，需根据《中华人民共和国公司法》依法成立，注册资本是实缴资本，组织形式呈现为有限责任公司或者股份有限公司，一家证券公司必须在其名称中标明“证券有限责任公司”或者“证券股份有限公司”字样。

(1)证券公司的业务范围。经证监会批准，证券公司可以经营证券经纪，证券投资咨询，与证券交易、证券投资活动有关的财务顾问，证券承销与保荐，证券自营，证券资产管理等业务。经批准可以为客户提供融资融券服务。

(2)证券公司禁止性规范。①禁止证券公司为其股东或者股东的关联人提供融资或担保。②禁止混合操作，即证券公司必须将其证券经纪业务、证券承销业务、证券自营业务和证券资产管理业务分开办理，不得混合操作。③禁止接受全权委托、私下委托、对收益或赔偿做出承诺。

(3)证券公司自营业务规范。证券公司必须使用自有资金和依法筹集的资金，以自己的名义进行自营业务，不得假借他人名义或者以个人名义进行，同时不得将其自营账户借给他人使用。

(三)证券业协会

证券业协会是证券业的自律性组织，是社会团体法人，其权力机构为全体会员组成的会员大会，会员大会制定证券业协会章程，并报国务院证券监督管理机构备案。证券公司应当加入证券业协会。

(四)基金管理人、托管人

基金管理人由依法设立的公司或合伙企业担任，基金托管人由依法设立的商业银行或其他金融机构担任。二者不得为同一人，不得相互出资或持有股份。

(五)基金行业协会

基金行业协会是证券投资基金行业的自律性组织，是社会团体法人，负责制定行业执业标准和业务规范，组织基金从业人员的从业考试、资质管理和业务培训，办理非公开募集基金的登记、备案。基金管理人、基金托管人应当加入基金行业协会，基金服务机构可以加入基金行业协会。

(六)证券监督管理机构

我国的证券监督管理机构行使审批或者核准权，制定、监督及实施从事证券业务人员的资格标准和行为准则，指导和监督证券业协会的活动。此外，证监会还可查阅、复制证券交易记录及其他相关文件和资料，封存可能被转移、隐匿或者毁损的文件和资料；可以查询当事人和与被调查事件有关的单位和个人的资金账户、证券账户和银行账户；对有证据证明已经或者可能转移或者隐匿违法资金、证券等涉案财产或者隐匿、伪造、损毁重要证据的，经国务院证监会主要负责人批准，可以冻结或者查封。

二、我国资本证券

证券是表示一定权利的书面凭证，是记载并代表一定权利的文书。我国目前证券市场上的资本证券主要包括股票、债券、证券投资基金券以及经国务院认定的其他证券。

(一)股票

股票，是指公司股份的表现形式，也是股份公司签发的证明股东所持股份的凭证。股票的发行主体限于股份有限公司，股票持有人享有股东权，如投资收益权、选举董事、监事权等。公司需具备健全且运行良好的组织机构；具有持续盈利能力，财务状况良好；最近3年财务会计文件无虚假记载，无其他重大违法行为，以及具备经国务院批准的、国务院证券监督管理机构规定的其他条件，才能公开发行新股，对公开发行股票所募集资金，必须按照招股说明书所列资金用途使用。改变招股说明书所列资金用途，必须经股东大会做出决议。擅自改变用途而未作纠正的，或者未经股东大会认可的，不得公开发行新股。

(二)债券

债券，是指企业、金融机构或政府为募集资金向社会公众发行的、保证在规定时间内向债券持有人还本付息的有价证券。公司债券的发行主体可以是有限责任公司，也可以是股份有限公司。债券持有人享有债权，是公司的债权人。公开发行债券须具备的条件：①股份有限公司的净资产不低于人民币3000万元，有限责任公司的净资产不低于人民币6000元；②累计债券余额不超过公司净资产的40%；③最近3年平均可分配利润足以支付公司债券1年的利息；④筹集的资金投向符合国家产业政策；⑤债券的利率不超过国务院限定的利率水平；⑥国务院规定的其他条件。公开发行公司债券筹集的资金，必须用于核准的用途，不得用于弥补亏损和非生产性支出。

如果前一次公开发行的公司债券尚未募足，或对已公开发行的公司债券或者其他债务有违约或者延迟支付本息的事实仍处于继续状态，或违反《证券法》规定，改变公开发行公司债券所募资金的用途的，公司不得再次公开发行债券。

（三）证券投资基金

证券投资基金，是指通过公开发售基金份额募集证券投资基金，由基金管理人管理，基金托管人托管，为基金份额持有人的利益，以资产组合方式进行证券投资活动而获取一定收益的投资工具。基金所体现的是信托关系，是一种信托工具，相比于股票和债券融资投向实业，基金则是投向股票或债券等有价证券。基金财产独立于基金管理人、基金托管人的固有财产。基金管理人、托管人因依法解散、被依法撤销或被依法宣告破产等原因进行清算的，基金财产不属于其清算财产。

基金的运作方式可以采用封闭式、开放式或者其他方式。封闭式基金，是指基金份额总额在基金合同期限内固定不变，基金份额持有人不得申请赎回的基金。开放式基金，是指基金份额总额不固定，基金份额可以在基金合同约定的时间和场所申购或者赎回的基金。投资者，是指达到规定资产规模或者收入水平，并且具备相应的风险识别能力和风险承担能力，其基金份额认购金额不低于规定限额的单位和个人。

公开募集资金的投资者交纳认购的基金份额的款项时，基金合同成立；基金管理人向国务院证券监督管理机构办理基金备案手续，基金合同生效。公开募集基金的基金份额持有人，有权查阅或者复制公开披露的基金信息资料。公开募集基金的基金管理人及其董事、监事、高级管理人员和其他从业人员不得将其固有财产或者他人财产混同于基金财产从事证券投资；不得不公平地对待其管理的不同基金财产；不得利用基金财产或者职务之便为基金份额持有人以外的人牟取利益；不得向基金份额持有人违规承诺收益或者承担损失；不得侵占、挪用基金财产、泄露因职务便利获取的未公开信息、利用该信息从事或者明示、暗示他人从事相关的交易活动；不得玩忽职守，不按照规定履行职责以及从事法律、行政法规和国务院证券监督管理机构规定禁止的其他行为。

非公开募集基金，不得向合格投资者之外的单位和个人募集资金，不得通过报刊、电台、电视台、互联网等公众传播媒体或者讲座、报告会、分析会等方式向不特定对象宣传推介。非公开募集基金的基金份额持有人对涉及自身利益的情况，有权查阅基金的财务会计账簿。

三、证券发行规范

(一)证券发行的基本概念

证券发行，是通过发行证券进行筹资的活动。其功能在于一方面为资本的需求提供募集资金的渠道，另一方面为资本的供应者提供投资的场所。证券发行市场，也通称为"一级市场"。例如，《万达电影院线股份有限公司(万达院线)首次公开发行股发行公告》中说："本次 A 股发行规模为 6000 万股，全部为公开发行新股，……本次网下发行申购时间为 2015 年 1 月 14 日。"此为新股发行阶段，是公司筹集资金阶段。发行人，是指通过发行股票筹集资金的公司法人，如拟发行股份或正在发行股份期间的万达院线公司。

(二)证券发行原则

证券发行需遵循公开、公平、公正原则。公开原则不是指证券发行须公开，而是强调资料公开、信息公开。证券的公开发行必须符合法律、行政法规规定的条件，并依法报经证监会或者国务院授权的部门核准；未经依法核准，任何单位和个人不得向不特定对象发行证券，或向特定对象发行证券累计超过 200 人；非公开发行证券，不得采用广告、公开劝诱和变相公开方式。

(三)证券承销介绍

承销，是指证券公司(承销人)与证券的发行人(被承销人，如万达院线)订立合同，由证券公司帮助证券的发行人发行证券的一种法律行为。分为两种方式：代销和包销。证券代销又称代理发行，是委托代理关系，是指证券公司代发行人发售证券，在承销期结束时，将未售出的证券全部退还给发行人的承销方式。代销期限届满，向投资者出售的股票数量未达到拟公开发行股票数量 70%的，为发行失败。

发行人应当按照发行价并加算银行同期存款利息返还股票认购人。证券包销是买卖关系，是指证券公司将发行人的证券按照协议全部购入或者在承销期结束时将售后剩余证券全部自行购入的承销方式，不存在发行失败的情形。

证券公司承销期限最长不得超过 90 日，在代销、包销期内，对所代销、包销的证券应当保证先行出售给认购人，证券公司不得为本公司预留所代销的证券和预先购入并留存所包销的证券。向不特定对象公开发行的证券票面总值超过人民币 5000 万元的，应当由承销团承销。承销团应当由主承销和参与承销的证券公司组成。

四、证券交易规范

证券交易，是指对已经依法发行的证券的买卖、转让和流通。证券交易市场，通常称为"二级市场"。依法交易的证券，必须是发行并交付的证券。非依法定程序发行的证券，不得买卖。证券交易可以采用现货交易、期货交易或其他方式。上市交易的股票、公司债券及其他证券，应当在依法设立的证券交易所上市交易，如上海证券交易所、深圳证券交易所、港交所、纽交所；或者在国务院批准的其他证券交易场所转让，如证券交易的自动报价系统等。证券交易所、证券公司、证券登记结算机构必须依法为客户开立的账户保密。

（一）交易限制

证券交易所、证券公司和证券登记结算机构的从业人员，证券监督管理机构的工作人员以及法律、行政法规禁止参与股票交易的其他人员在任期或者法定限期内，不得直接或者以化名、借他人名义持有、买卖股票，也不得收受他人赠送的股票。任何人在成为前述所列人员时，其原已持有的股票，必须依法转让。

为股票发行出具审计报告、资产评估报告或者法律意见书等文件的证券服务机构或人员，在该股票承销期内或期满后6个月内，不得买卖该种股票。

为上市公司出具审计报告、资产评估报告或者法律意见书等文件的证券服务机构或人员，自接受上市公司委托之日起至前述文件公开后的5日内，不得买卖该种股票。

上市公司董事、监事、高级管理人员、5%以上股份的股东不得在6个月内逆向交易，即不得进进出出地来回炒本公司股票。否则，公司可采用股东代表诉讼制追究相关人员责任。发起人持有的本公司股份，自公司成立之日起1年内不得转让。公司公开发行股份前已发行的股份，自公司股票在证券交易所上市交易之日起1年内不得转让。公司董事、监事、高级管理人员每年转让不得超过持股的25%，上市1年或离职后半年内不得转让。

（二）禁止内幕交易

内幕信息，是指法律规定上市公司必须公开的、可能对股票价格产生较大影响，因职务、工作可以获取内幕信息的证券交易场所、证券公司、证券登记结算机构、证券服务机构的有关人员；而投资者尚未得知的重大事件；公司分配股利或者增资的计划；公司股权结构的重大变化；公司债务担保的重大变更；公司营业用主要资产的抵押、出售或者报废一次超过该资产的30%；公司的董事、监事、经理、副经理或者其他高级管理人员的行为可能依法承担重大损害赔偿责任；上市公司收购的有关方案；国务院证券监督管理机构认定的对证券交易价格有显著影响的其他重要信息。

知悉证券交易内幕信息的知情人员或者非法获取内幕信息的其他人员不得买入或者卖出所持有的该公司的证券，不得泄露该信息或者建议他人买卖该证券。这里的知情人员，包括发行人的董事、监事、高级管理人员；持有公司5%以上股份的股东及其董事、监事、高级管理人员，公司的实际控制人及其董事、监事、高级管理人员；发行人控股或者实际控制的公司及其董事、监事、高级管理人员；由于所任公司职务或者因与公司业务往来可以获取公司有关内幕信息的人员；因职务、工作可以获取内幕信息的证券交易场所、证券公司、证券登记结算机构、证券服务机构的有关人员；国务院证券监督管理机构规定的其他人。

(三)禁止操纵证券市场

操纵市场的行为包括：①单独或者通过合谋，集中资金优势、持股优势或者利用信息优势联合或者连续买卖，操纵证券交易价格或者证券交易量；②与他人串通，以事先约定的时间、价格和方式相互进行证券交易，影响证券交易价格或者证券交易量；③在自己实际控制的账户之间进行证券交易，影响证券操纵市场交易价格或者证券交易量；④以其他手段操纵证券市场。

(四)禁止欺诈客户

欺诈客户行为包括：①违背客户的委托为其买卖证券；②不在规定时间内向客户提供交易的书面确认文件；③挪用客户所委托买卖的证券或者客户账户上的资金；④未经客户的委托，擅自为客户买卖证券，或者假借客户的名义买卖证券；⑤为牟取佣金收入，诱使客户进行不必要的证券买卖；⑥利用传播媒介或者通过其他方式提供、传播虚假或者误导投资者的信息；⑦其他违背客户真实意思表示，损害客户利益的行为。

五、有关公司上市的相关规范

上市公司，是指其发行的股票在股票交易所上市的公司。上市交易，是指已公开发行的股票、债券等有价证券，符合法定条件，经证券交易所依法审核同意，并由双方签订上市协议后，在证券交易所集中竞价交易的行为。上市暂停，是指上市公司出现法定情形，由证券交易所决定暂停其股票上市交易。上市终止，是指上市公司出现法定情形，由证券交易所决定终止其股票上市交易。

(一)股票上市

1. 股票上市条件

股份有限公司申请股票上市，应当符合以下条件：股票经国务院证券监督管理机构核准已公开发行；公司股本总额不少于人民币 3000 万元；公开发行的股份达到公司股份总数的25%以上；公司股本总额超过人民币 4 亿元的，公开发行股份的比例为10%以上；公司最近 3 年无重大违法行为，财务会计报告无虚假记载。证券交易所可以规定高于前述规定的上市条件，并报证监会批准。

2. 股票上市暂停情形

上市公司出现下列情形之一的，由国务院证券管理部门暂停其股票上市：公司股本总额、股权分布等发生变化，不再具备上市条件；公司不按照规定公开其财务状况，或者对财务会计报告作虚假记载，可能误导投资者；公司有重大违法行为；公司最近 3 年连续亏损；证券交易所上市规则规定的其他情形，对于暂停上市的公司，应当由证券交易所决定暂停其股票上市交易。

3. 股票上市终止情形

股票上市终止，俗称退市。上市公司有下列情形之一的，由国务院证券管理部门决定终止其股票上市：公司不按规定公开其财务状况，或者对财务会计报告作虚假记载，或公司有重大违法行为，经查实后果严重的；公司股本总额、股权分布等发生变化，不再具备上市条件，或公司最近3年连续亏损，在限期内未能消除，不具备上市条件的；限期公司决议解散的；公司被行政主管部门依法责令关闭的；公司宣告破产的；证券交易所上市规则规定的其他情形，由证券交易所决定终止其股票上市交易。

（二）债券上市

1. 债券上市交易条件

公司申请公司债券上市交易，应当符合以下条件：公司债券的期限为1年以上；公司债券实际发行额不少于人民币5000万元；公司申请其债券上市时仍符合法定的公司债券发行条件。

2. 债券上市暂停、终止条件

公司有重大违法行为的，或公司情况发生重大变化不符合公司债券上市条件的，或公司债券所募集的资金不按照核准的用途使用的，或未按照公司债券募集办法履行义务的，或最近2年连续亏损的，由证券交易所决定暂停其公司债券上市交易。公司解散或者被宣告破产的，由证券交易所终止其公司债券上市交易。

（三）持续信息公开

上市公司的报告制度，包括首次报告、中期报告、年度报告。如果遇有重大事件，还要提交临时报告。

1. 拟上市公司的信息公开

股票上市交易申请经证券交易所审核同意后，签订上市协议的公司应当在规定的期限内公告股票上市的有关文件，并将该文件置备于指定场所供公众查阅。还应当公告股票获准在证券交易所交易的日期，持有公司股份最多的前10名股东的名单和持股数额，公司的实际控制人，董事、监事、高级管理人员的姓名及其持有本公司股票和债券的情况。

2. 上市后的中期报告

在每一会计年度的上半年结束之日起2个月内，向证监会和证券交易所报送中期报告并公告。报告须涵盖公司财务会计报告和经营情况，涉及公司的重大诉讼事项，已发行的股票、公司债券变动情况，提交股东大会审议的重要事项，国务院证券监督管理机构规定的其他事项等内容。董事、高级管理人员对公司定期报告签署书面确认意见；监事会应当对董事会编制的公司定期报告进行审核并提出书面审核意见。

3. 上市后的年度报告

在每一会计年度结束之日起4个月内，向证监会和证券交易所报送年度报告并公告，报告须涵盖公司概况，公司财务会计报告和经营情况，董事、监事、高级管理人员简介及其持股情况，已发行的股票、公司债券情况(包括持有公司股份最多的前10名股东名单和持股数额)，公司的实际控制人，国务院证券监督管理机构规定的其他事项等内容。董事、高级管理人员对公司定期报告签署书面确认意见；监事会应当对董事会编制的公司定期报告进行审核并提出书面审核意见。

4. 信息公开不实的法律后果

信息公开不实，是指发行人、上市公司公告的招股说明书、公司债券募集办法、财务会计报告、上市报告文件、年度报告、中期报告、临时报告以及其他信息披露资料，有虚假记载、误导性陈述或者重大遗漏的行为。前述信息公开不实致使投资者在证券交易中遭受损失的，发行人、上市公司应当承担赔偿责任。发行人、上市公司的控股股东、实际控制人有过错的，应当与发行人、上市公司承担连带赔偿责任。发行人、上市公司的董事、监事、高级管理人员和其他直接责任人员，以及保荐人、承销的证券公司(不包括券商的董、监、高管等个人)，应当与发行人、上市公司承担连带赔偿责任，但是能够证明自己没有过错的除外；证券服务机构为证券的发行、上市、交易等证券业务活动制作、出具审计报告、资产评估报告、财务顾问报告、资信评级报告或者法律意见书等文件，应当勤勉尽责，对所依据的文件资料内容的真实性、准确性、完整性进行核查和验证。其制作、出具的文件有虚假记载、误导性陈述或者重大遗漏，给他人造成损失的，应当与发行人、上市公司承担连带赔偿责任，但是能够证明自己没有过错的除外。

第三节 保险经营法律规范

一、保险与保险法概述

日常用语中说“这事儿比较保险”，是形容一件事稳妥可靠。而“天有不测风云，人有旦夕祸福”，人类生活中无时无刻不面临着各种风险，如洪水、地震、生病、残疾、死亡等。正是基于人类应付各种灾难风险的需要，保险制度应运而生。

(一)保险的原理

保险作为一种经济补偿制度，指投保人根据合同约定，向保险人支付保险费，保险人对于合同约定的可能发生的事故因其发生所造成的财产损失承担赔偿保险金的责任，或者当被保险人死亡、伤残、疾病或者达到合同约定的年龄、期限等条件时承担给付保险金责任的商业保险行为。保险的成立需具备一定的条件，这被称为保险的要素。

1. 以特定的危险为前提

“无危险即无保险”，保险学上的危险指未来可能发生并使特定主体遭受损害的偶然性事件。首先，可保危险是指未来可能发生的事。即危险发生在订立保险合同之后，且其发生具有不确定性。如果订立保险合同之前，保险标的已经处于某种确定的危险中，如被保险人身患癌症，这种危险不是可保危险，保险公司无过错的情况下，订立的保险合同无效。其次，可保危险只能使主体遭受损害。洪水、地震、台风带来财产损失，生病、受伤带来医疗费用损失，死亡导致家中丧失劳动力。这种可保危险不可能给主体带来利益。因此，要存钱赚利息不能找保险公司。再次，可保危险的发生带有一定的意外性。即当事人意料之外偶然发生的。如果是当事人故意人为的，不在保险的保障范围内，如投保人故意杀害被保人、故意放火烧掉仓库，保险公司可依法解除保险合同，同时，拒绝给付保险金。如果危险的发生与主体主观因素有主要关系，这种危险也不能上升为可保危险，如某高校推出的“挂科险”，虽有“保险”之名，但挂科跟学生的主观努力程度有关系，并不是一件纯粹的偶然性事件。

2. 以团体共济为目的

“一方有难，八方支援”，保险作为一种风险分散制度，其参加者不只是一个投保人和一个保险人，只有足够多的社会成员参加保险，结成共同团体，才能集聚足够多的资金，确保少数人的意外损失得到及时的补充。但社会成员所交的保费与其所面对的风险一定是成正相关的，反之，就会有一些参加者觉得不公平并选择退出保险。

3. 以商业经营为手段

保险是一种商业经营活动，须通过依法成立、专门从事保险业务的保险公司经营。若保险公司不盈利，就没有继续组织参加者加入“八方支援”队伍的动力。“挂科险”“高分险”的经营者是大学生，这也决定了其售卖行为无效。

（二）保险的职能

保险的职能，指保险具有的内在功能，也是保险社会价值的集中体现。

1. 分散风险

保险作为一种应付自然灾害及生老病死的手段，其本质上无法消灭或避免风险，只能分散风险。分散的过程是通过足够多的参加者一起交保费实现的。

2. 补偿损失

如何实现分散风险？风险发生后，保险金可以让投保人或被保人恢复正常的生活或生产经营，因此经济补偿是保险存在价值的根本，也是保险的终极目的。

3. 防灾防损

这是全社会的共同任务，保险虽无法避免风险，但保险公司愿意主动参加到防灾防损的工作中，以减少危险事故的发生，或降低损失。如洪水、地震、台风灾害来临，保险公司组织人力抢险救灾；重大交通事故，保险公司前往现场查看伤情，予以施救；财产险投保中，保险公司提出消除不安全因素，督促投保人重视消防等安全设施设备建设等。这些都是预防灾害事故的重要手段。

4. 融通资金

保险公司汇集社会上分散的资金，形成巨额保险基金。除了按照法律要求从营业收入中提取未到期责任准备金、未决赔款准备金、寿险责任准备金、长期健康险责任准备金外，闲置资金被保险公司用于安全、稳定的投资，像“滚雪球”一样使保险基金库愈发充盈。

5. 收入分配

保险向多数人收取保费，并在危险事故发生后向少数被保险人支付保险金，这一过程就是资金再分配的过程。

(三)保险法的概念和地位

保险法，是以商业保险行为及由此产生的商业保险关系为调整对象的法律规范的总称，其调整的对象有保险营业关系，如保险合同关系、保险中介关系、保险人内部及相互间的关系、保险相对人及投保人间的关系；有保险管理关系，如国家与保险人间的关系、国家与保险中介人间的关系、国家与投保人间的关系。但不包括社会保险关系。在我国，保险法属于广义民法的范畴，居于民事特别法的地位，凡保险法无特殊规定的，皆适用于民法的一般规定。

(四)保险法的基本原则

除了要适用民法的自愿平等、诚实信用、公序良俗，经济法的合法经营原则外，保险法还有自己独特的保险利益原则和保险近因原则。

1. 保险利益原则

为了遏制保险赌博行为和防止道德风险的发生，从而更好地实现保险分散危险和补偿损失的功能，《中华人民共和国保险法》规定，投保人或者被保险人须对保险标的具有法律上承认的利益，即保险利益。投保人对下列人员具有保险利益：①本人；②配偶、子女、父母；③其他与投保人有抚养、赡养或者扶养关系的家庭其他成员、近亲属；④与投保人有劳动关系的劳动者；⑤被保险人同意投保人为其订立合同的，视为投保人对被保险人具有保险利益。《中华人民共和国保险法》以保险利益作为保险合同的效力要件。

《中华人民共和国保险法》规定，人身保险的投保人在保险合同订立时，对被保险人应当具有保险利益。订立合同时，投保人对被保险人不具有保险利益的，合同无效。法院审理人身保险合同纠纷案件时，应主动审查投保人订立保险合同时对被保险人是否具有保险利益，因投保人对被保险人不具有保险利益导致保险合同无效，投保人可主张保险人退还扣减相应手续费后的保险费。保险合同订立后，因投保人丧失对被保险人的保险利益，当事人主张保险合同无效的，人民法院不予支持。

财产保险的被保险人在保险事故发生时，对保险标的应当具有保险利益。保险事故发生时，被保险人对保险标的不具有保险利益的，不得向保险人请求赔偿保险金。财产的所有人、经营人、保管人、质押权人、抵押权人可认为对投保的财产具有保险利益。财产保险中，不同投保人就同一保险标的分别投保，保险事故发生后，被保险人可在其保险利益范围内依据保险合同主张保险赔偿。

2. 保险近因原则

保险近因原则是指保险人按照约定的保险责任范围承担责任时，其所承保危险的发生与保险标的的损害之间必须存在因果关系。在某一保险事故中，保险标的的损失往往是多方面的原因导致的，如果主要的、起决定性作用的原因(即近因)在保险责任范围内，保险人就应承担保险责任。

人身险中，外伤属于意外医疗保险责任，如被保险人不慎摔倒受伤就诊，不慎摔倒属近因，保险人承担保险责任；如被保人先头晕后摔倒受伤就诊，导致受伤的主要原因是头晕，头晕属疾病，非意外医疗保险的近因，保险人不承担保险责任。

在财产险中，例如一艘货船装载有皮革和烟草，在航行的过程中船舱进水，海水腐蚀了皮革，可是海水没有浸湿烟草，也没浸湿包装烟草的纸箱，但腐烂皮革散发的臭气仍然毁坏了烟草。船舱进水延伸出来的因果关系链没有中断过，因此，船舱进水这一原因属于烟草和皮革损失的近因。

二、保险合同制度

(一)保险合同的基本概念

保险合同是投保人与保险人订立的，约定保险权利义务关系的协议。保险是一种虚拟商品，其载体就是保险合同中约定的各种条款。

1. 保险合同的特征

①保险合同是射幸合同。保险合同的这种射幸性质是由保险事故的发生具有偶然性的特点决定的，即保险人承保的危险或者保险合同约定的给付保险金的条件发生与否，均为不确定。②保险合同是最大诚信合同。保险人的危险补偿责任在很大限度上依赖于当事人的诚实信用，尤其是投保人和被保险人的诚实信用。③保险合同是附和合同。保险合同的条款是由保险人单方面预先制定而成立的标准化合同。④保险合同是双务合同。在保险合同中，投保人负有依照合同的约定缴纳保险费的义务，而保险人则负有按约定的条件支付保险金的义务。⑤保险合同是有偿合同。保险合同的有偿性，是指被保险人或者受益人所获得的保险赔偿或者给付是以投保人缴纳保险费为对价的；相应地，保险人所收取的保险费则是以今后可能赔偿或者给付保险金为对价的。⑥保险合同是非要式合同。保险合同的成立取决于投保人与保险人之间的合意，而无需采用或履行特定方式。保险人签发保单或其他保险凭证的行为是履行合同的行为，而非合同成立的要件。⑦保险合同是诺成性合同。保险合同的成立不以保险费的交付为条件，故保险合同为诺成合同。但需要注意的是，

如果当事人在订立保险合同时对合同的生效附加了条件或期限，则保险合同自条件生效时或者期限届满时生效。

2. 保险合同的分类

保险合同的分类标准有很多，本书仅介绍常见的保险合同分类。第一，以保险标的的不同性质为标准，分为人身保险合同和财产保险合同。人身保险合同，是以人的寿命和身体为保险标的的保险合同；财产保险合同，是以财产及其有关利益为保险标的的保险合同。第二，以保险合同实施行形式的不同为标准，分为强制保险合同和自愿保险合同。强制保险合同，又称为法定保险合同，是指依据法律的规定而强制实施的保险合同；自愿保险合同，是指基于投保人自己的意愿而订立的保险合同。第三，以保险人责任次序的不同为标准，分为原保险合同和再保险合同。原保险合同，又称为第一次保险，是指保险人对被保险人承担直接责任的原始保险合同；再保险合同，又称为分保合同或第二次保险合同。保险人将其承担的保险业务，以分保形式部分转移给其他保险人的，为再保险。基于合同相对性，再保险接受人不得向原保险的投保人要求支付保险费。原保险的被保险人或者受益人不得向再保险接受人提出赔偿或者给付保险金的请求。再保险分出人不得以再保险接受人未履行再保险责任为由，拒绝履行或者迟延履行其原保险责任。第四，以保险人人数的不同为标准，分为单保险合同和复保险合同。单保险合同，是指投保人以一个保险标的、一种保险利益、一个保险事故同一个保险人订立保险合同的保险；复保险合同，又称重复保险合同，是指投保人以同一保险标的、同一保险利益、同一保险事故分别向两个以上的保险人订立的保险合同。根据保险法的规定，复保险的保险金额总和超过保险价值的，各保险人的赔偿金额的总和不得超过保险价值；超过保险价值的，超过部分无效。第五，以保险金额与保险价值之间的关系为标准，分为足额保险合同和不足额保险合同。足额保险合同，是指保险金额等于保险价值的保险合同。保险事故发生时，若保险标的全部损失，保险人按保险金额全部赔偿；若部分损失，保险人按实际损失额赔偿；不足额保险合同，是指保险金额低于保险价值的合同。保险人对被保险人损失的赔偿责任仅以保险金额为限，超出保险金额以外的部分损失，保险人不承担赔偿责任。

3. 保险合同的主体

保险合同的当事人是指订立保险合同并享有和承担保险合同所确定的权利义务的人，包括保险人和投保人。投保人可以是被保险人本人，也可以是被保险人以外的第三人。

保险合同的关系人是指在保险事故或者保险合同约定的条件满足时，对保险人享有保险金给付请求权的人，包括被保险人和受益人。在保险合同中，被保险人是一个很特殊的关系人，甚至能突破合同的相对性，对合同是否生效起决定性作用，如人身保险合同中，给被保险人投保以死亡为条件的人身险时须经被保险人同意且认可金额。受益人可以是投保人，也可以是被保险人，还可以是其他第三人，但投保人指定受益人须经被保险人同意。

4. 保险合同的客体

保险合同的客体是行为，投保人向保险人支付保险费的行为，保险人向被保险人就保险标的提供保险保障的行为。

5. 保险合同的内容

保险合同的条款即保险合同的内容，是保险合同中规定保险责任的范围和确定合同当事人的权利义务及其他有关事项的合同条款。有基本条款和特约条款两种类型。基本条款，如主体的姓名及住所、保险标的、保险事故的种类、保险金额、保险期限、保险费、保险金支付方式等，是保险合同不可或缺的条款。除了基本条款外，投保人和保险人可根据特殊需要，自愿约定特约条款，即特殊权利义务内容的条款，如人身保险合同中对被保险人某疾病作除外责任的条款。

（二）保险合同的订立

投保人提出保险要求，经保险人同意承保后，保险合同成立。保险人应当及时向投保人签发保险单或者其他保险凭证。可见，订立保险合同，须经投保（要约）和承保（承诺）两个阶段。

第一，在投保阶段，投保人须履行如实告知义务，保险人须履行解释说明义务。

投保人的如实告知义务。订立保险合同，保险人就保险标的或者被保险人的有关情况提出询问的，投保人应当如实告知。投保人的告知义务限于保险人询问的范围和内容。保险人以投保人违反了对投保单询问表中所列概括性条款的如实告知义务为由请求解除合同的，人民法院不予支持。但该概括性条款有具体内容的除外，如“其他心脏方面的疾病”。当事人若对询问范围及内容有争议，保险人负举证责任。保险合同订立时，被保险人根据保险人的要求在指定医疗服务机构进行体检，当事人主张投保人如实告知义务免除的，人民法院不予支持。保险人知道被保险人的体检结果，仍以投保人未就相关情况履行如实告知义务为由要求解除合同的，人民法院不予支持。

保险人的说明义务。订立保险合同采用的是保险人提供的格式条款的，保险人向投保人提供的投保单位应当附上该格式条款，保险人应当向投保人说明合同的内容。对于保险合同中免除保险人责任的条款，保险人在订立合同时应当在投保单、保险单或者其他保险凭证上作出足以引起投保人注意的提示，并对该条款的内容以书面或者口头形式向投保人作出明确说明；未作提示或者明确说明的，该条款不产生效力。保险人应履行提示义务：①书面标注提示说明。保险合同订立时，保险人在投保单或者保险单等其他保险凭证上，对保险合同中免除保险人责任的条款，以足以引起投保人注意的文字、字体、符号或者其他明显标志作出提示。②书面或口头解释说明。保险人对保险合同中有关免除保险人责任条款的概念、内容及其法律后果以书面或者口头形式向投保人作出常人能够理解的解释说明。③数字媒体提示说明。通过网络、电话等方式订立的保险合同，保险人以网页、音频、视频等形式对免除保险人责任条款予以提示和明确说明。④投保人确认。投保人对保险人履行了明确说明义务并在相关文书上签字、盖章或者以其他形式予以确认的，应当认定保险人履行了该项义务。但另有证据证明保险人未履行明确说明义务的除外。⑤保险人承担举证责任。保险人对其履行了明确说明义务负举证责任。⑥保险合同转让时，保险人无须再次履行提示和说明义务。保险人已向投保人履行了保险法规定的提示和明确说明义务，保险标的受让人不得以保险标的转让后保险人未向其提示或者明确说明为由，主张免除保险人责任的条款不生效。

第二，在承保阶段，保险人会根据投保人发出的要约，结合保险标的的状况作出承保(标体承保、次标体加费承保)、拒保、延期等结论。

保险人接受了投保人提交的投保单并收取了保险费，但尚未作出是否承保的意思表示，此时发生保险事故，被保险人或者受益人请求保险人按照保险合同承担赔偿或者给付保险金责任，符合承保条件的，人民法院应予支持；不符合承保条件的，保险人不承担保险责任，但应当退还已经收取的保险费。保险人主张不符合承保条件的，应承担举证责任。

保险合同自保险人确定承保时生效。投保人和保险人可以对合同的效力约定附加条件或者期限。保险合同成立后，投保人按照约定交付保险费，保险人按照约定的时间开始承担保险责任。投保人或者投保人的代理人订立保险合同时没有亲自签字或者盖章，而由保险人或者保险人的代理人代为签字或者盖章的，投保不生效；但投保人已经交纳保险费的，视为其对代签字或者盖章行为的追认。保险人或者保险人的代理人代为填写保险单证后经投保人签字或者盖章确认的，代为填写的内容视为投保人的真实意思表示。

(三)保险合同的履行

保险合同的履行，指保险合同当事人双方依照合同约定或法律规定，全面地适当地完成各自所承担的合同义务，从而使权利人的权利得以实现的行为。

1. 保险合同内容冲突处理

采用保险人提供的格式条款订立的保险合同，保险人与投保人、被保险人或者受益人对合同条款有争议的，应当按照通常理解予以解释。对保险合同的文意进行解释时，通常采取有利于被保险人和受益人的解释原则。

保险合同中记载内容不一致的，按照下列规则认定：①投保单与保险单或者其他保险凭证不一致的，以投保单为准。投保单是投保人向保险人提出的，订立保险合同的书面要约；保险单，简称保单，是保险人订立保险合同的正式书面形式；保险凭证，又称小保单，是简化了的保险单，通常出现在保险期限较短的财产险中，与保险单具有同等效力。但不一致的情形系经保险人说明并经投保人同意的，以投保人签收的保险单或者其他保险凭证载明的内容为准。②非格式条款与格式条款不一致的，以非格式条款为准。③保险凭证记载时间不同的，以形成时间在后的为准。④保险凭证存在手写和打印两种方式的，以双方签字、盖章的手写部分的内容为准。

2. 投保方义务的履行

(1)交付保险费。保险合同是有偿合同，交付保险费是投保人的主要合同义务。保险费的数额在合同成立之时已经确定，鉴于中国人民银行反洗钱规则限制，保险费基本上不以现金方式进行交付。根据保险人制定的投保规则，合同可采用分期交付保险费或一次性交付保险费。合同约定分期支付保险费的，投保人支付首期保险费后，除合同另有约定外，投保人自保险人催告之日起超过 30 日未支付当期保险费，或者超过约定的期限 60 日未支付当期保险费的，合同效力中止，或者由保险人按照合同约定的条件减少保险金额。被保险人在上述期限内发生保险事故的，保险人应当按照合同约定给付保险金，但可以扣减欠交的保险费。

(2)维护保险标的安全义务。被保险人应当遵守国家有关消防、安全、生产操作、劳动保护等方面的规定，维护保险标的的安全。保险人可以按照合同约定对保险标的的安全状况进行检查，及时向投保人、被保险人提出消除不安全因素和隐患的书面建议。投保人、被保险人未按照约定履行其对保险标的的安全应尽责任的，保险人有权要求增加保险费或者解除合同。保险人为维护保险标的的安全，经被保险人同意，可以采取安全预防措施。保险人通常将因投保人或被保险人未履行维护保险标的安全的义务而发生保险事故作为责任免除内容规定在保险合同中。

(3)危险增加通知义务。保险标的的危险程度显著增加的，如将非营运的私家车用于网约车经营，被保险人应当按照合同约定及时通知保险人，通知后，保险合同处于效力待定状态，保险人可以按照合同约定增加保险费(合同继续有效)或者解除合同。保险人解除合同的，应当将已收取的保险费，按照合同约定扣除自保险责任开始之日起至合同解除之日止应收的部分后，退还投保人。被保险人未履行危险增加的通知义务的，因保险标的的危险程度显著增加而发生的保险事故，保险人不承担赔偿保险金的责任。

(4)出险通知及提供单证的义务。投保人、被保险人或者受益人知道保险事故发生后，应当及时通知保险人。故意或者因重大过失未及时通知，致使保险事故的性质、原因、损失程度等难以确定的，保险人对无法确定的部分，不承担赔偿或者给付保险金的责任，如被保险人跳楼或坠楼直到被保险人火化后才通知保险公司，但保险人通过其他途径已经及时知道或者应当及时知道保险事故发生的除外。保险事故发生后，按照保险合同请求保险人赔偿或者给付保险金时，投保人、被保险人或者受益人应当向保险人提供其所能提供的与确认保险事故的性质、原因、损失程度等有关的证明和资料。

3. 保险人义务的履行

(1)通知义务。一是通知交保险费：为了让投保方获得保障的权利不中断，每一保单年度保险合同生效日前，保险人会以电话、短信、邮件、代理人等各种形式通知投保方提前或按时在预缴账户存足保险费以便保险人扣缴。

二是通知(一次性)补充资料。保险人按照合同的约定，认为权利人申请保险金的有关证明和资料不完整的，应当及时一次性通知投保人、被保险人或者受益人补充提供。

三是通知理赔结论。保险人收到被保险人或者受益人的赔偿或者给付保险金的请求后，应当及时作出核定；情形复杂的，应当在30日内作出核定，但合同另有约定的除外。保险人应当将核定结果通知被保险人或者受益人。对不属于保险责任的，应当自作出拒赔核定之日起3日内向被保险人或者受益人发出拒绝赔偿或者拒绝给付保险金通知书，并说明理由；保险标的发生部分损失的，自保险人赔偿之日起30日内，投保人可以解除合同；除合同另有约定外，保险人也可以解除合同，但应当提前15日通知投保人。

(2)给付保险金的义务。在保险合同有效期内，发生合同约定的保险事故并给被保险人造成损失，保险人在与被保险人或者受益人达成赔偿或者给付保险金的协议后10日内，履行赔偿或者给付保险金义务。保险合同对赔偿或者给付保险金的期限有约定的，保险人应当按照约定履行赔偿或者给付保险金义务。保险人未及时履行给付义务的，除支付保险金外，应当赔偿被保险人或者受益人因此受到的损失，通常是按照保险金金额一并支付同期银行利息。保险人自收到赔偿或者给付保险金的请求和有关证明、资料之日起60日内，对其赔偿或者给付保险金的数额不能确定的，应当根据已有证明和资料可以确定的数额先予支付；保险人最终确定赔偿或者给付保险金的数额后，应当支付相应的差额。

(3)给付必要合理费用的义务。保险事故发生时，被保险人应当尽力采取必要的措施，防止或者减少损失。被保险人为防止或者减少保险标的的损失所支付的必要的、合理的费用，由保险人承担；保险人所承担的费用数额在保险标的损失赔偿金额以外另行计算，最高不超过保险金额的数额，如雇人救火所花的费用；保险人、被保险人为查明和确定保险事故的性质、原因和保险标的的损失程度所支付的必要的、合理的费用，由保险人承担，如聘请有关的技术专家或保险公估机构进行调查和评估的费用；责任保险的被保险人因给第三者造成损害的保险事故而被提起仲裁或者诉讼的，被保险人支付的仲裁或者诉讼费用以及其他必要的、合理的费用，除合同另有约定外，由保险人承担。

4. 保险人的理赔程序

理赔是指保险人依据规定的工作程序处理被保险人所提出的索赔要求的行为。

(1)人身保险合同的理赔程序。如图 7-1 所示。

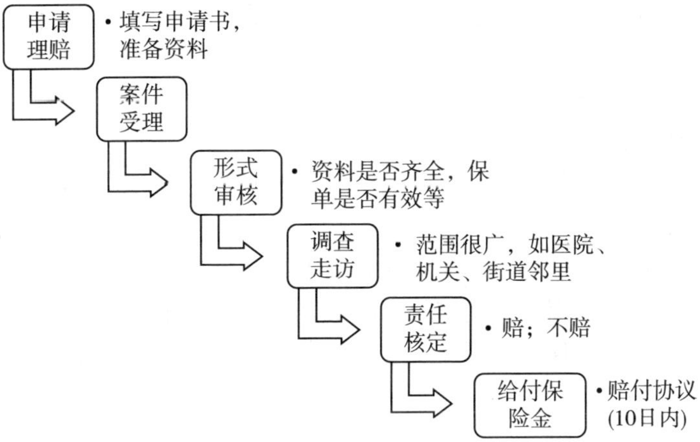

图 7-1　人身保险合同的理赔程序

被保险人因第三者的行为而发生死亡、伤残或者疾病等保险事故的，保险人向被保险人或者受益人给付保险金后，不享有向第三者追偿的权利，但被保险人或者受益人仍有权向第三者请求赔偿。

(2)财产保险合同的理赔程序。如图 7-2 所示。

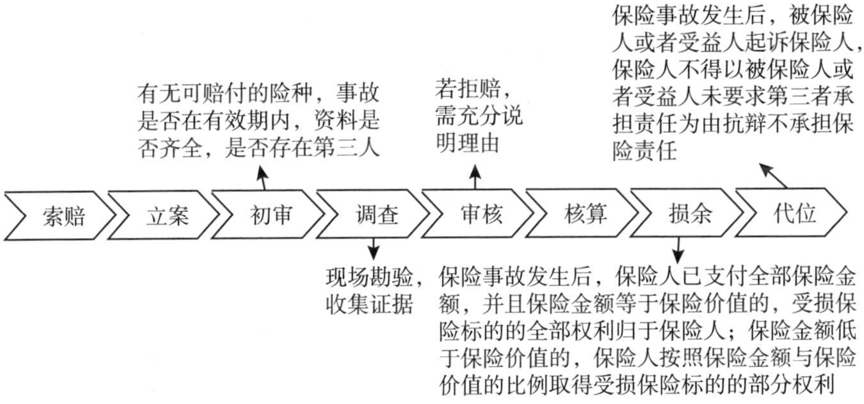

图 7-2　财产保险合同的理赔程序

在财产保险中，当受损的财产有一定的残值时，保险人如果按部分损失赔偿，则对受损财产的处理办法是将损余财产折价给被保险人以充抵赔偿金额。例如，T家给仓库中的衣服投保水灾险，保险价值 10 万元，保险金额 8 万元。某天因雨水太多，仓库漏雨，衣服全泡了，T家无法如期向订购方按原质量交货。因此，实际损失10万元。根据不足额保险理赔公式，应赔付 $10\times(8\div10)=8$ 万元。但保险标的残值2万元，保险人按照保险金额与保险价值的比例获得残余价值取得剩余保险标的的部分权利，即 $2\times(8\div10)=1.6$ 万。保险人赔偿时，可以用这1.6万元冲抵保险金，即赔付 $8-1.6=6.4$ 万元。

5. 保险合同的诉讼时效

①陆上保险金请求权：人寿保险的被保险人或者受益人向保险人请求给付保险金的诉讼时效期为5年，人寿保险以外的其他保险的被保险人或者受益人向保险人请求赔偿或者给付保险金的诉讼时效期为2年。自其知道或者应当知道保险事故发生之日起计算。②海上保险金请求权：海上保险中，被保险人保险金给付请求权的诉讼时效期为2年。③保险费返还及支付请求权：一般债权请求权的诉讼时效期为3年，但法律另有约定的除外。

(四)保险合同的终止

保险合同终止的直接结果是保险人不再承担保险责任，引起保险合同终止的事由主要有法定解除、协议解除、有效期间届满、保险人给付义务全部履行、被保险人撤销其对死亡保险的同意、保险标的的灭失或被保险人死亡等。现主要讨论合同法定解除情形。

1. 投保人的法定解除权

保险合同成立后，投保人可以解除合同，保险人不得解除合同。但法律另有规定或者保险合同另有约定的除外。

投保人解除保险合同，当事人不得以其解除合同未经被保险人或者受益人同意为由，主张解除行为无效。但被保险人或者受益人已向投保人支付相当于保险单现金价值的款项并通知保险人的除外。

财产保险合同中，保险责任开始前，投保人要求解除合同的，应当按照合同约定向保险人支付手续费，保险人应当退还保险费。保险责任开始后，投保人要求解除合同的，保险人应当将已收取的保险费，按照合同约定扣除自保险责任开始之日起至合同解除之日止应收的部分，退还投保人。

2. 保险人的法定解除权

如有以下情形之一，保险人有法定解除权：①投保人违反如实告知义务的。投保人故意或因重大过失未履行如实告知义务，足以影响保险人决定是否同意承保或提高保险费率的，保险人有权解除合同。②被保险人或受益人骗取保险金的。未发生保险事故，而被保险人或受益人谎称发生了保险事故，向保险人提出赔偿或给付保险金请求，保险人有权解除合同，并不退还保险费。③投被保险人故意制造保险事故的。④投被保险人违反维护保险标的的安全义务的。在财产保险合同中，投保人、被保险人未按照约定履行其对保险标的的安全维护义务的，保险人有权要求增加保险费或解除合同。⑤保险标的的危险程度显著增加的。因保险标的转让导致危险程度显著增加的，保险人自收到前款规定的通知之日起 30 日内，可以按照合同约定增加保险费或者解除合同。保险人解除合同的，应当将已收取的保险费，按照合同约定扣除自保险责任开始之日起至合同解除之日止应收的部分后，退还投保人。⑥人身保险中误报年龄且超过年龄限制的。投保人申报的被保险人年龄不真实，并且其真实年龄不符合合同约定的年龄限制的，保险人可以解除合同，并按照合同约定退还保险单的现金价值。⑦效力中止的人身保险合同逾期未复效的。保险合同效力中止，经保险人与投保人协商并达成协议，在投保人补交保险费后，合同效力恢复。但是，自合同效力中止之日起满 2 年双方未达成协议的，保险人有权解除合同。⑧保险标的发生部分损失且已赔付保险金的。保险标的发生部分损失的，自保险人赔偿之日起 30 日内，投保人可以解除合同。除合同另有约定外，保险人也可以解除合同，但应当提前 15 日通知投保人。

3. 保险合同解除权的限制

①解除事由限制。原则上，在法律或者合同无另外规定的情况下，投保人可以随时解除保险合同。但货物运输保险合同和运输工具航程保险合同是分别以货物运输的过程或运输工具航程为保险期限的，有的也是以时间为限的，保险责任的开始使保险风险处于运动之中，保险合同当事人无法控制。因此保险责任开始后，无论是保险人或者投保人（被保险人）均不得解除保险合同。②保险人弃权。在上述保险人法定解除事项中，如保险人明知出现上述法定解除事由，但仍与投保人订立保险合同，或不通知解除合同，则视为主动放弃抗辩权利。但与社会公众利益有关的权利，不得随意放弃，如保险人明知投保人实施保险欺诈但放弃合同解除权的，损害的是大多数投保人的利益，便为法所不许。③除斥期间。投保人故意或者因重大过失违反如实告知义务之法定解除事项中，自保险人知道有解除事由之日起，超过 30 日不行使而消灭。自合同成立之日起超过 2 年的，保险人不得解除合同；发生保险事故的，保险人应当承担赔偿或者给付保险金的责任。

三、保险合同之人身保险合同

（一）人身保险合同的特殊条款

人身保险合同起源于英国，起步晚于财产保险，是投保人与保险人之间订立的，以被保险人的寿命或身体为保险标的，约定当事人之间权利义务的一种商业协议。主要解决被保险人因病、残、老、死给家庭造成的经济困难。人身保险的保险标的是被保险人的寿命或身体健康，这种保险标的人格化的特征，使得人身保险的保险标的不能用具体数额的金钱价值加以确定，从而不存在确定的保险金额的实际价值标准。保险人向被保险人或受益人给付的保险金是订立合同时协商确定的。《中国保监会关于父母为其未成年子女投保以死亡为给付保险金条件人身保险有关问题的通知》(2015)对于父母为其未成年子女投保的人身保险，在被保险人成年之前，各保险合同约定的被保险人死亡给付的保险金额总和、被保险人死亡时各保险公司实际给付的保险金总和按以下限额执行：①对于被保险人不满10周岁的，不得超过人民币20万元。②对于被保险人已满10周岁但未满18周岁的，不得超过人民币50万元。人身保险合同成立且生效后，投保人一定要认真阅读合同内容，知悉自己的权利义务。

(1)犹豫期条款。也称冷静期条款，投保人收到保险合同并书面签收后的一段时间内，投保人可以无条件提出解除保险合同的申请，保险人扣除工本费后应无息退还其所缴保险费。一般为签收合同次日起的10日、15日、20日(具体见合同)。

(2)等待期条款。也称为观察期条款，为了尽可能避免投保人逆选择，在保险单生效后的一段时间内，如果被保险人发生合同约定的重大疾病，或因疾病而发生医疗费用支出或导致收入减少，保险人不负赔付责任。一般情况下，一年短期健康险的等待期为30天，长期健康险的等待期一般为90天、180天、1年。

(3)年龄、性别误告条款。①被保险人的真实年龄、性别与保险人规定的年龄限制不相符的，保险人应解除合同并退还现金价值：女性防癌险、男性防癌险、幸孕星等。②生命周期表显示男女疾病、死亡概率不同，导致男女费率不同、不同年龄费率不同，年龄、性别申告不实导致少交保险费，投保人补交保险费，或者在给付保险金时，按照实付保险费与应付保险费的比例向被保险人或受益人支付。③年龄、性别申告不实导致投保人多交保险费的，保险人属于不当得利，应将多交部分退还投保人。

(4)责任免除条款。不同的人身保险合同，保险人的除外责任条款不同，这里介绍三种责任免除条款：①投保人故意伤害被保险人：投保人故意造成被保险人死亡、伤残或者疾病的，保险人不承担给付保险金的责任。投保人已交足2年以上保险费的，保险人应当按照合同约定向其他权利人退还保险单的现金价值。投保人不同于受益人时，受益人杀害被保险人，受益人丧失受益权，但保险人需向其他受益人给付保险金。②被保险人自杀：以被保险人死亡为给付保险金条件的合同，自合同成立或者合同效力恢复之日起2年内，被保险人自杀的，保险人不承担给付保险金的责任，但被保险人自杀时为无民事行为能力人的除外(受益人或被保险人的继承人负举证责任)。保险人承担举证责任，依法不承担给付保险金责任的，应当按照合同约定退还保险单的现金价值；自合同成立或者合同效力恢复之日起2年后被保险人自杀的，保险人按照疾病身故给付保险金(拒付意外伤害保险金)。③刑事免赔情形：因被保险人故意犯罪或者抗拒依法采取的刑事强制措施导致其伤残或者死亡的，保险人证明犯罪事实与死亡之间具有因果关系，不承担给付保险金的责任。投保人已交足2年以上保险费的，保险人应当按照合同约定退还保险单的现金价值。被保险人在羁押、服刑期间因意外或者疾病造成伤残或者死亡，保险人应当承担给付保险金责任。

(5)宽限期条款。它是指投保人享有于一定期限及条件下缓交到期保险费而合同继续有效的一种法定权利。如果合同未约定宽限期条款，保险人行使了催告权的，宽限期为保险人催告之日起 30 日内。宽限期内发生保险事故，保险人应承担保险责任，但应扣除欠交的保险费。

(6)不丧失价值条款。简称现金价值条款，人身保险合同多数为长期缴费合同，我国保险业采用平准保费制的缴费方式，这使得投保人缴纳的当期保险费数额超过了当期实际的死亡成本和经营成本，此部分多缴付的保险费连同其产生的收益，就是保险单的现金价值，保险人每一年度以责任准备金的形式将其提存。投保人对于保单的现金价值，可以选择：①解除保险合同时领回；②办理减额交清；③保险单经被保险人书面同意后在保险人处质押贷款；④自动垫交保险费。

(二)人身保险合同的效力

宽限期条款主要是缓解投保人按时缴费压力，同时享受保险保障。但保险人对人寿保险的保险费，不得以诉讼方式要求投保人支付，过了宽限期或催告期后，投保人仍无缴费，保险合同就会进入中止期，即，保险合同效力中止，中止期内发生保险事故，保险人不承担保险责任。如图 7-3 所示。

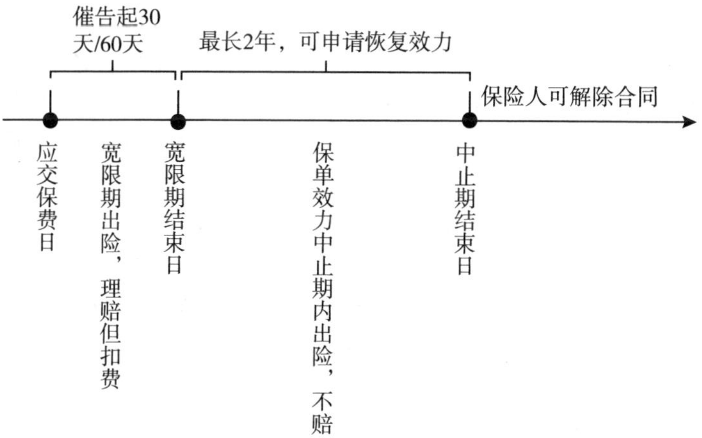

图 7-3　人身保险合同的效力

人身保险合同效力不适用中止的情形：保险人未提示或催告投保人依约交付保险费的，如被保险人昏迷；保险代理人未及时转交保险费的。保险人在收到恢复效力申请后，30 日内未明确拒绝的，应认定为同意恢复效力。保险合同自投保人补交保险费之日起恢复效力。保险人要求投保人补交相应利息的，人民法院应予支持。

(三)人身保险合同的受益权

受益人是人身保险合同中由被保险人或投保人指定的享有保险金请求权的人，投保人指定受益人时须经被保险人同意。投保人为与其有劳动关系的劳动者投保人身保险，不得指定被保险人及其近亲属以外的人为受益人。被保险人为无民事行为能力人或者限制民事行为能力人的，可以由其监护人指定受益人。受益人这一概念独存于人身保险合同中。被保险人或者投保人可以在保险事故发生前变更受益人并书面通知保险人。投保人或者被保险人变更受益人时未通知保险人的，保险人可主张变更对其不发生效力。保险人收到变更受益人的书面通知后，应当在保险单或者其他保险凭证上批注或者附贴批单。

1. 受益人的确定

当事人对保险合同约定的受益人存在争议，除投保人、被保险人在保险合同之外另有约定外，按以下情形分别处理：

(1)受益人约定为“法定”或者“法定继承人”的，以继承法规定的法定继承人为受益人。《中华人民共和国继承法》第 10 条规定，遗产按照下列顺序继承：第一顺序：配偶、子女、父母。第二顺序：兄弟姐妹、祖父母、外祖父母。继承开始后，由第一顺序继承人继承，第二顺序继承人不继承。没有第一顺序继承人继承的，由第二顺序继承人继承。这里不是按照被保险人的遗产处理，而是按照法定继承人的顺序确定受益人。

(2)受益人仅约定为身份关系，投保人与被保险人为同一主体的，根据保险事故发生时与被保险人的身份关系确定受益人：张三为自己投保，身故受益人仅约定为“配偶”，后张三离婚再嫁，若干年后张三身故，受益人是张三再婚的配偶；投保人与被保险人为不同主体的，根据保险合同成立时与被保险人的身份关系确定受益人：张三为丈夫李四投保，身故受益人仅约定为“配偶”，后两人离婚，李四另娶王五。若干年后，李四身故，保单受益人是李四的前妻张三。

(3)受益人的约定包括姓名和身份关系，保险事故发生时身份关系发生变化的，认定为未指定受益人。例如，1998 年，张三为李四投保人寿保险，保额 6 万元，指定受益人为“妻子张三”。2007 年，张三、李四性格不合离婚，五岁女儿归张三抚养。2008 年，保单变更投保人为李四，但受益人未做变更。后李四另娶王五，婚后育有一女。2016 年，李四突发心脏病身故。李四身故时，张三与李四的身份关系发生了变化，张三已经不再是李四的配偶，保单认定为未指定受益人。根据《中华人民共和国保险法》第 42 条，李四的父母、两个女儿、配偶王五有权来领取保险金。

(4)被保险人死亡后，有下列情形之一的，保险金作为被保险人的遗产，由保险人依照《中华人民共和国继承法》的规定履行给付保险金的义务：没有指定受益人，或者受益人指定不明无法确定的；受益人先于被保险人死亡，没有其他受益人的；受益人依法丧失受益权或者放弃受益权，没有其他受益人的。

2. 受益权的消灭

一旦发生保险事故，受益人的受益权从期待权变成既得权，遇法定消灭情形，作如下处理：

(1)受益人先于被保险人死亡。投保人甲为自己投保死亡险，指定唯一的女儿为受益人，甲与乙搭乘飞机时遇坠机，两人身亡，无法确定死亡顺序。如果解决保险金问题，适用《中华人民共和国保险法》第42条规定，受益人与被保险人在同一事件中死亡，且不能确定死亡先后顺序的，推定受益人死亡在先；如果解决甲的遗产问题，适用《最高人民法院关于贯彻执行〈中华人民共和国继承法〉若干问题的意见》第2条规定，相互有继承关系的几个人在同一事件中死亡，如不能确定死亡先后时间的，推定没有继承人的人先死亡。死亡人各自都有继承人的，若几个死亡人辈分不同，推定长辈先死亡；若几个死亡人辈分相同，推定同时死亡，彼此不发生继承，由他们各自的继承人分别继承。

(2)受益权的丧失。受益人故意造成被保险人死亡、伤残、疾病的，或者故意杀害被保险人未遂的，该受益人丧失受益权。这是由古老的法则“人不能从自己的不当行为中获利”决定的。

(3)受益权的放弃。受益人在保险事故发生后可声明放弃保险金受益权；收到保险金领取通知后，保险受益人在法定期限内不领取的，视为放弃。实务操作中，可亲自到保险人处选择书面放弃；或授权转账至其他受益人账户，选择明示放弃。

(4)受益权的转让。保险事故发生后，受益人将与本次保险事故相对应的全部或者部分保险金请求权转让给第三人，当事人主张该转让行为有效的，人民法院应予支持，但根据合同性质、当事人约定或者法律规定不得转让的除外。

3. 受益权的实现

被保险人或者投保人可以指定一人或者数人为受益人。受益人为数人的，被保险人或者投保人可以确定受益顺序和受益份额；未确定受益份额的，受益人按照相等份额享有受益权。投保人或者被保险人指定数人为受益人，部分受益人在保险事故发生前死亡、放弃受益权或者依法丧失受益权的，该受益人应得的受益份额按照保险合同的约定处理；保险合同没有约定或者约定不明的，该受益人应得的受益份额按照以下情形分别处理：

(1)未约定受益顺序及受益份额的，由其他受益人平均享有。如张三购买一份人寿险，约定身故受益人为张甲、张乙、张丙三人，未约定顺序和份额。张甲先于张三身故，若张三身故，张乙、张丙的受益份额均为50%。

(2)未约定受益顺序但约定受益份额的，由其他受益人按照相应比例享有。如张三购买一份人寿险，约定身故受益人为张甲50%、张乙30%、张丙20%，未约定顺序。张甲先于张三身故，若张三身故，张乙为30%+50%×[30%/(30%+

20%)]；张丙为20%+50%×[20%/(30%+20%)]。

(3)约定受益顺序但未约定受益份额的，由同顺序的其他受益人平均享有：张三购买一份人寿险，约定身故受益顺序1为张甲、张乙、张丙，受益顺序2为张丁、张戊，未约定份额。张甲先于张三身故，若张三身故，受益顺序1张乙、张丙平均分配，受益顺序2张丁、张戊不参与分配。

同一顺序没有其他受益人的，由后一顺序的受益人平均享有。如张三购买一份人寿险，约定身故受益顺序1为张甲，受益顺序2为张乙、张丙、张丁，未约定份额。张甲先于张三身故，若张三身故，受益顺序2的张乙、张丙、张丁各占1/3。

(4)约定受益顺序和受益份额的，由同顺序的其他受益人按照相应比例享有。如张三购买一份人寿险，约定身故受益顺序1为张甲50%、张乙30%、张丙20%，受益顺序2为张丁75%、张戊25%。张甲先于张三身故，若张三身故，受益顺序1的张乙为30%+50%×[30%/(30%+20%)]；张丙为20%+50%×[20%/(30%+20%)]。受益顺序2不参与。

同一顺序没有其他受益人的，由后一顺序的受益人按照相应比例享有。如张三购买一份人寿险，约定身故受益顺序1为张丁；受益顺序2为张甲50%、张乙30%、张丙20%。张丁先于张三身故，若张三身故，受益顺序1没有其他受益人，受益顺序2的张甲占50%、张乙30%、张丙20%。

(四)常见的人身保险合同

在我国，人身保险合同分为人寿保险合同、意外伤害保险合同和健康保险合同。

1. 人寿保险合同

简称寿险，指投保人和保险人约定，当被保险人死亡或生存到一定年龄时，由保险人按照约定给付保险金合同。人寿保险合同又分为保死的死亡保险、保生的生存保险(年金保险)、既保生又保死的生死两全保险。

以死亡为给付条件的保险合同未经被保险人同意并认可保险金额的，合同无效。父母为其未成年子女投保的人身保险，不被除外。被保险人明知他人代其签名同意而未表示异议的，或被保险人同意投保人指定的受益人的，或有证据足以认定被保险人同意投保人为其投保的其他情形的，应认定为被保险人同意投保人为其订立保险合同并认可保险金额。被保险人以书面形式通知保险人和投保人撤销其对身故险中保险金额所作出的同意意思表示的，可认定为保险合同解除。

被保险人被宣告死亡之日在保险责任期间之外，但有证据证明下落不明之日在保险责任期间之内，当事人要求保险人按照保险合同约定给付保险金的，人民法院应予支持。

2. 意外伤害保险合同

又称伤害保险，被保险人在保险期间内，因遭受意外事故而使身体致残、致死的，保险人依照合同约定给付保险金的人身保险合同。意外伤害保险是最能体现小保费大保额的险种，但其保障范围限于意外事故导致的被保险人残疾或死亡。意外伤害事故须同时满足外来性、突发性、非自愿性三个认定标准，当难以确定被保险人的损失系由承保事故或非承保事故、免责事由造成，当事人请求保险人给付保险金的，人民法院可以按照相应比例予以支持。

不同于工伤劳动能力损失、交通事故导致受伤人员伤残，被保险人因生活或工作意外导致的残疾后，须依据保险行业协会制定的《人身保险残疾程度与保险金给付比例表》进行残疾结果鉴定，才能向保险人申请残疾保险金。

3. 健康保险合同

健康保险合同又称为伤病保险合同，是指以被保险人的身体健康为保险保障对象，保险人在被保险人发生伤病，依据约定给付保险金的一种人身保险合同。相比于意外伤害保险，疾病是健康保险中最为典型的保险事故。根据保障范围，健康保险合同分为医疗保险合同、重大疾病保险合同、失能收入损失保险合同、长期照护保险合同。

（1）医疗保险合同。医疗保险按照保险金的给付性质分为费用补偿型医疗保险和定额给付型医疗保险。费用补偿型医疗保险是指，根据被保险人实际发生的医疗费用支出，按照约定的标准确定保险金数额的医疗保险。费用补偿型医疗保险的给付金额不得超过被保险人实际发生的医疗费用金额。如保意外、疾病住院的住院费用合同，保意外门诊、住院的意外伤害医疗费用合同；定额给付型医疗保险是指，按照约定的数额给付保险金的医疗保险，通常只跟住院的天数有关系。

医疗保险合同一般有约定免赔额、自付比例、最高给付限额、定点医院等内容。因费用补偿性医疗保险需满足损失填补原则，因此，该种医疗保险还会写明理赔费用与公费医疗、社会医疗、新农合等报销额的关系，被保险人或受益人不能从治疗中获利。

（2）重疾保险合同。保险中的重疾不是生活中所说的“这病很严重”，仅指合同中明确约定的疾病名称，目前市面上常见的重大疾病约有100种。重疾保险是定额给付型合同，当被保险人被确诊且达到合同约定的某种疾病或疾病状态，或进行某项手术，不管治疗费用花费多少，保险人依据合同约定的保险金额向被保险人或受益人一次性给付重疾保险金，以便被保人或受益人补充医疗费用。

（3）失能收入损失保险合同。被保险人出现合同约定的疾病、意外伤害，导致工作能力丧失，并申请劳动能力鉴定后，保险人按照合同约定给付保险金，直至被保险人康复或约定的期限届满，以补充被保险人伤病期间丧失的经济来源。

（4）长期照护保险合同。又称长期护理保险合同，主要解决当被保险人因年老、疾病、伤残需要长期照顾，且需要护理费用的问题。当被保险人六项基本日常生活活动，即进食、洗澡、穿脱衣服、如厕、行动、移动，有三项或三项以上不能自己进行时，经专业医生评定或鉴定机构鉴定后，可向保险人申请保险金。

四、保险合同之财产保险合同

财产保险合同，是指以财产及其有关利益为保险标的的保险合同，其保险期限一般较短。财产保险合同的保险标的具有保险价值，保险金额的确定以保险价值为基础，保险费与保险金额成正相关关系，据此确定保险费率的有关情况发生变化，保险标的的危险程度明显减少的，或保险标的的保险价值明显减少的，除合同另有约定外，保险人应当降低保险费，并按日计算退还相应的保险费。

财产保险合同的保险金额不得超过保险价值，超过保险价值的，超过的部分无效；保险金额低于保险价值的，除合同另有约定外，保险人按照保险金额与保险价值的比例承担赔偿责任。

(一)保险标的的转让

1. 受让人或继承人承继权利义务

保险标的转让的，保险标的的受让人承继被保险人的权利和义务。被保险人死亡，继承保险标的的当事人可以主张承继被保险人的权利和义务。

2. 通知保险人

保险标的转让的，被保险人或者受让人应当及时通知保险人，但货物运输保险合同和另有约定的合同除外。被保险人、受让人依法及时向保险人发出保险标的转让通知后，保险人作出答复前，发生保险事故，被保险人或者受让人主张保险人按照保险合同承担赔偿保险金的责任的，人民法院应予支持。

3. 保险标的交付后视为权利转让

保险标的已交付受让人，但尚未依法办理所有权变更登记，承担保险标的毁损灭失风险的受让人，可依法主张行使被保险人权利。

4. 保险标的转让引起的保险合同解除

因保险标的转让导致危险程度显著增加的，保险人自收到被保险人或者受让人的通知之日起 30 日内，可以按照合同约定增加保险费或者解除合同。保险人解除合同的，应当将已收取的保险费，按照合同约定扣除自保险责任开始之日起至合同解除之日止应收的部分后，退还投保人。被保险人、受让人未履行通知义务的，因转让导致保险标的危险程度显著增加而发生的保险事故，保险人不承担赔偿保险金的责任。

(二)保险人的代位求偿权

财产保险中，当保险事故发生时，为了避免被保险人对于同一损害，既向保险人请求保险金给付，又向第三人行使损害赔偿请求权而获利，法律规定保险人可以取得在其赔付保险金的限度内，要求被保险人转让其对造成损失的第三人享有的追偿的权利。代位求偿权的性质是法定债权让与，是财产险特有的制度。

1. 代位求偿权的行使

因第三人的违约、侵权、不当得利、犯罪行为、违法行政行为等对保险标的的损害而造成保险事故的，被保险人已经从第三者取得损害赔偿的，保险人赔偿保险金时，可以相应扣减被保险人从第三者已取得的赔偿金额。保险人自向被保险人赔偿保险金之日起，在赔偿金额范围内以自己的名义代位行使被保险人对第三者请求赔偿的权利。对于超过保险人已支付的保险金额以外的部分，保险人无权要求第三人赔偿，求偿权仍由被保险人所享有；对被保险人未取得赔偿的部分，保险人行使代位求偿权时不得影响被保险人向第三者请求赔偿的权利。

保险人向第三者行使代位偿权时，被保险人应当向保险人提供必要的文件和所知道的有关情况。被保险人因故意或者重大过失未履行协助义务，致使保险人未能行使或者未能全部行使代位求偿权，保险人可主张在其损失范围内要求返还相应数额的保险金。投保人和被保险人为不同主体时，因投保人对保险标的的损害而造成保险事故，保险人可以依法主张代位行使被保险人对投保人请求赔偿的权利。但法律规定，除非被保险人的家庭成员或者其组成人员故意造成保险事故，否则，保险人不得对被保险人的家庭成员或者其组成人员行使代位求偿权。

2. 妨碍代位的行为及效力

(1)保险合同订立前放弃。在保险人以第三者为被告提起的代位求偿权之诉中，第三者以被保险人在保险合同(运输合同、快递行业、旅游行业)订立前已放弃对其请求赔偿的权利为由进行抗辩，人民法院认定上述放弃行为合法有效，保险人不得就相应部分主张行使代位求偿权。保险合同订立时，保险人就是否存在上述放弃情形提出询问，投保人未如实告知，导致保险人不能代位行使请求赔偿的权利，保险人可请求返还相应保险金。但保险人知道或者应当知道上述情形仍同意承保的除外。

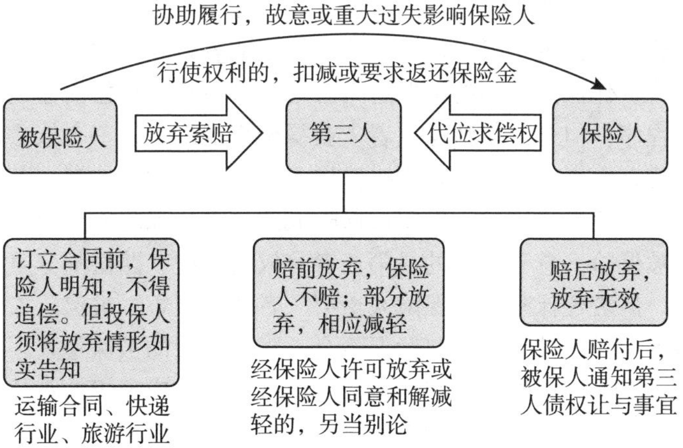

(2)保险人赔偿保险金前放弃。保险事故发生后，保险人未赔偿保险金之前，被保险人放弃对第三者请求赔偿的权利的，保险人不承担赔偿保险金的责任。

(3)保险人赔偿保险金后放弃。保险人向被保险人赔偿保险金后，被保险人未经保险人同意放弃对第三者请求赔偿的权利的，该行为无效。

3. 被保险人重复获赔

重复获赔是指保险人赔付后，第三人仍向被保险人赔偿的情况。因第三者对保险标的的损害而造成保险事故的，保险人获得代位请求赔偿的权利的情况未通知第三者或者通知到达第三者前，第三者在被保险人已经从保险人处获赔的范围内又向被保险人作出赔偿，保险人以被保险人与第三者之间的法律关系确定管辖法院后，主张代位行使被保险人对第三者请求赔偿的权利的，得不到法院支持，但法院会支持保险人要求被保险人返还相应保险金。保险人获得代位请求赔偿的权利的情况已经通知到第三者，第三者又向被保险人作出赔偿的，不能对抗保险人主张代位行使请求赔偿的权利。

(三)常见的财产保险合同

在我国，以保险标的为标准，可将财产保险合同分为财产损失保险合同、责任保险合同和信用(保证)保险合同。

1. 财产损失保险合同

此合同指以有形财产为保险标的的保险，如火灾保险、货物运输保险、运输工具保险、工程保险等。此类保险的保险事故为有形财产因洪水、暴雨、台风等自然灾害、火灾、爆炸等意外事故发生了毁损或灭失。但并不是所有的有形财产都是可保的，如土地矿藏、文件资料、违章建筑等，无法确定其货币价值，保险人不予承保。

2. 责任保险合同

此合同指以被保险人对第三人依法应付的民事损害赔偿责任为保险标的的保险，如公众责任保险、产品责任保险、雇主责任保险等。保险人对责任保险的被保险人给第三者造成的损害，可以依照法律的规定或者合同的约定，直接向该第三者赔偿保险金。若责任保险合同的被保险人对第三者所负的赔偿责任判决已经生效确认并进入执行程序，但未获得清偿或者未获得全部清偿，第三者依法请求保险人赔偿保险金，保险人不得以前述生效判决已进入执行程序为由抗辩；若被保险人对第三者应负的赔偿责任是确定的，根据被保险人的请求，保险人应当直接向该第三者赔偿保险金。被保险人怠于请求的，第三者有权就其应获赔偿部分直接向保险人请求赔偿保险金。但责任保险的被保险人给第三者造成损害，被保险人未向该第三者赔偿的，保险人不得向被保险人赔偿保险金。责任保险的被保险人因共同侵权依法承担连带责任，保险人不得以该连带责任超出被保险人应承担的责任份额为由拒绝赔付保险金，但保险人承担保险责任后可将超出被保险人责任份额的部分向其他连带责任人追偿。

3. 信用(保证)保险合同

此合同指以债权人的债权为保险标的的保险。若是债权人投保，为信用保险；若是债务人投保，则为保证保险。此类保险的保险事故为债务人不履行债务。

五、保险业法律制度

(一)保险经营规则

保险业与银行业、证券业、信托业实行分业经营、分业管理，保险人不得兼营人身保险业务和财产保险业务。但经营财产保险业务的保险公司经国务院银保监机构批准，可以经营短期健康保险业务和意外伤害保险业务。

保险公司的资金运用必须遵循稳健、安全性原则，限于存在银行，买卖债券、股票、证券投资基金份额等有价证券，投资不动产以及国务院规定的其他资金运用形式。若保险公司违反资金运用规定，保险监督管理机构会责令限期改正，并可以责令调整负责人及有关管理人员。如果保险公司逾期未改正的，国务院保险监督管理机构可以决定选派保险专业人员和指定该保险公司的有关人员组成整顿组，对公司进行整顿。

(二)保险中介

1. 保险代理人

根据保险人的委托，向保险人收取佣金，并在保险人授权范围内代为办理保险业务的机构或个人就是保险代理人，俗称保险业务员，其与保险人之间形成委托代理关系。因此，其办理保险业务的行为，由保险人承担责任。保险代理人一般上午按时到保险人处“上班”，学习产品知识、公司政策等，下午自由拓展业务，或替客户办理各种保险业务。个人保险代理人在代为办理人寿保险业务时，不得同时接受两个以上保险人的委托，即不能为了赚钱，既在A保险公司卖保单，又在B保险公司卖保单。一旦有了这种行为，且被保险监督管理机构查实，将被剥夺保险代理人资格。保险代理人没有代理权、超越代理权或代理权终止后以保险人名义订立合同，使投保人有理由相信其有代理权的，该代理行为有效。保险人可以依法追究越权的保险代理人责任。

2. 保险经纪人

基于投保人的利益，为投保人与保险人订立保险合同、提供中介服务，并依法收取佣金的机构就是保险经纪人，其不隶属于任何一方，如因过错给投保人、被保险人造成损失，保险经纪人自行依法承担赔偿责任。

(三)保险业监督管理

为维护保险市场秩序，保护投保人、被保险人和受益人的合法权益，我国实行严格的监督管理制度。中国银行保险监督管理委员会是我国保险业的监督管理机构。除了监管保险组织市场准入与退出、财务管理之外，重点监管保险公司经营行为、偿付能力等。常用的监管手段有制定规范、行政审批、要求报告与信息披露、现场或非现场检查、行政指导或行政约谈、压力测试、评估与分类监管、调查取证与行政处罚、整顿、管控与接管、撤销保险公司与组织清算等。正因为监管手段多种多样，且保险客户越来越重视致电保监会热线 12378 维护权利，对保险公司而言，可谓是“谈保监色变”。现重点介绍行政审批、备案以及保险公司的接管。

1. 行政审批、备案

关系社会公众利益、依法实行强制保险、新开发的人寿保险等险种及相应的条款、保险费率，保险公司应当报国务院保险监督管理机构批准。其他保险险种的保险条款和保险费率，应当报银保监会备案。

2. 保险公司的接管

保险公司出现偿付能力严重不足，或违反保险法规定，损害社会公共利益，可能严重危及或已经严重危及公司的偿付能力，保险监督管理机构可以决定接管保险公司，被接管期间，保险公司的债权债务关系不变。接管期限届满，保险监督管理机构可以决定延长期限，但最长不会超过 2 年。接管期限届满，被接管的保险公司已恢复正常经营能力的，由国务院保险监督管理机构决定终止接管，并予以公告；被整顿、被接管的保险公司有《中华人民共和国企业破产法》第 2 条规定情形的，国务院保险监督管理机构可以依法向人民法院申请对该保险公司进行重整或者破产清算。

第四节　票据及电子凭证流通支付法律规范

票据是市场经济的重要活动工具，是一种支付、汇兑、结算、流通、信用和融资工具，在商品经济中发挥着重要作用。随着信息技术、电子商务和移动支付的发展，电子票据、电子凭证在商业中得到广泛应用。目前我国关于票据的法律主要有《中华人民共和国票据法》，关于电子凭证的法律尚未制定，相关内容散见各行政规章，本节将结合相关规定展开介绍。

一、票据与票据法

(一)票据

1. 票据的概念

票据，是指出票人签发，约定自己或者委托第三人按照票据记载事项向持票人无条件支付一定金额并可以转让流通的有价证券。其中，出票人委托商业第三人付款的票据为汇票，由出票人自身付款的票据为本票，出票人委托银行机构付款的票据为支票。

2. 票据的功能

(1)支付功能。票据最简单、最基本的作用就是作为支付手段。用票据代替现金作为支付工作。

(2)汇兑功能。主要是为了解决现代经济生活中异地转移金钱的需要，以减少现金的往返运送，从而避免风险、节约费用。

(3)结算功能，又称债务抵销功能。如，互有债务的双方当事人各签发一张票据给对方，待两张票据都届期即可抵销债务，差额部分，仅一方以现金支付。

(4)流通功能。流通功能是指票据的转让无需通知债务人，而只要票据符合要式就可以交付或以背书方式转让票据权利。

(5)信用功能。现代商品交易中，卖方通常不能在交付货物的同时获得价金的支付。如果这时买方向卖方签发票据，就可以将挂账信用转化为票据信用，把一般债权转化为票据债权，使得权利外观明确、清场时间确定、转让手续简便。

(6)融资功能。即指利用票据筹集、融通或调度资金。如票据贴现，即通过未到期票据的买卖，使持有未到期票据的持票人通过出售票据获得现金。

(二)票据法

1. 票据法的概念

票据法有广义和狭义的区分。广义的票据法是指所有票据法的总称，不仅包括专门的票据法，还包括民法、刑法、诉讼法上关于票据的法律关系的规定；而狭义的票据法则是指规定票据和票据关系的专门立法。因此，票据法是指调整票据关系以及与票据关系有关的其他社会关系的法律规范。票据关系是指票据当事人之间因票据行为而产生的权利义务关系。其他社会关系则是指为保障票据关系的依法产生、变更、实现而产生的社会关系。

2. 票据法的特征

(1)具有强制性。虽然票据法属于私法规范，但是，票据作为一种特殊的有价证券，具有较强的流通性，如果允许当事人随意进行票据行为，自由创设票据行为，容易侵害当事人的合法权益，造成社会经济秩序混乱。因此，票据法的法律规范多属于强行性规范，票据法是强制法。在实施票据法的过程中，对于票据的类型实行类型法定原则，对票据行为、票据关系的变动等都有明确规定，不允许自行约定。

(2)具有技术性。票据法的法律规范，例如票据的种类及其记载，出票、背书、承兑等票据行为，票据权利的保全，以及票据抗辩等，都是技术性规范，为人们的行为提供技术性指导，而非体现一定的道德伦理的道德性规范。

(3)具有统一性。票据法的统一性体现在世界范围内票据法的制度规定的统一性。随着票据跨区域甚至跨国界使用和流通的需要，许多国家和地区在票据的基本制度规定上亦呈现趋同性发展，试图把本国的票据法和国际票据规则接轨，逐步走向统一。

二、本票

本票是由出票人签发的，由其自身在指定日期或见票时无条件支付确定金额给收款人或持票人的票据。

1. 出票人资格

本票的出票人必须具有支付本票金额的可靠资金来源，并保证支付。

2. 本票的绝对应记载事项

本票必须记载下列事项：表明“本票”的字样；无条件支付的承诺；确定的金额；收款人名称；出票日期；出票人签章。如本票上未记载前述事项之一的，本票无效。

3. 本票的相对记载事项

本票上记载付款地、出票地等事项的，应当清楚、明确。本票上未记载付款地的，出票人的营业场所为付款地。本票上未记载出票地的，出票人的营业场所为出票地。

4. 见票的效力

本票的出票人在持票人提示见票时，必须承担付款的责任。

5. 付款期限

本票自出票日起，付款期限最长不得超过两个月。

6. 逾期提示见票的法律后果

本票的持票人未按照规定期限提示见票的，丧失对出票人以外的前手的追索权。

三、支票

支票则是由出票人签发的，委托银行机构在见票时无条件支付确定金额给收款人或者持票人的票据。

支票的特征表现在：其一，支票是委付证券，但支票的付款人比较特殊，必须是有支票存款业务资格的银行或非银行金融机构；其二，我国的支票只有即期支票，支票无承兑制度。

1. 支票存款账户的开立

开立支票存款账户时，申请人必须使用其本名，并提交证明其身份的合法证件。开立支票存款账户和领用支票时，应当有可靠的资信，并存入一定的资金。开立支票存款账户时，申请人应当预留其本名的签名式样和印鉴。

2. 现金支票与转账支票

支票可以支取现金，也可以转账，用于转账时，应当在支票正面注明。支票中专门用于支取现金的，可以另行制作现金支票，现金支票只能用于支取现金。支票中专门用于转账的，可以另行制作转账支票，转账支票只能用于转账，不得支取现金。

3. 支票的绝对应记载事项

支票必须记载下列事项：①表明“支票”的字样；②无条件支付的委托；③确定的金额；④付款人名称；⑤出票日期；⑥出票人签章。支票上未记载前款规定事项之一的，支票无效。

4. 支票金额的授权补记

支票上的金额可以由出票人授权补记，未补记前的支票，不得使用。

5. 收款人名称的授权补记与支票的相对应记载事项

支票上未记载收款人名称的，经出票人授权，可以补记。支票上未记载付款地的，付款人的营业场所为付款地。支票上未记载出票地的，出票人的营业场所、住所或者经常居住地为出票地。出票人可以在支票上记载自己为收款人。

6. 支票资金关系与空头支票的禁止

支票的出票人所签发的支票金额不得超过其付款时在付款人处实有的存款金额。出票人签发的支票金额超过其付款时在付款人处实有的存款金额的，为空头支票。禁止签发空头支票。

7. 支票的签章

支票的出票人不得签发与其预留本名的签名式样或者印鉴不符的支票。

8. 支票出票的效力

出票人必须按照签发的支票金额承担保证向该持票人付款的责任。出票人在付款人处的存款足以支付支票金额时，付款人应当在当日足额付款。

9. 支票的付款日期

支票限于见票即付，不得另行记载付款日期。另行记载付款日期的，该记载无效。

10. 提示付款期限

支票的持票人应当自出票日起 10 日内提示付款；异地使用的支票，其提示付款的期限由中国人民银行另行规定。超过提示付款期限的，付款人可以不予付款；付款人不予付款的，出票人仍应当对持票人承担票据责任。

11. 支票付款的效力

付款人依法支付支票金额的，对出票人不再承担受委托付款的责任，对持票人不再承担付款的责任。但是，付款人以恶意或者有重大过失付款的除外。

四、汇票

汇票是指由出票人签名出具的，要求受票人于见票时或于规定的日期，或于将来可以确定的时间内，向特定的人或凭特定人的指示或向持票人，支付一定数额金钱的无条件的书面支付令。

1. 汇票的出票

出票是指出票人签发票据并将其交付给收款人的票据行为。汇票的出票人必须与付款人具有真实的委托付款关系，并且具有支付汇票金额的可靠资金来源。不得签发无对价的汇票用以骗取银行或者其他票据当事人的资金。

汇票必须记载下列事项：表明“汇票”的字样；无条件支付的委托；确定的金额；付款人名称；收款人名称；出票日期；出票人签章。如若汇票上未记载前述事项之一的，汇票无效。

2. 汇票的背书

背书是指持票人以转让票据权利或者将一定的票据权利授予他人使用为目的，在票据背面或者粘单上记载有关事项并签章，将票据交付他人的一种附属票据行为。背书是我国汇票转让唯一有效的转让方式。

汇票以背书转让或者以背书将一定的汇票权利授予他人行使时，必须记载被背书人名称。以背书转让的汇票，背书应当连续。后手，即在票据签章人之后签章的其他票据债务人，应当对其直接的前手背书的真实性负责。

背书人在汇票上记载“不得转让”字样，其后手再背书转让的，原背书人对后手的被背书人不承担保证责任。汇票被拒绝承兑、被拒绝付款或者超过付款提示期限的，不得背书转让；背书转让的，背书人应当承担汇票责任。

3. 汇票的承兑

承兑是指汇票付款人承诺在汇票到期日支付汇票金额的票据行为。

定日付款或者出票后定期付款的汇票，持票人应当在汇票到期日前向付款人提示承兑。见票后定期付款的汇票，持票人应当自出票日起一个月内向付款人提示承兑。汇票未按照规定期限提示承兑的，持票人丧失对其前手的追索权。见票即付的汇票无需提示承兑。

付款人对向其提示承兑的汇票，应当自收到提示承兑的汇票之日起 3 日内承兑或者拒绝承兑。付款人收到持票人提示承兑的汇票时，应当向持票人签发收到汇票的回单。回单上应当记明汇票提示的承兑日期并签章。

付款人承兑汇票的，应当在汇票正面记载“承兑”字样和承兑日期并签章；见票后定期付款的汇票，应当在承兑时记载付款日期。

付款人承兑汇票，不得附有条件；承兑附有条件的，视为拒绝承兑。

4. 汇票的保证

汇票的债务可以由保证人承担保证责任。保证人由汇票债务人以外的他人担当。设立保证不得附有条件，如果附有条件的，也不影响对汇票的保证责任。

保证人必须在汇票或者粘单上记载下列事项：表明“保证”的字样、保证人名称和住所、被保证人的名称、保证日期、保证人签章。

被保证的汇票，保证人与被保证人对持票人承担连带责任。汇票到期后得不到付款的，持票人有权向保证人请求付款，保证人应当足额付款。保证人清偿汇票债务后，可以行使持票人对被保证人及其前手的追索权。

5. 汇票的付款

持票人在规定的期限内提示付款的，付款人必须在当日足额付款。持票人获得付款的，应当在汇票上签收，并将汇票交给付款人。持票人委托银行收款的，受委托的银行将代收的汇票金额转账收入持票人账户，视同签收。

6. 汇票的追索权

汇票到期被拒绝付款的，持票人可以对背书人、出票人以及汇票的其他债务人行使追索权。如果出现了汇票被拒绝承兑的；承兑人或者付款人死亡、逃匿的；承兑人或者付款人被依法宣告破产的或者因违法被责令终止业务活动的情况，在汇票到期日前，持票人也可以行使追索权。

持票人行使追索权时，应当提供被拒绝承兑或者被拒绝付款的有关证明。持票人提示承兑或者提示付款被拒绝的，承兑人或者付款人必须出具拒绝证明，或者出具退票理由书。未出具拒绝证明或者退票理由书的，应当承担由此产生的民事责任。

五、电子凭证票据

电子票据是互联网金融环境下出现的一种全新的票据形式。随着互联网经济的快速发展，传统的纸质票据已经越来越不能满足社会发展的需求，此时，电子票据应运而生，电子票据业已成为互联网金融领域的主要支付凭证。

在应用电子票据的过程中，国家从电子发票试点使用，逐步向财政电子票据全面使用发展。为适应加快现代财政制度改革和信息化发展的需要，推广运用财政电子票据，推进财政电子票据管理改革，国家相关部门先后出台了各种规章制度，例如，2012 年，财政部下发《关于推进财政票据电子化改革的方案》和《关于中央部门和单位开展财政票据电子化改革试点工作的通知》，2015 年年底修订《会计档案管理办法》，2017 年，财政部印发《关于稳步推进财政电子票据管理改革的试点方案》（财综〔2017〕32 号），2018 年财政部发布《关于全面推开财政电子票据管理改革的通知》（财综〔2018〕62 号）等。

虽然国家逐步重视电子票据、电子凭证在市场经济中的应用，但是《中华人民共和国票据法》中并没有将电子票据纳入其中。根据《中华人民共和国票据法》第 4

条规定，“票据出票人制作票据，应当按照法律规定在票据上签章，并按照所记载的事项承担票据责任。持票人行使票据权利，应当按照法定程序在票据上签章，并出示票据。”此外，第7条还规定票据签章为“签名、盖章或签名加盖章”。由此可见，现行《中华人民共和国票据法》只认可传统纸质票据上的签名盖章，将签名这个形式要件直接规定为亲笔签名或盖章的范围内，对于经电子签名认证的电子票据则不予认可，无法产生相应的法律效力，因此就可能出现经电子签名的电子票据因不符合《中华人民共和国票据法》规定的签名要件而导致票据无效的现象。

为此，建议法律以明文规定，明确电子票据的定义，赋予其合法地位，将其正式作为票据的一种形式，与传统纸质票据具有同等的法律地位和作用，并对电子票据相关具体制度予以细化，以便在实践中更好地施行。

第五节　商业信托法律规范

一、商业信托的概念

《中华人民共和国信托法》对信托的定义进行了明确的界定。信托，是指委托人基于对受托人的信任，将其财产权委托给受托人，由受托人按委托人的意愿以自己的名义，为受益人的利益或者特定目的，进行管理或者处分的行为。但是对于商业信托，并没有明确的立法规定。《中华人民共和国信托法》仅对信托法的适用范围予以规定，委托人、受托人、受益人在中华人民共和国境内进行民事、营业、公益信托活动，适用《中华人民共和国信托法》。

据此，可以根据信托目的、性质的不同，将信托划分为私益信托和公益信托，即出于私益目的设立的信托，属于私益信托；出于公益目的设立的信托，属于公益信托。在私益信托中，又可以按照受托人的性质和设立信托的具体目的，区分为营业信托和非营业信托。营业信托是个人或法人以财产增值为目的，委托营业性信托机构进行财产经营而设立的信托。非营业信托即民事信托，是个人为抚养、扶养、赡养、处理遗产等目的，委托受托人以非营利业务进行财产的管理而设立的信托。

商业信托是信托在商事领域的运用，在信托法中主要体现在营业信托这一适用范围当中。本书仅以营业信托为研究内容展开介绍。

二、商业信托当事人

信托法专门调整信托关系，而构成信托关系的当事人主要是与信托活动有直接的最密切关系的委托人、受托人、受益人，这三方当事人必须同时具备。缺少这三方当事人的任何一方，则缺少构成信托关系的基本要件，不可能形成信托关系。信托法对委托人、受托人、受益人在信托关系中的权利义务所做出的规范，信托当事人必须加以遵守。除了上述信托当事人之外，与信托活动有联系的其他相关人，在信托法所指向的事项上，也应当遵守信托法的相关规定。

(一)委托人

1. 委托人的资格

所谓委托人，是指设立信托的人。一般而言，委托人是信托财产的提供者，是信托目的的设定者。由于信托的设立，必须是基于委托人自己的意愿，并且须由委托人为财产进行处分，因此，委托人资格应受民法中有关民事行为能力规定的限制。委托人应当是具有完全民事行为能力的自然人、依法成立的法人和依法成立的其他组织。

2. 委托人的权利

(1)委托人的知情权。

委托人是设定信托并提供信托财产的当事人。信托成立后，委托人虽然已将有关的财产权利委托给受托人，但仍然是重要的利害关系人，为维护信托目的，保障信托财产的安全，委托人应享有监督信托财产的运用和信托事务处理的权利。要实施有效的监督，委托人必须对信托财产运用和信托事务处理的有关信息有搜集的权利。因此，委托人的知情权是保障其实施监督的必要手段。委托人的知情权包括两个方面：一是查问权，委托人有权了解其信托财产的管理运用、处分及收支情况，并有权要求受托人作出说明；二是账目及有关文件查阅、抄录、复制权，委托人有权查阅、抄录或者复制与其信托财产有关的信托账目以及处理信托事务的其他文件。

(2)委托人变更信托财产管理方法权利。

信托财产管理方法，就是受托人管理运用、处分信托财产，以使其保值增值的方法。根据信托的性质，受托人应当依照信托目的并为受益人的利益管理或者处分信托财产，因此，确定信托财产管理方法，应当以实现信托目的并符合受益人的利益为原则。设立信托时，在不违反法律、行政法规的前提下，按照民事活动当事人意思自治的原则，信托财产管理方法由委托人和受托人决定。在信托关系中，信托财产的管理权属于受托人，委托人不得随意干涉受托人的管理活动，更无权随意变更信托财产的管理方法。但由于客观情况的变化，发生了设立信托时未预见的特别事由，致使受托人实际采用的管理信托财产的方法不利于实现信托目的或者不符合受益人的利益，而受托人有权调整却未予调整，在这种情形下，为保证信托目的的实现，保障受益人利益，法律赋予委托人有权要求受托人依照信托目的和受益人利益调整信托财产的管理方法。

(3)委托人的撤销权、恢复原状请求权和赔偿损失请求权。

信托成立后，受托人享有信托财产的管理运用、处分权。为防止受托人故意或者过失致使信托财产不当减少，遭受损失，以保护信托财产的安全，维护信托目的，保护受益人的利益，法律赋予委托人撤销权、恢复原状请求权和赔偿请求权。

受托人违反信托目的处分信托财产或者因违背管理职责、处理信托事务不当致使信托财产受到损失的，委托人有权向人民法院申请撤销该处分行为，并有权要求受托人恢复信托财产的原状或者予以赔偿；该信托财产的受让人明知是违反信托目的而接受该财产的，应当予以返还或者予以赔偿。委托人撤销权，是使受托人实施的有害于信托财产权益的行为归于无效，是一种形成权，因此法律规定了除斥期间，自委托人知道或者应当知道撤销原因之日起一年内不行使的，归于消灭。

(4)委托人解任受托人的权利。

委托人解任受托人的权利是基于委托人的资格和地位所产生的。在信托关系中，委托人是提供财产设立信托的人，受托人是委托人基于信任所选定的。作为信托财产的提供者，信托目的的设定人，信托财产是否安全，信托目的能否实现，对委托人利益有重要影响，委托人拥有保护信托财产、维护信托目的以及促使信托目的实现的权利。

虽然委托人有解任受托人的权利，但必须符合法定的条件。如果委托人可以任意行使解任权，解任受托人，那么信托关系就失去了稳定性，这种理财制度的风险就会增加，信托的功能就会受到影响，这当然不利于信托目的的实现，也不符合受益人的利益。因此，对委托人行使解任受托人权利的条件，应作出严格限制。

按照《中华人民共和国信托法》规定，委托人在两种情形下可以行使解任权：一是受托人违反信托目的处分信托财产；二是受托人管理运用、处分信托财产有重大过失。上述两种情形中有一种情形发生时，委托人即可行使解任受托人的权利。除上述两种情形外，在其他情形下，委托人都无权解任受托人。

委托人行使解任受托人权利的方式也有明确限制，主要有两种。一是直接行使解任权。在信托文件对解任受托人的具体条件、程序等有规定时，委托人可以按照信托文件的规定行使解任权。二是通过诉讼方式行使解任权，即委托人可以申请人民法院解任受托人。不论信托文件对解任受托人的内容是否作出规定，委托人都可以向人民法院申请解任受托人。

3. 委托人的义务

(1)支付信托报酬的义务。

《中华人民共和国信托法》第35条规定，受托人有权依照信托文件的约定取得报酬。信托文件未作事先约定的，经信托当事人协商同意，可以作出补充约定；未作事先约定和补充约定的，不得收取报酬。该规定中并未对受托人取得报酬作强制性规定，而是采取交给当事人自己协商处理的办法，由当事人自己在信托文件中约定。信托是建立在有关信托当事人基于信任关系基础上的，在民事信托方面，基本不获取报酬，是以充分信任为基础的，在营业信托方面，既有报酬，也有管理费用的补偿，并不必然以报酬为信托成立的条件。如果信托当事人事先在信托文件中约定了报酬，或者在事后补充约定报酬的，委托人有支付报酬的义务。

(2)配合设立信托的义务。

信托合同是一种诺成合同，不以信托财产的转移为合同成立条件。一旦委托人和受托人之间就信托设立达成合意，即信托成立。为使信托可以顺利进行，信托受托人可以请求委托人按照合同约定承担设立信托的义务，例如将需要转移的信托财产实际转移给受托人，否则受托人可以以委托人不履行合同为由，要求委托人承担违约责任。

(二)受托人

1. 受托人的资格

所谓受托人，是指与委托人订立信托合同而承诺接受委托，或者被信托遗嘱所指定而承诺接受指定，负责对信托财产进行管理、运用或处分的人。受托人是委托人设立信托的相对人，从委托人那里接受财产权的委托，负有按照信托目的管理、处分信托财产的义务。因此，受托人应当具有成为财产权主体的一般资格，即应当具有民事行为能力。

受托人可以是具有完全民事行为能力的自然人和依法成立的法人。受托人为法人时，该法人应当是依法设立并取得法人资格，可以在核准登记的范围内从事民事活动的民事主体。法人的权利能力和行为能力应受法人设立的目的、任务和业务范围等条件的限制，应当以在登记范围内从事业务活动为原则。因此，法人为受托人的，受托人应当具备依法设立并且可以在核准登记的范围内从事管理、处分信托财产活动的资格。如果法律、行政法规对受托人资格条件另有规定，则这些规定相对于信托法的规定来说，是特别法的规定，即应当依照特别法规定的条件执行。如设立信托投资公司，应当依照信托投资公司管理条例规定的条件办理，设立证券投资基金，应当依照证券投资基金管理条例办理。

2. 受托人的义务

(1)忠实义务。

受托人管理信托财产，必须恪尽职守，遵守信托文件的规定，为受益人的最大利益处理信托事务。应当履行诚实、信用的义务，不弄虚作假，不搞欺诈，信守承诺，遵守约定。受托人除依照本法规定取得报酬外，不得利用信托财产为自己谋取利益。受托人不得将信托财产转为其固有财产。如果受托人将信托财产转为其固有财产的，必须恢复该信托财产的原状，造成信托财产损失的，应当承担赔偿责任。

(2)谨慎义务。

受托人管理信托财产，必须履行谨慎、有效管理信托财产的义务，应当周到严谨、小心慎重，尽到善管注意义务，有效管理，积极实现信托目的。

(3)分别管理义务。

受托人必须将信托财产与其固有财产分别管理、分别记账，并将不同委托人的信托财产分别管理、分别记账。

（4）支付信托利益的义务。

委托人基于对受托人的信任，将其财产权委托给受托人，最根本的目的是使受益人获得信托利益。受托人按委托人的意愿以自己的名义，为受益人的利益或特定目的，对信托财产进行管理或处分，履行信托文件规定的权利和义务，在这样的信托法律关系中，受托人应承担向受益人支付信托利益的义务。

3. 受托人的权利

（1）获得报酬的权利。

信托当事人事先在信托文件中约定了报酬，或者在事后补充约定报酬的，委托人有支付报酬的义务，受托人有获得报酬的权利。

（2）受偿权。

受托人因处理信托事务所支出的费用、对第三人所负债务，以信托财产承担。受托人以其固有财产先行支付的，对信托财产享有优先受偿的权利。

（三）受益人

1. 受益人的资格

所谓受益人，是指依据信托文件享受信托利益的人。受益人包括自然人，该自然人可以是具有完全民事行为能力的人，也可以是无民事行为能力人或者限制民事行为能力人，还可以是依法成立的法人或者其他组织，这些法人或者组织，可以是营利性组织，也可以是非营利性组织。委托人可以是受益人，也可以是同一信托的唯一受益人。受托人可以是受益人，但不得是同一信托的唯一受益人。

2. 信托受益权

信托受益权是受益人在信托中享受信托利益的权利。具体来讲，信托受益权包括以下几个方面的内容：①在信托存续期间，享受信托财产收益的权利；②在信托终止时获得信托财产本金的权利；③监督受托人管理、处分信托财产的权利。

受益人自信托生效之日起享有信托受益权。如果信托文件另有规定的，从其规定。收益权作为一种民事权利，原则上，受益人可以放弃信托受益权。全体受益人放弃信托受益权的，信托终止。部分受益人放弃信托受益权的，被放弃的信托受益权按下列顺序确定归属：信托文件规定的人；其他受益人；委托人或者其继承人。受益人的信托受益权也可以依法转让和继承，除非有例外情况，例如，自身性质要求不得转让、法律法规限制转让、当事人约定不得转让的除外。

三、商业信托的设立、变更与终止

（一）商业信托的设立

1. 合法的信托目的

所谓信托目的，是指委托人希望通过信托所达到的目的。设立信托是委托人的自愿的行为，但是该行为必须符合法定的要件。按照信托法的规定，合法的、确定的信托目的，是设立一项信托必须具备的要件之一。委托人设立信托都要出于“为受益人的利益或者特定的目的”，同时，作为受托人，要按照委托人的意愿，遵循委托人确定的信托目的，来管理、运用和处分信托财产。

2. 确定的合法的信托财产

设立信托，必须有确定的信托财产，并且该信托财产必须是委托人合法所有的财产。信托是一种特殊的财产管理制度，其核心是信托财产。委托人设立信托，必须将一定的财产权委托给受托人，使受托人通过对信托财产的管理、运用或处分，而发挥信托财产的经济功能，服务于受益人或特定的信托目的。信托财产，既包括实物财产，也包括无形财产，例如商标专用权、专利权等。总的来说，作为财产权，应当是具有经济价值的权利，而人身权以及其他不独立具有经济价值的权利，不能作为信托的标的。

3. 设立信托的形式要件

设立信托，应当采取书面形式。书面形式包括信托合同、遗嘱或者法律、行政法规规定的其他书面文件等。采取信托合同形式设立信托的，信托合同签订时，信托成立。采取其他书面形式设立信托的，受托人承诺信托时，信托成立。

设立信托，其书面文件应当载明下列事项：信托目的；委托人、受托人的姓名或者名称、住所；受益人或者受益人范围；信托财产的范围、种类及状况；受益人取得信托利益的形式、方法。除此之外，还可以载明信托期限、信托财产的管理方法、受托人的报酬、新受托人的选任方式、信托终止事由等事项。

设立信托，对于信托财产，有关法律、行政法规规定应当办理登记手续的，应当依法办理信托登记。未依照前款规定办理信托登记的，应当补办登记手续；不补办的，该信托不产生效力。

(二)商业信托的变更

设立信托后，出现法定事由，委托人可以变更受益人或者处分受益人的信托受益权，具体事由包括：

(1)受益人对委托人有重大侵权行为。受益人有重大侵权行为，即侵权行为人实施侵权行为的主观性质或者手段比较恶劣，或者给他人的合法权益造成了严重损害等行为，委托人有权变更受益人或者处分该受益人的信托受益权，以剥夺该受益人的全部或者部分受益权。

(2)受益人对其他共同受益人有重大侵权行为。委托人为二个以上的受益人设定信托，如果某一受益人对其他共同受益人实施重大侵权行为，给其他共同受益人的合法权益造成损害，就相对抵消了其他共同受益人从信托中获得的利益，委托人可以因此变更该受益人或者处分其信托受益权。

(3)经受益人同意。受益权为受益人的民事权利，受益人原则上可以自由处分，受益人可以同意委托人变更受益人或者处分自己的受益权，从而放弃全部或者部分受益权。

(4)信托文件规定的其他情形。除上述法定情形外，委托人还可以在信托文件中规定变更受益人或者处分受益人的受益权的其他情形。

(三)商业信托的终止

信托的终止，是信托关系因法律或者信托文件规定的事由而归于消灭。信托终止的事由包括：

(1)信托文件规定的终止事由发生。设立信托的信托合同、遗嘱或者其他书面文件可以规定信托的终止条件或者终止期限，当信托文件规定的终止条件成就时或者终止期限到来之时，该信托关系消灭。

(2)信托的存续违反信托目的。信托目的是委托人设立信托所要实现的意图。信托目的是信托关系成立、存续的基本要素，当信托的存续违反委托人设立信托的目的时，信托关系归于消灭。

(3)信托目的已经实现或者不能实现。信托是为达到一定的信托目的而设立的，当信托目的已经实现或者不能实现时，信托就失去了存在的意义，因此当信托目的已经实现或者不能实现时，信托终止。

(4)信托当事人协商同意。因信托是委托人基于信任关系，将其财产权委托给受托人，由受托人为受益人的利益进行管理或者处分的法律制度，信托当事人即委托人、受托人、受益人依其共同意志，当然可以解除相互之间的权利义务关系，使信托终止。

(5)信托被撤销。信托被撤销，是指委托人设立信托损害其债权人利益时，债权人向人民法院申请将该信托予以撤销。

(6)信托被解除。信托的解除，指的是在信托存续期间，信托关系当事人基于法律或者信托文件的规定，行使解除权而使信托关系归于消灭的民事法律行为。根据本法的有关规定，委托人是唯一受益人的，委托人或者其继承人可以解除信托。信托文件另有规定的，从其规定。设立信托后，受益人对委托人有重大侵权行为或者经受益人同意或者发生信托文件规定的其他情形，委托人可以解除信托。

第六节　电商经营法律规范

一、电子商务法的概念

电子商务，是指通过互联网等信息网络销售商品或者提供服务的经营活动。随着新型技术、网络技术的飞速发展，全球各国企业、个人通过网络缔结交易，交易环境与交易手段的改变，使得新的部门法——电子商务法应运而生。

电子商务法，是指调整以互联网等信息网络销售商品或者提供服务所形成的商事关系的法律规范的总称。

二、电子商务经营主体

1. 电子商务经营者的定义

电子商务经营者，是指通过互联网等信息网络从事销售商品或者提供服务的经营活动的自然人、法人和非法人组织。电子商务经营者包括电子商务平台经营者、平台内经营者以及通过自建网站、其他网络服务销售商品或者提供服务的电子商务经营者。其中，电子商务平台经营者，是指在电子商务中为交易双方或者多方提供网络经营场所、交易撮合、信息发布等服务，供交易双方或者多方独立开展交易活动的法人或者非法人组织。平台内经营者，是指通过电子商务平台销售商品或者提供服务的电子商务经营者。

2. 电子商务经营者的设立条件

电子商务经营者应当依法办理市场主体登记。原则上，电子商务经营者从事商业活动，销售商品、提供服务，应当依法办理市场主体登记，否则不得从事电子商务经营活动。但是，对于个人销售自产农副产品、家庭手工业产品，个人利用自己的技能从事依法无需取得许可的便民劳务活动和零星小额交易活动，以及依照法律、行政法规不需要进行登记的，无需登记。此外，电子商务经营者从事经营活动，依法需要取得相关行政许可的，应当依法取得行政许可。未取得行政许可的，不得从事经营活动。

3. 电子商务经营者的义务

在电商经营活动中，需要明确电子商务经营者的义务，才能更好地保护电子商务消费者的权益。结合《中华人民共和国电子商务法》《中华人民共和国消费者权益保护法》等法律规定，电子商务经营者的义务主要有：依法履行纳税义务；依法公示电子商务经营者相关信息的义务；诚信经营义务；履行消费者权益保护、环境保护、知识产权保护、网络安全与个人信息保护等方面的义务等。

三、电子商务合同的订立与履行

（一）电子合同的概念

《中华人民共和国合同法》第 2 条规定：“合同是平等主体的自然人、法人、其他组织之间设立、变更、终止民事权利义务关系的协议。”传统的合同形式一般分为口头形式和书面形式两种。口头形式是指当事人以对话的方式达成协议。书面形式则是指当事人采用有形记录的方式，主要是纸面方式来表达协议的内容。随着计算机技术和互联网的迅猛发展，越来越多的协议通过电信网络达成，这些协议本质上为数据电文，不存在原件与复印件的区分，也无法用传统的方式进行签名和盖章，“电子合同”的概念也进入了学界视野。国际社会并未形成一种为人们普遍接受的“电子合同”的定义，结合《中华人民共和国合同法》《中华人民共和国电子签名法》的相关规定，定义如下：电子合同是平等主体之间以数据电文的形式达成的，设立、变更、终止民事权利义务关系的协议。数据电文，是指以电子、光学、磁或者类似手段生成、发送、接收或者存储的信息。

(二)电子商务合同的订立与履行

电子商务当事人订立和履行合同，适用《中华人民共和国电子商务法》《中华人民共和国民法典》《中华人民共和国合同法》和《中华人民共和国电子签名法》等法律的规定。

1. 电子商务合同的订立

电子商务合同的订立必须满足两个要件：

(1)存在双方当事人。

合同是一种双方民事法律行为，因此，合同成立必须存在双方当事人。如果是使用自动信息系统订立或者履行合同的，使用该系统的当事人受到法律的约束。基于电子商务经营的不透明性，无法确知当事人的民事行为能力。为了维护电子商务经营活动的稳定性，因此，电子商务法规定，在电子商务中推定当事人具有相应的民事行为能力。除非有相反证据足以推翻，一般情况下，都推定电子商务活动的当事人具有相应的民事行为能力。

(2)当事人要意思表示一致。

合同的订立须由双方当事人达成合意，即双方当事人意思表示一致。合意包含要约和承诺两个意思表示。基于电子商务经营活动的特殊性，如果当事人没有特殊约定，当电子商务经营者发布的商品或者服务信息符合要约条件时，用户选择该商品或者服务并提交订单成功，合同成立。

2. 电子合同的履行

电子合同的履行除了要遵循《中华人民共和国合同法》的一般规则，还需按照《中华人民共和国电子商务法》等特殊规定进行。

(1)交付方式。

双方当事人可以约定交付方式，根据不同商品性质，选择不同的交付方式、交付时间。电子合同的标的采用快递物流的方式交付的，收货人签收时间为交付时间。合同标的为提供服务的，生成的电子凭证或者实物凭证中载明的时间为交付时间，若凭证没有载明时间或者载明时间与实际提供服务时间不一致的，实际提供服务的时间为交付时间。合同标的为采用在线传输方式交付的，合同标的进入对方当事人指定的特定系统并且能够检索识别的时间为交付时间。

(2)支付方式。

电子商务当事人可以约定采用电子支付方式支付价款。电子支付服务提供者为电子商务提供电子支付服务，应当遵守国家规定，告知用户电子支付服务的功能、使用方法、注意事项、相关风险和收费标准等事项，不得附加不合理的交易条件。电子支付服务提供者应当确保电子支付指令的完整性、一致性、可跟踪稽核和不可篡改。电子支付服务提供者应当向用户免费提供对账服务以及最近三年的交易记录。若电子支付服务提供者提供电子支付服务不符合国家有关支付安全管理要求，造成用户损失的，应当承担赔偿责任。

四、电子商务争议解决

电子商务经营活动难免出现纠纷争议，电子商务是在虚拟商业环境中进行的，其便捷性在给消费者带来方便的同时，也对消费者保护提出了挑战。当出现电子商务争议，例如商品出现质量问题，如何退赔、修理或其他救济，遇到商业欺诈行为如何救济等，尤待解决。针对电子商务争议纠纷，结合《中华人民共和国电子商务法》《中华人民共和国消费者权益保护法》等相关规定，明确相关制度规定，予以保障纠纷的解决。

(1)鼓励电子商务平台经营者建立有利于电子商务发展和消费者权益保护的商品、服务质量担保机制。电子商务平台经营者与平台内经营者协议设立消费者权益保证金的，双方应当就消费者权益保证金的提取数额、管理、使用和退还办法等作出明确约定。

(2)电子商务经营者应当建立便捷有效的投诉、举报机制，公开投诉、举报方式等信息，及时受理并处理投诉、举报。

(3)电子商务争议可以通过协商和解，请求消费者组织、行业协会或者其他依法成立的调解组织调解，向有关部门投诉，提请仲裁，或者提起诉讼等方式解决。

(4)消费者在电子商务平台购买商品或者接受服务，与平台内经营者发生争议时，电子商务平台经营者应当积极协助消费者维护合法权益。

(5)在电子商务争议处理中，电子商务经营者应当提供原始合同和交易记录。因电子商务经营者丢失、伪造、篡改、销毁、隐匿或者拒绝提供前述资料，致使人民法院、仲裁机构或者有关机关无法查明事实的，电子商务经营者应当承担相应的法律责任。

(6)电子商务平台经营者可以建立争议在线解决机制，制定并公示争议解决规则，根据自愿原则，公平、公正地解决当事人的争议。

第七节　海商运营法律规范

一、海商法概述

(一)海商法的概念

海商法，是指调整平等主体之间海上运输关系和船舶关系的法律规范的总称。海商法作为一个特殊的法律部门，它的调整范围具有特殊性，主要调整以下几个方面的社会关系。

(1)有关海上运输的合同关系。主要是围绕着货物运输合同，租船合同，救助、打捞合同，旅客和行包运输合同，保险合同，船员劳务合同，拖航合同，船舶及货运代理合同，船舶建造、买卖、修理、拆解合同，变卖船舶、海运欺诈、诉前保全、抵押船舶、船舶营运收入、借贷合同纠纷，船用物料供应合同及海上运输联营合同等所发生的合同当事方之间的民事法律关系。

(2)海上侵权关系。主要围绕船舶碰撞，船舶触碰建筑物和设施，污染水域损害赔偿，海上人身伤亡损害赔偿，船舶航行触碰渔网、捕鱼设施、水产养殖设施损害赔偿纠纷；船舶沉没、废弃物、海上作业设施不当影响船舶航行损害赔偿纠纷；非法留置船舶和船载货物损害赔偿纠纷等所发生的侵权法律关系。

(3)海上风险产生的特殊民事法律关系。如共同海损中有关各方分摊与补偿的关系；海事赔偿责任限制中的船舶所有人、救助人与限制性债权人之间的关系；救助人与被救助人之间的关系等。

(二)海商法的渊源

海商法的渊源就是指海商法的法律表现形式。

1. 国内立法

(1)法律。主要是由全国人民代表大会及其常务委员会制定并颁布的，如《中华人民共和国海商法》《中华人民共和国海事诉讼特别程序法》《中华人民共和国海上交通安全法》《中华人民共和国合同法》《中华人民共和国民法通则》等。

(2)行政法规。根据《中华人民共和国海商法》的规定，国务院及各部委制定了一系列《中华人民共和国海商法》方面的法规和规章，如《中华人民共和国船舶登记条例》《关于不满 300 总吨船舶及沿海运输、沿海作业船舶海事赔偿限额的规定》等。

(3)司法解释。自我国海事法院设立，特别是《中华人民共和国海商法》施行以来，最高人民法院针对海事审判实践和《中华人民共和国海商法》的应用专门制定与发布了一系列司法解释。

2. 国际条约

《中华人民共和国海商法》第268条规定："中华人民共和国缔结或者参加的国际条约同本法有不同规定的，适用国际条约的规定；但是，中华人民共和国声明保留的条款除外。"据此，我国批准或加入的有关国际条约，属于我国海商法的渊源之一，具体包括：有关船员的有《1978年海员培训、发证和值班标准国际公约》；有关海上旅客运输的有《1974年海上旅客及其行李运输雅典公约》；有关船舶碰撞的有1910年《船舶碰撞公约》和1972年《国际海上避碰规则公约》；有关海难救助的有1989年《国际救助公约》；有关油污损害的有《1969年国际油污损害民事责任公约》等。

3. 国际惯例

国际惯例是在国际交往中逐渐形成的行为规则。一般来说，国际惯例对于当事人不具有当然的强制力。只有当事人表示接受或援用时，才对他们具有约束力。海商法中所指的国际惯例主要是指国际航运惯例或者国际海事惯例，如：在共同海损方面，有颇具影响的《约克-安特卫普规则》；在海上货物运输方面，承运人在舱面上装载货物的惯例。

《中华人民共和国海商法》第268条规定："中华人民共和国法律和中华人民共和国缔结或者参加的国际条约没有规定的，可以适用国际惯例。"国际惯例是我国海商法的表现形式之一，但适用国际惯例必须以我国法律和我国缔结或者参加的国际条约没有规定为前提的，并且适用国际惯例不得违反我国的社会公共利益。

二、船舶与船员

(一)船舶

1. 船舶的定义

作为海商法的调整对象中的船舶关系，是以船舶为客体的关系。船舶的含义，对船舶关系的研究具有重要意义。根据海商法的规定，船舶是指海船和其他海上移动式装置，但是用于军事的、政府公务的船舶和20总吨以下的小型船艇除外。

2. 船舶物权

船舶关系可以分为船舶物权关系和船舶债权关系，其中，船舶物权包含船舶所有权、抵押权、优先权、留置权等。

船舶所有权，即以船舶为客体的所有权，具体是指船舶所有人依法对其船舶享有占有、使用、收益和处分的权利。船舶所有权的取得、转让和消灭，应当向船舶登记机关登记；未经登记的，不得对抗第三人。船舶所有权的转让，应当签订书面合同，否则转让行为不成立或者不受法律保护。

船舶抵押权，是指抵押权人对于抵押人提供的作为债务担保的船舶，在抵押人不履行债务时，可以依法拍卖，从卖得的价款中优先受偿的权利。船舶所有人或者船舶所有人授权的人可以设定船舶抵押权。船舶抵押权的设定，应当签订书面合同，并且要由抵押权人和抵押人共同向船舶登记机关办理抵押权登记；未经登记的，不得对抗第三人。建造中的船舶也可以设定船舶抵押权。建造中的船舶办理抵押权登记，还需要向船舶登记机关提交船舶建造合同。

船舶优先权，是指海事请求人依法向船舶所有人、光船承租人、船舶经营人提出海事请求，对产生该海事请求的船舶具有优先受偿的权利。海事请求人对于以下海事请求具有船舶优先权。

(1)船长、船员和在船上工作的其他在编人员根据劳动法律、行政法规或者劳动合同所产生的工资、其他劳动报酬、船员遣返费用和社会保险费用的给付请求。

(2)在船舶营运中发生的人身伤亡的赔偿请求。

(3)船舶吨税、引航费、港务费和其他港口规费的缴付请求。

(4)海难救助的救助款项的给付请求。

(5)船舶在营运中因侵权行为产生的财产赔偿请求。但载运2000吨以上的散装货油的船舶，持有有效的证书，证明已经进行油污损害民事责任保险或者具有相应的财务保证的，对其造成的油污损害的赔偿请求，不属于此范围。

(二)船员

1. 船员的定义

根据海商法的规定，船员是指包括船长在内的一切任职人员。在海上经营活动中，每一个环节都离不开船员对于船舶的操作和管理行为，因此，除了船舶，还需要明确船员制度。

2. 船员的条件

(1)具备船员资格。要成为船员，必须依据《中华人民共和国船员条例》，满足一定的条件后，申请船员注册，获得船员资格方可。具体条件包含：年满18周岁(在船实习、见习人员年满16周岁)但不超过60周岁；符合船员健康要求；经过船员基本安全培训，并经海事管理机构考试合格。如果要申请注册国际航行船舶船员的，还必须通过船员专业外语考试。

此外，船长、驾驶员、轮机长、轮机员、电机员、报务员，必须由持有相应适任证书的人担任。从事国际航行的船舶的中国籍船员，必须持有中华人民共和国港务监督机构颁发的海员证和有关证书。

(2)受船舶所有人聘用或者雇佣。根据不同国家的制度，可以采用聘任制和雇佣制，未被聘用或者雇佣，即使具有船员资格，也不属于法律意义上的船员。

(3)在船上任职。船员必须是在船上服务的人员，如果不在船上任职，即使有船员资格，被船舶所有人聘用或者雇佣，也不属于法律意义上的船员。

3. 船长

船长是指依照《中华人民共和国船员条例》的规定取得船长任职资格，负责管理和指挥船舶的人员。船长作为一种具有特殊职务的人员，与一般的船员有所区别，其具有管理、安保、公证、紧急处分、代理等多项职能。

(1)管理职能。船长负责船舶的管理和驾驶。船长在其职权范围内发布的命令，船员、旅客和其他在船人员都必须执行。船长应当采取必要的措施，保护船舶和在船人员、文件、邮件、货物以及其他财产。

(2)安保职能。为保障在船人员和船舶的安全，船长有权对在船上进行违法、犯罪活动的人采取禁闭或者其他必要措施，并防止其隐匿、毁灭、伪造证据。船长采取前款措施，应当制作案情报告书，由船长和两名以上在船人员签字，连同人犯送交有关当局处理。

(3)公证职能。船长应当将船上发生的出生或者死亡事件记入航海日志，并在两名证人的参加下制作证明书。死亡证明书应当附有死者遗物清单。死者有遗嘱的，船长应当予以证明。死亡证明书和遗嘱由船长负责保管，并送交家属或者有关方面。

(4)紧急处分职能。船舶发生海上事故，危及在船人员和财产的安全时，船长应当组织船员和其他在船人员尽力施救。在船舶的沉没、毁灭不可避免的情况下，船长可以作出弃船决定；但是，除紧急情况外，应当报经船舶所有人同意。弃船时，船长必须采取一切措施，首先组织旅客安全离船，然后安排船员离船，船长应当最后离船。在离船前，船长应当指挥船员尽力抢救航海日志、机舱日志、油类记录簿、无线电台日志、本航次使用过的海图和文件，以及贵重物品、邮件和现金。

(5)代理职能。当船舶遇险，救助方与被救助方需要就海难救助签订协议时，遇险船舶的船长有权代表船舶所有人订立救助合同。遇险船舶的船长或者船舶所有人有权代表船上财产所有人订立救助合同。

三、海上运输

(一)海上货物运输合同

海上货物运输合同是指承运人收取运费，负责将托运人托运的货物经海路由一港运至另一港的合同。其中，承运人和托运人是海上货物运输合同的双方当事人。

承运人是指本人或者委托他人以本人名义与托运人订立海上货物运输合同的人。在定义中的“本人”是指承运人自己，承运人可以自己直接与托运人订立合同，也可以委托代理人，以承运人自己的名义与托运人签订合同。

托运人是指“本人或者委托他人以本人名义或者委托他人为本人与承运人订立海上货物运输合同的人”以及“本人或者委托他人以本人名义或者委托他人为本人将货物交给与海上货物运输合同有关的承运人的人”。

国内海上货物运输，即我国港口之间的海上货物运输，主要适用于《中华人民共和国合同法》中的运输合同和货运合同的相关规定，不适用于《中华人民共和国海商法》。《中华人民共和国海商法》第四章“海上货物运输合同”的规定主要适用于国际海上货物运输合同。

(二)海上旅客运输合同

海上旅客运输合同是指承运人以适合运送旅客的船舶经海路将旅客及其行李从一港运送至另一港，由旅客支付票款的合同。其中，承运人是指本人或者委托他人以本人名义与旅客订立海上旅客运输合同的人，而旅客就是根据海上旅客运输合同运送的人，除此之外，经承运人同意，根据海上货物运输合同，随船护送货物的人，视为旅客。

旅客客票是海上旅客运输合同成立的凭证。原则上，承运人向旅客出售客票后，合同成立。海上旅客运输的运送期间，自旅客登船时起至旅客离船时止，客票票价含接送费用的，运送期间包括承运人经水路将旅客从岸上接到船上和从船上送到岸上的时间。合同订立后，承运人应当在约定期间或者合理期间内将旅客、货物安全运输到约定地点。如果在旅客及其行李的运送期间，因承运人或者承运人的受雇人、代理人在受雇或者受委托的范围内过失引起事故，造成旅客人身伤亡或者行李灭失、损坏的，承运人应当负赔偿责任。

四、船舶租用合同和海上拖航合同

(一)船舶租用合同

船舶租用合同是指船舶出租人向承租人提供约定的、由出租人配备船员或者不配备船员的船舶，由承租人在约定的期间按照约定的用途使用并支付租金的合同。船舶租用合同，包括定期租船合同和光船租赁合同两种形式，这两种形式的本质区别在于是否配备船员。

1. 定期租船合同

定期租船合同是指船舶出租人向承租人提供约定的由出租人配备船员的船舶，由承租人在约定的期间内按照约定的用途使用，并支付租金的合同。定期租船合同的内容，主要包括出租人和承租人的名称、船名、船籍、船级、吨位、容积、船速、燃料消耗、航区、用途、租船期间、交船和还船的时间和地点及条件、租金及其支付，以及其他有关事项。

2. 光船租赁合同

光船租赁合同是指船舶出租人向承租人提供不配备船员的船舶，在约定的期间内由承租人占有、使用和营运，并向出租人支付租金的合同。光船租赁合同的内容，主要包括出租人和承租人的名称、船名、船籍、船级、吨位、容积、航区、用途、租船期间、交船和还船的时间和地点以及条件、船舶检验、船舶的保养维修、租金及其支付、船舶保险、合同解除的时间和条件，以及其他有关事项。

(二)海上拖航合同

海上拖航合同是指承拖方用拖轮将被拖物经海路从一地拖至另一地，而由被拖方支付拖航费的合同。海上拖航合同的订立必须采用书面形式。海上拖航合同的内容，主要包括承拖方和被拖方的名称和住所、拖轮和被拖物的名称和主要尺度、拖轮马力、起拖地和目的地、起拖日期、拖航费及其支付方式，以及其他有关事项。

五、海上侵权

(一)海上侵权的概念

通常，海上侵权行为是指在海上或者与海相通的可航水域进行航运、作业、生产等海上经营和管理活动中发生的侵害他人人身权、财产权或其他权益的行为。其一般发生在海上或者与海相通的可航水域，包括港口作业区域。

海上侵权行为一般是指在海上航运、生产、作业过程中发生的侵权行为，是与海上活动的特殊性质和特殊风险相关的侵权行为。而像船员之间发生的轻微人身伤害、侵犯名誉权等，即使发生在海上，也不属于海上侵权行为的范畴，不适用《中华人民共和国海商法》，而应该适用一般侵权法律规范进行调整。

对于海上侵权行为的法律适用，《中华人民共和国海商法》第 273 条规定："船舶碰撞的损害赔偿，适用侵权行为地法律。船舶在公海上发生碰撞的损害赔偿，适用受理案件的法院所在地法律。同一国籍的船舶，不论碰撞发生于何地，碰撞船舶之间的损害赔偿适用船旗国法律。"对于其他海上侵权行为，则应适用《中华人民共和国民法通则》的有关规定处理。

(二)船舶碰撞

1. 船舶碰撞的构成要件

船舶碰撞属于典型的海上侵权行为，它是指船舶在海上或者与海相通的可航水域发生接触造成损害的事故。根据现行法律规定，船舶碰撞的构成要件包括以下几点：碰撞双方均为船舶；船舶碰撞以船舶间实际接触致损为原则，以非实际接触为补充；碰撞必须发生在海上或与海相通的可航水域；间接碰撞须当事船有过失；船舶碰撞应造成损害结果。

2. 船舶碰撞的责任

(1)船长责任。当船舶发生碰撞时，当事船舶的船长在不严重危及本船和船上人员安全的情况下，对于相碰的船舶和船上人员应当尽力施救。碰撞船舶的船长应当尽可能将其船舶名称、船籍港、出发港和目的港通知对方。

(2)双方无过失责任。船舶发生碰撞，是由于不可抗力或者其他不能归责于任何一方的原因或者无法查明的原因造成的，碰撞各方互相不负赔偿责任。

(3)单方过失责任。船舶发生碰撞，是由于一船的过失造成的，由有过失的船舶负赔偿责任。

(4)双方过失责任。船舶发生碰撞，碰撞的船舶互有过失的，对碰撞造成的船舶以及船上货物和其他财产的损失，各船按照过失程度的比例负赔偿责任；过失程度相当或者过失程度的比例无法判定的，平均负赔偿责任。碰撞造成第三人财产损失的，各船的赔偿责任均不超过其应当承担的比例。造成的第三人的人身伤亡，各船负连带赔偿责任。一船连带支付的赔偿超过其应承担的比例的，有权向其他有过失的船舶追偿。

六、海上遇险的处理

(一)海难救助及其形式

海难救助又称海上救助，是指对遭遇海难的船舶、货物和客货运费的全部或部分，由外来力量对其进行救助的行为，而不论这种行为发生在任何水域。

海难救助的形式分为纯救助和合同救助。纯救助是指船舶遇难后未请求外来援救，而救助人自行救助的行为。合同救助是根据双方签订的救助合同进行的救助。合同救助是目前对海上财产救助的最普遍的形式。

(二)海难救助的成立条件

(1)存在海上危险。海难救助必须发生在海上或者与海相通的可航水域。而且，被救助的船舶或其他财产必须处于真实存在的或者不可避免的危险当中，虚拟、臆想的危险不能构成海难救助。

(2)救助物是法律所认可的。救助标的是物，而不包括对人的救助，对人命进行救助是人道主义的行为，是每个人应有的道义责任，因此，对海上人命的救助不应适用海难救助的相关法律制度。而且，救助物必须是法律承认的标的物。如果不属于法律承认的救助物，则无救助报酬请求权。

(3)有自愿的救助行为。救助行为必须是自愿的，不能是基于既有的义务而为的行为。如船员对本船在遇险时提供的劳动，引航员对船舶的引领，国家消防职能部门进行的灭火等行政行为，都不是海商法上的施救行为。

(4)实行“无效果无报酬原则”。救助方对遇险的船舶和其他财产的救助，取得效果的，有权获得救助报酬。如果救助未取得效果的，除非是对构成环境污染损害危险的船舶，或者是其他法律另有规定或者合同另有约定外，否则无权获得救助款项。

七、海事赔偿责任限制

海事赔偿责任限制，是指在发生海损事故造成人命和财产的巨大损失时，对事故负有责任的船舶所有人、经营人、承租人和救助人等，可根据法律的规定，将自己的赔偿责任限制在一定范围内的法律制度。

（一）责任主体

传统上，只有船舶所有人才有权请求责任限制，因此责任限制制度被称为“船舶所有人责任限制制度”。但随着航运的发展，船舶的经营管理模式越来越复杂，承担航运风险和对船舶负责任的人也越来越多，已经不限于船舶所有人。根据海商法，我国海事赔偿责任限制的主体包括以下四类：

（1）船舶所有人，包括船舶承租人和船舶经营人。

（2）救助人。

（3）船舶所有人和救助人对其行为、过失负有责任的人，这主要指的是船长、船员和其他受雇人员。

（4）对海事赔偿请求承担责任的责任保险人。

（二）适用的船舶

根据《中华人民共和国海商法》第210条的规定，海事赔偿责任限制，是以300吨以上的船舶作为起点计算赔偿限额的。总吨位不满300吨的船舶，从事中华人民共和国港口之间的运输的船舶，以及从事沿海作业的船舶，其赔偿限额由国务院交通主管部门制定，报国务院批准后施行。

（三）丧失限制责任权利的情况

责任主体并非在任何情况下都能享受责任限制，当出现法定情形，责任主体不得援引责任限制的法律规定，限制其赔偿责任。根据《中华人民共和国海商法》第209条规定，经证明，引起赔偿请求的损失是由于责任人的故意或者明知可能造成损失而轻率地作为或者不作为造成的，责任人无权限制赔偿责任。

（四）限制性债权

限制性债权，是指责任主体可以援引海事赔偿责任限制的法律规定限制其赔偿责任的海事请求。具体包括：

（1）在船上发生的或者与船舶营运、救助作业直接相关的人身伤亡或者财产的灭失、损坏，包括对港口工程、港池、航道和助航设施造成的损坏，以及由此引起的相应损失的赔偿请求。

（2）海上货物运输因迟延交付或者旅客及其行李运输因迟延到达造成损失的赔偿请求。

（3）与船舶营运或者救助作业直接相关的，侵犯非合同权利的行为造成其他损失的赔偿请求。

（4）责任人以外的其他人，为避免或者减少责任人依照本章规定可以限制赔偿责任的损失而采取措施的赔偿请求，以及因此项措施造成进一步损失的赔偿请求。但如果涉及责任人以合同约定支付的报酬，责任人的支付责任不得援用该赔偿责任限制的规定。

(五)非限制性债权

不得援引海事赔偿责任限制的法律规定限制其赔偿责任的海事请求，为非限制性债权，具体如下：

(1)对救助款项或者共同海损分摊的请求。

(2)我国参加的国际油污损害民事责任公约规定的油污损害的赔偿请求。

(3)我国参加的国际核能损害责任限制公约规定的核能损害的赔偿请求。

(4)核动力船舶造成的核能损害的赔偿请求。

(5)船舶所有人或者救助人的受雇人提出的赔偿请求，如果根据调整劳务合同的法律，船舶所有人或者救助人对该类赔偿请求无权限制赔偿责任，或者该项法律做了高于海商法规定的赔偿限额的规定。

八、海上保险合同

海上保险合同，是指保险人按照约定，对被保险人遭受保险事故造成保险标的的损失和产生的责任负责赔偿，而由被保险人支付保险费的合同。其中，保险事故，是指保险人与被保险人约定的任何海上事故，包括与海上航行有关的发生于内河或者陆上的事故。

(一)海上保险合同的内容

海上保险合同的内容主要包括：保险人名称；被保险人名称；保险标的；保险价值；保险金额；保险责任和除外责任；保险期间；保险费。其中，船舶、货物、船舶营业收入、货物预期利润、船员工资和其他报酬、对第三者的责任、由于发生保险事故可能受到损失的其他财产和产生的责任及费用均可作为保险标的，成为保险合同双方当事人要求或者提供保险保障的对象。保险标的的保险价值、保险金额由保险人与被保险人约定。保险金额不得超过保险价值，超过保险价值的，超过部分无效。

(二)合同的订立、解除和转让

被保险人提出保险要求，经保险人同意承保，并就海上保险合同的条款达成协议后，合同成立。保险人应当及时向被保险人签发保险单或者其他保险单证，并在保险单或者其他保险单证中载明当事人双方约定的合同内容。

合同订立前，被保险人应当将其知道的或者在通常业务中应当知道的有关影响保险人据以确定保险费率或者确定是否同意承担的重要情况如实告知保险人。保险人知道或者在通常业务中应当知道的情况，保险人没有询问的，被保险人无需告知。

如果对上述重要情况未尽到告知义务，若是基于被保险人的故意未告知，保险人有权解除合同，并不退还保险费。合同解除前发生保险事故造成损失的，保险人不负赔偿责任。若是非因被保险人的故意未告知，保险人有权解除合同或者要求相应增加保险费。保险人解除合同的，对于合同解除前发生保险事故造成的损失，保险人应当负赔偿责任，但是，未告知或者错误告知的重要情况对保险事故的发生有影响的除外。

第八章　外商投资法律制度

第一节　外商投资法律制度概述

一、《中华人民共和国外商投资法》与外商投资企业法的衔接

为满足对外开放的需要，我国相继在 1979 年、1986 年和 1988 年颁布实施《中华人民共和国中外合资经营企业法》《中华人民共和国外资企业法》和《中华人民共和国中外合作经营企业法》(上述三部法律统称外商投资企业法)，国务院、有关部门和地方随后又陆续制定一批有关外商投资的实施性、配套性法规和规章，全国人大及其常委会也对上述三部法律进行多次部分修改。

2019 年 3 月 15 日，第十三届全国人民代表大会第二次会议通过《中华人民共和国外商投资法》，自 2020 年 1 月 1 日起施行，同时废止《中华人民共和国中外合资经营企业法》《中华人民共和国外资企业法》和《中华人民共和国中外合作经营企业法》。2019 年 12 月 12 日，国务院第 74 次常务会议通过《中华人民共和国外商投资法实施条例》，自 2020 年 1 月 1 日起施行。《中华人民共和国外商投资法》和《中华人民共和国外商投资法实施条例》的颁布和实施，完善了我国外商投资规范法律制度，还解决了实践中内资企业和外商投资企业在组织形式等方面法律规范的双轨制带来的问题。

一直以来，外商投资企业法同《中华人民共和国公司法》的双轨制运行产生了一些问题。比如，《中华人民共和国中外合资经营企业法实施条例》规定，董事会是合营企业的最高权力机构，决定合营企业的一切重大问题。董事会会议应当有 2/3 以上董事出席方能举行。下列事项由出席董事会会议的董事一致通过方可作出决议：①合营企业章程的修改；②合营企业的中止、解散；③合营企业注册资本的增加、减少；④合营企业的合并、分立。上述规定，与《中华人民共和国公司法》规定股东会是公司的权力机构不同，且董事会的召开人数和决议通过的要求标准高，一是容易造成中外合资经营企业董事会因人数不足无法召开，特别决议事项因个别董事的异议无法通过等僵持局面；二是内资企业与外商投资企业在法律适用方面具体规则不一致，容易造成实务上的混乱。

因此，《中华人民共和国外商投资法》和《中华人民共和国外商投资法实施条例》的施行以及外商投资企业法的废止，是外商投资规范法律制度的理性回归，在外商投资领域将建立更加合理、平等且有效的规则和制度。

二、外商投资的分类

根据《中华人民共和国外商投资法》规定，外商投资，是指外国的自然人、企业或者其他组织(以下称外国投资者)直接或者间接在中国境内进行的投资活动。其中，直接投资是指将货币或实物直接投资于企业生产经营活动，投资者对企业享有经营决策、分享利润等权利，具体表现为外国投资者单独或者与其他投资者共同在中国境内设立外商投资企业、投资新建项目；间接投资则表现为外国投资者取得中国境内企业的股份、股权、财产份额或者其他类似权益以获得投资收益，不直接参与被投资企业的经营。

鉴于金融市场的特殊性，《中华人民共和国外商投资法》规定，对外国投资者在中国境内投资银行业、证券业、保险业等金融行业，或者在证券市场、外汇市场等金融市场进行投资的管理，国家另有规定的，依照其规定。

三、自由贸易区外商投资法律制度

自由贸易区建设是我国的国家战略，目的在于形成面向全球的高标准自由贸易区网络，充分发挥自由贸易区对贸易投资的促进作用。2013 年到 2018 年，国务院先后批复成立上海自贸区、天津自贸区、广东自贸区、福建自贸区、辽宁自贸区、浙江自贸区、河南自贸区、湖北自贸区、重庆自贸区、四川自贸区、陕西自贸区和海南自贸区。

自由贸易区内，外商投资享有更多的优惠政策。比如，国务院发布《关于在自由贸易试验区暂时调整有关行政法规、国务院文件和经国务院批准的部门规章规定的决定》(国发〔2017〕57 号)①，规定外国投资者在自由贸易可以以独资形式从事 6 吨级 9 座以下通用飞机设计、制造与维修业务；取消 3 吨级及以上民用直升机设计与制造的投资比例限制；取消对外资银行营业性机构经营人民币业务的开业年限限制等。此外，国务院《关于支持自由贸易试验区深化改革创新若干措施的通知》(国发〔2018〕38 号)也要求在营造优良投资环境、提升贸易便利化水平、推动金融创新服务实体经济、推进人力资源领域先行先试等方面在自贸区实行更宽松、更优惠的

① 该规定涉及《中华人民共和国船舶登记条例》《印刷业管理条例》《外商投资民用航空行业规定》《中华人民共和国认证认可条例》《娱乐场所管理条例》《中华人民共和国中外合作办学条例》《旅行社条例》《直销管理条例》《外商投资产业指导目录》(2017 年修订)《中华人民共和国国际海运条例》《中华人民共和国外资银行管理条例》《营业性演出管理条例》等法律法规的调整。

政策。

因此，外国投资者在自由贸易区进行投资的，除适用《中华人民共和国外商投资法》的规定外，还可以依据自由贸易区的规范性文件享受优惠政策。

第二节　外商投资促进

一、提高外商投资政策的透明度

1. 政府信息公开法律制度

2007 年 1 月 17 日，国务院第 165 次常务会议通过《中华人民共和国政府信息公开条例》，2008 年 1 月 1 日起施行。2019 年 4 月 3 日，国务院令第 711 号对《中华人民共和国政府信息公开条例》进行修订。该条例对政府主动公开的信息范围非常广泛，主要包括：①涉及公众利益调整、需要公众广泛知晓或者需要公众参与决策的政府信息；②设区的市级、县级人民政府及其部门根据本地方的具体情况，应当公开涉及市政建设、公共服务、公益事业、土地征收、房屋征收、治安管理、社会救助等方面的政府信息等。

基于高效便民原则，《中华人民共和国政府信息公开条例》尤其强调公开以下两项内容：①办理行政许可和其他对外管理服务事项的依据、条件、程序以及办理结果；②实施行政处罚、行政强制的依据、条件、程序以及本行政机关认为具有一定社会影响的行政处罚决定。上述规定使得公民、法人和其他组织在办理行政许可事项时少跑冤枉路，提高办事效率；涉及行政处罚、行政强制等事项的公开，一方面确保公民、法人和其他组织了解有关法律规范，另一方面也加强公众对行政处罚、行政强制活动的监督。

《中华人民共和国政府信息公开条例》还规定了信息公开途径。首先，行政机关应当建立健全政府信息发布机制，将主动公开的政府信息通过政府公报、政府网站或者其他互联网政务媒体、新闻发布会以及报刊、广播、电视等途径予以公开。其次，各级人民政府应当加强依托政府门户网站公开政府信息的工作，利用统一的政府信息公开平台集中发布主动公开的政府信息，并通过信息检索、查阅、下载等功能方便公民、法人和其他组织获取信息。最后，各级人民政府应当在国家档案馆、公共图书馆、政务服务场所设置政府信息查阅场所，并配备相应的设施、设备，为公民、法人和其他组织获取政府信息提供便利。

此外，除行政机关主动公开的上述政府信息外，公民、法人和其他组织可以向地方各级人民政府、对外以自己名义履行行政管理职能的县级以上人民政府部门申请获取相关政府信息。

综上，我国在政府信息公开方面建立了完善的信息公开法律制度，有效提高了政策法规和政府工作的透明度。

2. 外商投资领域的信息公开

根据《中华人民共和国外商投资法》的规定，制定与外商投资有关的法律、法规、规章，应当采取适当方式征求外商投资企业的意见和建议。与外商投资有关的规范性文件、裁判文书等，应当依法及时公布。

首先，《中华人民共和国立法法》对立法草案的征求意见已经有明确规定，即列入全国人大常务委员会会议议程的法律案，应当在常务委员会会议后将法律草案及其起草、修改的说明等向社会公布，征求意见，但是经委员长会议决定不公布的除外。此外，行政法规草案应当向社会公布，征求意见，但是经国务院决定不公布的除外。同时，《中华人民共和国立法法》对法律、法规的发布也作了明确规定。鉴于制定与外商投资有关的法律、法规、规章，关系到外国投资者的自身权益，《中华人民共和国外商投资法》更是进一步明确规定应当采取适当方式征求外商投资企业的意见和建议。

其次，根据《最高人民法院关于人民法院在互联网公布裁判文书的规定》，中国裁判文书网是全国法院公布裁判文书的统一平台，各级人民法院可以在本院政务网站及司法公开平台设置中国裁判文书网的链接。人民法院作出的下列裁判文书应当在互联网公布：①刑事、民事、行政判决书；②刑事、民事、行政、执行裁定书；③支付令；④刑事、民事、行政、执行驳回申诉通知书；⑤国家赔偿决定书；⑥强制医疗决定书或者驳回强制医疗申请的决定书；⑦刑罚执行与变更决定书；⑧对妨害诉讼行为、执行行为作出的拘留、罚款决定书，提前解除拘留决定书，因对不服拘留、罚款等制裁决定申请复议而作出的复议决定书；⑨行政调解书、民事公益诉讼调解书；⑩其他有中止、终结诉讼程序作用或者对当事人实体权益有影响、对当事人程序权益有重大影响的裁判文书。

因此，与外商投资有关的裁判文书，根据最高人民法院的上述规定，均会通过中国裁判文书网公布，确保外国投资者及时获取相关裁判文书，同时践行我国的审判公开原则，提升司法公信力。

二、平等参与竞争权

根据《中华人民共和国外商投资法》规定，外商投资企业享有在我国境内和内资企业平等参与竞争的权利，具体体现在以下几个方面：①外商投资企业依法平等适用国家支持企业发展的各项政策。②国家保障外商投资企业依法平等参与标准制定工作，强化标准制定的信息公开和社会监督。国家制定的强制性标准平等适用于外商投资企业。③国家保障外商投资企业依法通过公平竞争参与政府采购活动。政府采购依法对外商投资企业在中国境内生产的产品、提供的服务平等对待。④外商投资企业可以依法通过公开发行股票、公司债券等证券和其他方式进行融资。

因此，外国投资者在我国设立外商投资企业的，其平等参与竞争权受到充分保护。一方面，外国投资者在我国享受国民待遇；另一方面，外商投资企业在我国境内依法设立，受我国法律管辖和保护，在法律、法规的适用以及参与市场经营活动和内资企业没有任何差别性待遇。我国相关法律法规也都明确规定，经营者享有平等竞争的权利，不得有任何歧视、区别性对待。

三、加强服务和鼓励引导外商投资

根据《中华人民共和国外商投资法》规定，加强外商投资服务主要体现在：①国家建立健全外商投资服务体系，为外国投资者和外商投资企业提供法律法规、政策措施、投资项目信息等方面的咨询和服务。②国家与其他国家和地区、国际组织建立多边、双边投资促进合作机制，加强投资领域的国际交流与合作。③各级人民政府及其有关部门应当按照便利、高效、透明的原则，简化办事程序，提高办事效率，优化政务服务，进一步提高外商投资服务水平。④有关主管部门应当编制和公布外商投资指引，为外国投资者和外商投资企业提供服务和便利。

国家根据国民经济和社会发展需要，鼓励和引导外国投资者在特定行业、领域、地区投资。外国投资者、外商投资企业可以依照法律、行政法规或者国务院的规定享受优惠待遇。县级以上地方人民政府可以根据法律、行政法规、地方性法规的规定，在法定权限内制定外商投资促进和便利化政策措施。

第三节　外商投资保护

一、外国投资者的产权保护

(一)征收

征收，是指国家凭借行政权取得公民、法人和其他组织的财产所有权的行为。征收的实施导致所有权人财产所有权的丧失，对所有权人造成经济损失，因此国家对被征收者应当给予经济补偿。在征收补偿方面，国际投资领域对外国投资者的征收补偿主要有全面补偿原则和适当补偿原则。全面补偿原则，是美国国务卿赫尔在20世纪30年代处理墨西哥政府对美国公民进行的征收行为中提出的，主张东道国政府对征收财产的全面补偿是合法征收的前提，否则便构成非法征收，需要承担国家赔偿责任；适当补偿原则，是指依据公平原则，根据东道国国内法规确定补偿数额、支付方式、支付时间以及有关征收的争议解决等事项。

为保护公民、法人和其他组织的财产所有权，《中华人民共和国物权法》第42条第一款对基于公共利益需要实施的征收，除规定要遵守法律规定的权限和程序外，还将征收的对象限于集体所有的土地和单位、个人的房屋及其他不动产。《中华人民共和国外商投资法》第20条第一款则进一步明确规定，国家对外国投资者的投资不实行征收。当然，《中华人民共和国外商投资法》也指出，在特殊情况下，国家为了公共利益的需要，可以依照法律规定对外国投资者的投资实行征收或者征用。征收、征用应当依照法定程序进行，并及时给予公平、合理的补偿。

（二）外汇自由流动

2008年8月1日，国务院第20次常务会议修订《中华人民共和国外汇管理条例》，确定了经常项目自愿结汇，资本项目有序兑换的外汇管理体制。随后，对外国投资者直接投资的外汇管理流程不断简化。《中华人民共和国外商投资法》则进一步明确，外国投资者在中国境内的出资、利润、资本收益、资产处置所得、知识产权许可使用费、依法获得的补偿或者赔偿、清算所得等，可以依法以人民币或者外汇自由汇入、汇出。

二、知识产权保护和禁止强制转让技术

（一）知识产权保护

根据《中华人民共和国外商投资法》第22条规定，国家保护外国投资者和外商投资企业的知识产权，保护知识产权权利人和相关权利人的合法权益；对知识产权侵权行为，严格依法追究法律责任。

我国知识产权保护法律制度，包括《中华人民共和国专利法》《中华人民共和国商标法》《中华人民共和国著作权法》以及《中华人民共和国反不正当竞争法》等法律规范。

近年来，我国不断完善知识产权法律体系，加大知识产权执法力度，对知识产权侵权行为进行严厉制裁。如，2019年4月23日第十三届全国人大常委会第十次会议通过修改《中华人民共和国商标法》决议，规定恶意侵犯商标专用权情节严重的，商标权人可以主张依照《中华人民共和国商标法》规定方法确定赔偿数额的一倍以上五倍以下的损害赔偿，权利人因被侵权所受到的实际损失、侵权人因侵权所获得的利益、注册商标许可使用费难以确定的，人民法院可以根据侵权行为的情节判决给予500万元以下的赔偿。由此可见，我国不断加大对知识产权侵权行为的经济制裁，增加知识产权侵权行为的违法成本，这些举措有利打击了知识产权侵权行为。

在知识产权执法方面，根据国家知识产权局的统计，2018年，全国专利行政执法办案7.7万件，同比增长15.9%；查处商标违法案件3.1万件，案值5.5亿元，罚没金额5.1亿元。[1] 2017年7月，最高人民法院信息中心发布《知识产权侵

① 国家知识产权局组织开展2019年知识产权系统执法保护专项行动[EB/OL].［2019-11-12］. http：//www.sipo.gov.cn/zfwq/wqyzgndt/1137189.htm.

权司法大数据专题报告》，从案件审结情况、案件地域分布、当事人特征和案件特征四个方面对 2015 年 1 月 1 日至 2016 年 12 月 31 日的全国知识产权侵权案件情况进行了分析。其中，知识产权侵权涉外案件中，涉及多达 28 个国家，美国、法国和德国涉案量最多。

此外，《中华人民共和国外商投资法》第 23 条规定，行政机关及其工作人员对于履行职责过程中知悉的外国投资者、外商投资企业的商业秘密，应当依法予以保密，不得泄露或者非法向他人提供。该规定对保护外国投资者、外商投资企业的商业秘密提供了明确的法律依据。此外，2019 年 4 月 23 日第十三届全国人大常委会第十次会议对《中华人民共和国反不正当竞争法》的修改，更进一步完善了我国商业秘密法律制度。

具体来说，我国《中华人民共和国反不正当竞争法》明确禁止经营者实施侵犯商业秘密的行为，但是，一般侵犯商业秘密行为构成要件中，侵权主体应当为经营者，即从事商品生产、经营或者提供服务的自然人、法人和非法人组织，行政机关及其工作人员不属于经营者的范畴。但是，外国投资者在我国境内投资，办理与投资有关的协商、行政许可等事项时，行政机关及其工作人员履行职责过程中不可避免地知悉外国投资者、外商投资企业的商业秘密，如果出现泄露或者非法向他人提供，将损害外国投资者、外商投资企业的合法权益。因此，为更好解决上述问题，《中华人民共和国反不正当竞争法》第 9 条第二款规定，经营者以外的其他自然人、法人和非法人组织实施《中华人民共和国反不正当竞争法》第 9 条第一款所列违法行为的，视为侵犯商业秘密。

综上，外国投资者在中国境内投资，可以充分信任我国的知识产权保护法律制度和执法环境，外国投资者和外商投资企业的合法权益在我国受到充分尊重和保护。

（二）禁止强制转让技术

1. 技术转让的相关规定

目前，我国涉及技术转让法律规范主要有《中华人民共和国专利法》《中华人民共和国合同法》《中华人民共和国对外贸易法》以及《中华人民共和国反垄断法》等，主要的技术转让规范如下。

（1）《中华人民共和国专利法》第 10 条规定，中国单位或者个人向外国人、外国企业或者外国其他组织转让专利申请权或者专利权的，应当依照有关法律、行政法规的规定办理手续。任何单位或者个人将在中国完成的发明或者实用新型向外国申请专利，或者根据我国参加的有关国际条约提出专利国际申请的，应当事先报经国务院专利行政部门进行保密审查。

（2）《中华人民共和国对外贸易法》第 17 条规定，国家对与裂变、聚变物质或者衍生此类物质的物质有关的货物、技术进出口，以及与武器、弹药或者其他军用物资有关的出口，可以采取任何必要的措施，维护国家安全。在战时或者为维护国际和平与安全，国家在货物、技术进出口方面可以采取任何必要的措施。知识产权权利人有阻止被许可人对许可合同中的知识产权的有效性提出质疑、进行强制性一揽子许可、在许可合同中规定排他性返授条件等行为之一，并危害对外贸易公平竞争秩序的，国务院对外贸易主管部门可以采取必要的措施消除危害。

(3)《中华人民共和国反垄断法》第13条规定，禁止具有竞争关系的经营者达成限制购买新技术、新设备或者限制开发新技术、新产品的垄断协议。

(4)《中华人民共和国民法典》第850条规定，非法垄断技术或者侵害他人技术成果的技术合同无效。首先，具有竞争关系的经营者达成限制购买新技术、新设备或者限制开发新技术、新产品的垄断协议，以及具有市场支配地位的经营者没有正当理由，拒绝与交易相对人进行交易或者限定交易相对人只能与其进行交易或者只能与其指定的经营者进行交易等行为，违反了《中华人民共和国反垄断法》的相关规定，签订的技术合同也因非法垄断技术而无效。其次，我国的专利法律制度、商标法律制度、著作权法律制度以及反不正当竞争法律制度均明确规定追究侵害他人技术成果行为的法律责任，当然，涉及侵害他人技术成果的技术合同也不受法律保护。综上，我国充分尊重和保护权利人的智力创造成果，但对非法垄断技术的行为则不予保护。

2. 技术出资的相关规定

我国《中华人民共和国公司法》和《中华人民共和国合伙企业法》均规定，股东、合伙人可以用知识产权出资。设立有限责任公司和股份有限公司的，股东的知识产权出资应当评估作价，不得高估或者低估；设立合伙企业的，合伙人的知识产权出资需要评估作价的，可以由全体合伙人协商确定，也可以由全体合伙人委托法定评估机构评估。

综上，我国在技术转让方面，始终坚持中外双方基于自愿、平等合作原则处理知识产权事宜，没有任何要求外国投资者强制性转让技术的规定。事实上，我国作为发展中国家，在技术尤其是高新技术领域更多受到发达国家的钳制。比如，美国就通过出口控制、关税管理、投资限制、贸易救济等政策工具把控“进”与“出”两个关口，达到对高新技术实施国家安全管制的目的。

在高新技术出口方面，美国依据相关国会立法，建立以总统为首的行政部门为政策实施部门的技术出口管理体系，美国商务部产业和安全局主要负责对军民两用技术方面进行管制。美国高新技术出口管制范围，不仅限于传统的以跨境转移为标准的出口，还包括“转运出口”“视同出口”(指美国人在美国境内向外国人泄露受管制技术或软件的行为)、“过境出口”等，实现了技术出口的“全流程”的管制。①

① 桂畅旎，杨诗雨. 美国强化高新技术安全管制的动向及影响[J]. 中国信息安全，2018(8)：92-95.

此外，美国对在美国境内的外国投资更是严防死守，防止高新技术的外泄。2018年8月13日美国总统特朗普签署《外国投资风险审查现代化法案》，对美国2007年实施的《外商投资与国家安全法案》进行了首次修改。该法授予外国投资委员会对以下类型的外国投资实施国家安全审查：①任何对关键技术（Critical Technologies）的投资；②任何向“关键基础设施”相关企业的投资；③外国投资者能够接触到关键个人信息的交易；④任何向外国人出售、出租临近美国军事设施或其他敏感国防设施的房地产的交易。另外，改法案也将收购破产企业和不良债务交易纳入管辖范围之中，防止借收购美国破产高新技术企业之机获得美国的高新技术。

尽管如此，为消除外国投资者的疑虑和担忧，《中华人民共和国外商投资法》第22条第二款规定，国家鼓励在外商投资过程中基于自愿原则和商业规则开展技术合作。技术合作的条件由投资各方遵循公平原则平等协商确定。行政机关及其工作人员不得利用行政手段强制转让技术。上述规定表明我国在技术转让领域充分尊重外国投资者基于自愿、平等协商原则作出的判断和选择，充分维护外国投资者的合法权益。

三、营造守约践诺的投资环境

为保护外商投资的合法权益，《中华人民共和国外商投资法》规定，各级人民政府及其有关部门制定涉及外商投资的规范性文件，应当符合法律法规的规定；没有法律、行政法规依据的，不得减损外商投资企业的合法权益或者增加其义务，不得设置市场准入和退出条件，不得干预外商投资企业的正常生产经营活动。

地方各级人民政府及其有关部门应当履行向外国投资者、外商投资企业依法作出的政策承诺以及依法订立的各类合同。因国家利益、社会公共利益需要改变政策承诺、合同约定的，应当依照法定权限和程序进行，并依法对外国投资者、外商投资企业因此受到的损失予以补偿。

此外，根据《中华人民共和国外商投资法》和商务部《外商投资企业投诉工作暂行办法》的规定，我国建立外商投资企业投诉工作机制，我国境内的外商投资企业及其投资者认为其合法权益受到行政机关行政行为的侵害，可以提请投诉受理机构进行协调解决，或反映情况、提出建议、意见或请求，由投诉受理机构依法进行协调处理。目前，我国已经设立全国外商投资企业投诉中心和地方投诉受理机构，依据实际情况受理外商投资企业投诉，及时处理外商投资企业或者其投资者反映的问题，协调完善相关政策措施。

外商投资企业或者其投资者认为行政机关及其工作人员的行政行为侵犯其合法权益的，除通过外商投资企业投诉工作机制申请协调解决外，还可以依法申请行政复议、提起行政诉讼。

外商投资企业可以依法成立和自愿参加商会、协会。商会、协会依照法律法规和章程的规定开展相关活动，维护会员的合法权益。

第四节　外商投资管理

一、外商投资准入管理

(一) 从审批制到负面清单管理

在外商投资准入管理方面，我国最初实行设立外商投资企业的审批制度。2002年国务院发布《指导外商投资方向规定》和《外商投资产业指导目录》，此后分别于2004年、2007年、2011年、2015年和2017年修订《外商投资产业指导目录》(现已失效或部分失效)。根据《指导外商投资方向规定》，我国外商投资项目也分为鼓励、允许、限制和禁止四类。鼓励类、限制类和禁止类的外商投资项目列入《外商投资产业指导目录》，不属于鼓励类、限制类和禁止类的外商投资项目，为允许类外商投资项目，不列入《外商投资产业指导目录》。此外，《中华人民共和国中外合资经营企业法》《中华人民共和国中外合作经营企业法》和《中华人民共和国外资企业法》均规定，中外合营企业合营各方签订的合营协议、合同、章程，中外合作企业及中外合作者签订的协议、合同、章程以及设立外资企业的申请应报国家对外经济贸易主管部门，企业合营合作协议、合同、章程以及设立申请经批准后，向国家工商行政管理主管部门登记，领取营业执照后开始营业。

2016年9月3日，第十二届全国人大常委会第二十二次会议审议通过对《中华人民共和国外资企业法》等四部法律的修正案，决定将不涉及国家规定实施准入特别管理措施的外商投资企业设立及变更由审批改为备案管理。为此，国家发展改革委、商务部发布2016年第22号公告，对外商投资特别管理措施的范围予以明确，商务部同时发布《外商投资企业设立及变更备案管理暂行办法》，并于2017年、2018年进行修订，对备案适用范围、备案程序、监督管理和法律责任等内容作出规范。

《中华人民共和国外商投资法》则更进一步明确对外商投资实行负面清单管理模式。负面清单，是指国家规定在特定领域对外商投资实施的准入特别管理措施。国家对负面清单之外的外商投资给予国民待遇，我国缔结或者参加的国际条约、协定对外国投资者准入待遇有更优惠规定的，可以按照相关规定执行。

自实行外商投资准入特别管理措施以来，我国在2013年至2018年先后颁布了五版自贸区外商投资准入负面清单，还于2017年开始将外商投资准入特别管理措施在全国范围适用。目前适用的准入特别管理措施规定有《外商投资准入特别管理措施(负面清单)(2020年版)》和《自由贸易试验区外商投资准入特别管理措施(负面清单)(2020年版)》。

实行负面清单管理模式后，外商投资准入负面清单规定禁止投资的领域，外国投资者不得投资。外商投资准入负面清单规定限制投资的领域，外国投资者进行投资应当符合负面清单规定的条件。外商投资准入负面清单以外的领域，按照内外资一致的原则实施管理。

(二)从超国民待遇到准入前国民待遇

改革开放之初，为了吸引外商投资，《中华人民共和国中外合资经营企业法》《中华人民共和国外资企业法》和《中华人民共和国中外合作经营企业法》在税收征管、劳动力保护、土地供给和外汇管理等方面给予外商投资大量优惠，使其相比内资企业享受着超国民待遇。2001年我国加入WTO(世界贸易组织)，为履行GATS(《服务贸易总协定》)、TRIMS(《与贸易有关的投资措施协议》)、TRIPS(《与贸易有关的知识产权协定》)等协议中的国民待遇承诺清单，取消了《中华人民共和国外商投资企业和外国企业所得税法》，外商投资企业和内资企业统一适用《中华人民共和国企业所得税法》。此外，《中华人民共和国合同法》《中华人民共和国反垄断法》以及《中华人民共和国物权法》等多部法律都平等适用于内资企业和外商投资企业，外商投资在我国从享有超国民待遇走向国民待遇。

根据《中华人民共和国外商投资法》第4条规定，国家对外商投资实行准入前国民待遇加负面清单管理制度。其中，准入前国民待遇，是指在投资准入阶段给予外国投资者及其投资不低于本国投资者及其投资的待遇。准入前国民待遇是当国民待遇条款在经济全球化背景下渐成促进投资自由化的核心规则之后，一些国际投资协定将国民待遇义务延伸至准入前阶段的产物。

(三)外商投资核准、备案的国民待遇原则

根据《中华人民共和国外商投资法》的规定，外商投资需要办理投资项目核准、备案的，按照国家有关规定执行。外国投资者在依法需要取得许可的行业、领域进行投资的，应当依法办理相关许可手续。有关主管部门应当按照与内资一致的条件和程序，审核外国投资者的许可申请，法律、行政法规另有规定的除外。

外国投资者并购中国境内企业或者以其他方式参与经营者集中的，应当依照《中华人民共和国反垄断法》的规定接受经营者集中审查。

二、外商投资信息报告制度

2015年《中共中央 国务院关于构建开放型经济新体制的若干意见》要求，建立外商投资信息报告制度和外商投资信息公示平台，充分发挥企业信用信息公示系统的平台作用，形成各政府部门信息共享、协同监管、社会公众参与监督的外商投资全程监管体系。为此，商务部加强和完善了外商投资信息公示平台基础建设，并要求外商投资企业根据相关规定填报联合年报、诚信档案信息等内容。比如，2019年3月12日《商务部 财政部 税务总局 统计局 外汇局关于开展2019年外商投资企业年度投资经营信息联合报告的通知》要求，在我国境内依法设立并登记注册的外商投资企业，应于2019年4月1日至6月30日期间，登录“全国外商投资企业年度投资经营信息联合报告应用”（http：//www.lhnb.gov.cn/），填报2018年度投资经营信息，且相关数据信息不仅将在商务、财政、税务、统计、外汇部门间实现共享，还将通过“全国外商投资企业年度投资经营信息联合报告信息公示平台”（http：//lhnbgs.mofcom.gov.cn/）向社会公示。

鉴于外商投资信息报告制度有效提高了外商投资管理的透明度和可预期性，因此，《中华人民共和国外商投资法》仍然采用外商投资信息报告制度，规定外国投资者或者外商投资企业应当通过企业登记系统以及企业信用信息公示系统向商务主管部门报送投资信息。

三、外商投资的安全审查

（一）外商投资安全审查概述

世界各国和地区为维护本国的经济主权，在外商投资进入本国相关产业和领域时大多要求对外商投资进行国家安全审查。目前，各国和地区在国家安全审查实践中主要采用以下模式：第一，专门立法模式，即国家对国家安全审查的机构、程序、标准、措施等作出单独立法，美国、加拿大、澳大利亚、俄罗斯等国采用此模式；第二，混合立法模式，即国家并不针对国家安全审查进行专门立法，而是通过反垄断法、国家安全法、外汇法等法律对影响国家安全的外国投资进行审查，法国、德国、日本等国采用此模式。①

近年来，各国和地区对外商投资的安全审查越来越严苛，比如，美国《外国投资风险审查现代化法案》将投资和并购导致的知识产权转移和高新技术企业出售与危害美国的国家安全相等同。② 为此，《中华人民共和国外商投资法》同样规定了外商投资安全审查制度。该法第35条规定，国家建立外商投资安全审查制度，对影响或者可能影响国家安全的外商投资进行安全审查，且依法作出的安全审查决定为最终决定。

当然，《中华人民共和国外商投资法》关于安全审查制度的规定尚需进一步细

---

① 陶立峰．外国投资国家安全审查的可问责性分析[J]．法学，2016(1)：67-75.

② 刘岳川．投资美国高新技术企业的国家安全审查风险及法律对策[J]．政法论坛，2018(6)：117-125.

化。目前，我国现有针对外商投资安全审查的规定有2011年3月发布实施的《国务院办公厅关于建立外国投资者并购境内企业安全审查制度的通知》，以及2015年4月发布实施的《自由贸易试验区外商投资国家安全审查试行办法》。此外，《商务部实施外国投资者并购境内企业安全审查制度的规定》(2011年第53号)也对外商投资的安全审查进行了明确规定。

(二)外商投资安全审查的范围

上述两个文件对外商投资安全审查在审查范围、适用情形等规定略有不同，具体对比如表8-1所示。

表8-1　**外商投资安全审查对比表**

	国务院办公厅关于建立外国投资者并购境内企业安全审查制度的通知	自由贸易试验区外商投资国家安全审查试行办法
审查范围	(1)外国投资者并购境内军工及军工配套企业，重点、敏感军事设施周边企业，以及关系国防安全的其他单位。 (2)外国投资者并购境内关系国家安全的重要农产品、重要能源和资源、重要基础设施、重要运输服务、关键技术、重大装备制造等企业，且实际控制权可能被外国投资者取得。	(1)外国投资者在自贸试验区内投资军工、军工配套和其他关系国防安全的领域，以及重点、敏感军事设施周边地域。 (2)外国投资者在自贸试验区内投资关系国家安全的重要农产品、重要能源和资源、重要基础设施、重要运输服务、重要文化、重要信息技术产品和服务、关键技术、重大装备制造等领域，并取得所投资企业的实际控制权。
适用情形	(1)外国投资者购买境内非外商投资企业的股权或认购境内非外商投资企业增资，使该境内企业变更设立为外商投资企业。 (2)外国投资者购买境内外商投资企业中方股东的股权，或认购境内外商投资企业增资。 (3)外国投资者设立外商投资企业，并通过该外商投资企业协议购买境内企业资产并且运营该资产，或通过该外商投资企业购买境内企业股权。 (4)外国投资者直接购买境内企业资产，并以该资产投资设立外商投资企业来运营该资产。	(1)外国投资者单独或与其他投资者共同投资新建项目或设立企业。 (2)外国投资者通过并购方式取得已设立企业的股权或资产。 (3)外国投资者通过协议控制、代持、信托、再投资、境外交易、租赁、认购可转换债券等方式投资。

续表

	国务院办公厅关于建立外国投资者并购境内企业安全审查制度的通知	自由贸易试验区外商投资国家安全审查试行办法
实际控制权	外国投资者取得实际控制权，是指外国投资者通过并购成为境内企业的控股股东或实际控制人。包括下列情形： (1)外国投资者及其控股母公司、控股子公司在并购后持有的股份总额在50%以上。 (2)数个外国投资者在并购后持有的股份总额合计在50%以上。 (3)外国投资者在并购后所持有的股份总额不足50%，但依其持有的股份所享有的表决权已足以对股东会或股东大会、董事会的决议产生重大影响。 (4)其他导致境内企业的经营决策、财务、人事、技术等实际控制权转移给外国投资者的情形。	外国投资者取得所投资企业的实际控制权，包括下列情形： (1)外国投资者及其关联投资者持有企业股份总额在50%以上。 (2)数个外国投资者持有企业股份总额合计在50%以上。 (3)外国投资者及其关联投资者、数个外国投资者持有企业股份总额不超过50%，但所享有的表决权已足以对股东会或股东大会、董事会的决议产生重大影响。 (4)其他导致外国投资者对企业的经营决策、人事、财务、技术等产生重大影响的情形。

对比分析，我国在外商投资安全审查法律规范和实践中存在以下问题。第一，自贸区外商投资安全审查范围，相比外国投资者并购境内企业的安全审查增加了重要文化领域。主要原因在于文化创新、艺术创意、文化贸易的发展风头正劲，自贸区也承载着推动我国文化产业发展，以及促进我国文化产业和世界文化产业链、价值链、消费链的融合等重要功能。因此，《国务院关于在自由贸易试验区暂时调整有关行政法规、国务院文件和经国务院批准的部门规章规定的决定》(国发〔2017〕57号)中，也允许设立外商独资经营的娱乐场所，在自由贸易试验区内提供服务。此外，该决定允许外国投资者、中国台湾地区的投资者设立独资演出经纪机构并为设有自由贸易试验区的省、直辖市提供服务。但是，文化产业发展更肩负传递社会主义核心价值观、传递正能量的重要使命，因此，对外商投资重要文化领域进行安全审查十分必要。

第二，在实际控制权判定方面，首先，外国投资者并购境内企业时可能取得实际控制权的，就可以启动安全审查程序，而自贸区外商投资则规定外国投资者取得实际控制权的，适用安全审查的规定。其次，自贸区外商投资安全审查判定取得实际控制权时将外国投资者及其关联投资者作为整体考察，外国投资者并购境内企业安全审查则只考察外国投资者及其控股母公司、控股子公司持有股权数量，前者范围要比后者范围宽泛。

第三，自贸区外商投资安全审查制度还适用于外国投资者通过协议控制、代持、信托、再投资、境外交易、租赁、认购可转换债券等方式的投资，对纳入审查范围内的外商投资的安全审查更全面。应当注意的是，《国务院办公厅关于建立外国投资者并购境内企业安全审查制度的通知》虽然没有规定对上述情形适用安全审查制度，但《商务部实施外国投资者并购境内企业安全审查制度的规定》，对于外国投资者并购境内企业，应从交易的实质内容和实际影响来判断并购交易是否属于并购安全审查的范围；外国投资者不得以任何方式实质规避并购安全审查，包括但不限于代持、信托、多层次再投资、租赁、贷款、协议控制、境外交易等方式。商务部的上述规定充分满足对外国投资并购境内企业安全审查实践需求，安全审查制度和结论更为全面和科学。

综上，《中华人民共和国外商投资法》对我国外商投资安全审查作了原则性规定，国务院办公厅、商务部对外国投资并购境内企业和自贸区外商投资的安全审查范围、适用情形等作了具体规定。考虑到外商投资安全审查的重要性，建议对《中华人民共和国外商投资法》相关内容进行进一步明确，也可以对外商投资安全审查进行专门立法，提升外商投资安全审查的立法层级，维护我国的经济主权。

(三)外商投资安全审查工作机制和程序

根据相关规定，我国建立外国投资者并购境内企业和自贸区外商投资安全审查的部际联席会议(以下简称联席会议)制度，具体承担并购安全审查工作。联席会议在国务院领导下，由发展改革委、商务部牵头，根据外资并购所涉及的行业和领域，会同相关部门开展并购安全审查。联席会议的主要职责是：①分析外国投资者并购境内企业对国家安全的影响；②研究、协调外国投资者并购境内企业安全审查工作中的重大问题；③对需要进行安全审查的外国投资者并购境内企业交易进行安全审查并作出决定。

外商投资安全审查程序如图 8-1 所示。

图 8-1 中，利害关系人是与外国投资者并购境内企业，或者自贸区内的外商投资活动有利害关系的组织，包括国务院有关部门、全国性行业协会、同业企业及上下游企业等。利害关系人认为需要对外国投资者并购境内企业、自贸区内的外商投资活动进行安全审查的，均可以通过商务部提出进行并购安全审查的建议。联席会议认为确有必要进行并购安全审查的，可以决定进行审查。

向商务部提交安全审查申请时，申请人应提交下列文件：①经申请人的法定代表人或其授权代表签署的并购安全审查申请书和交易情况说明；②经公证和依法认证的外国投资者身份证明或注册登记证明及资信证明文件；法定代表人身份证明或外国投资者的授权代表委托书、授权代表身份证明；③外国投资者及关联企业(包括其实际控制人、一致行动人)的情况说明，与相关国家政府的关系说明；④被并

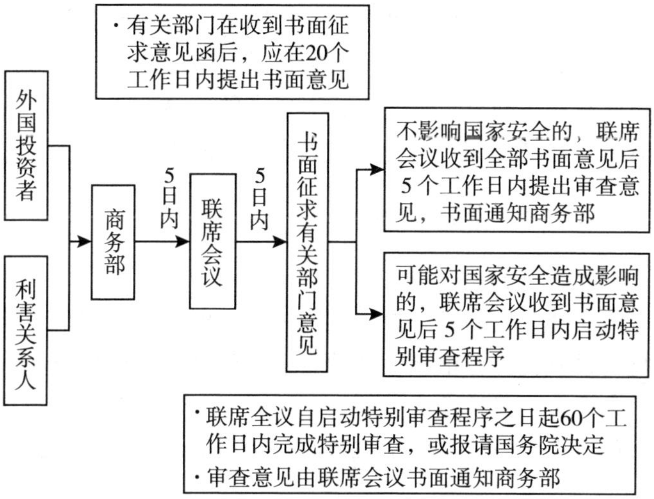

图 8-1　外商投资安全审查程序

购境内企业的情况说明、章程、营业执照(复印件)、上一年度经审计的财务报表、并购前后组织架构图、所投资企业的情况说明和营业执照(复印件)；⑤并购后拟设立的外商投资企业的合同、章程或合伙协议以及拟由股东各方委任的董事会成员、聘用的总经理或合伙人等高级管理人员名单；⑥为股权并购交易的，应提交股权转让协议或者外国投资者认购境内企业增资的协议、被并购境内企业股东决议、股东大会决议，以及相应资产评估报告；⑦为资产并购交易的，应提交境内企业的权力机构或产权持有人同意出售资产的决议、资产购买协议(包括拟购买资产的清单、状况)、协议各方情况，以及相应资产评估报告；⑧关于外国投资者在并购后所享有的表决权对股东会或股东大会、董事会决议、合伙事务执行的影响说明，其他导致境内企业的经营决策、财务、人事、技术等实际控制权转移给外国投资者或其境内外关联企业的情况说明，以及与上述情况相关的协议或文件；⑨商务部要求的其他文件。

并购安全审查过程中，申请人可向商务部申请修改交易方案或撤销并购交易。并购安全审查意见由商务部书面通知申请人。

(四)外商投资安全审查决定

根据商务部《实施外国投资者并购境内企业安全审查制度的规定》，经审查，外国投资者并购境内企业不影响国家安全的，申请人可按照《关于外国投资者并购境内企业的规定》《外商投资企业投资者股权变更的若干规定》《关于外商投资企业境内投资的暂行规定》等有关规定，到具有相应管理权限的相关主管部门办理并购交易手续；可能影响国家安全且并购交易尚未实施的，当事人应当终止交易。申请人未经调整并购交易、修改申报文件并经重新审查，不得申请并实施并购交易；外国投资者并购境内企业行为对国家安全已经造成或可能造成重大影响的，根据联席会议审查意见，商务部会同有关部门终止当事人的交易，或采取转让相关股权、资产或其他有效措施，以消除该并购行为对国家安全的影响。

四、有关行业的外商投资管理

(一)外商投资电信企业

外商投资电信企业，是指外国投资者同中国投资者在我国境内依法以中外合资经营形式共同投资设立的经营电信业务的企业。外商投资电信企业可以经营基础电信业务、增值电信业务，具体业务分类依照《中华人民共和国电信条例》的规定执行。外商投资电信企业经营业务的地域范围，由国务院工业和信息化主管部门按照有关规定确定。

1. 外方主要投资者应当具备的条件

外商投资电信企业的外方主要投资者，是指在外方全体投资者中出资数额最多且占全体外方投资者出资总额的30%以上的出资者。根据《外商投资电信企业管理规定》，经营基础电信业务的外商投资电信企业的外方主要投资者应当符合下列条件：①具有企业法人资格；②在注册的国家或者地区取得基础电信业务经营许可证；③有与从事经营活动相适应的资金和专业人员；④有从事基础电信业务的良好业绩和运营经验。经营增值电信业务的外商投资电信企业的外方主要投资者应当具有经营增值电信业务的良好业绩和运营经验。

2. 外方投资者的出资比例限制

外商投资电信企业经营电信业务，除应当符合《中华人民共和国电信条例》规定的经营基础电信业务或者经营增值电信业务应当具备的条件外，还要符合以下规定：①经营基础电信业务(无线寻呼业务除外)的外商投资电信企业的外方投资者在企业中的出资比例，最终不得超过49%；②经营增值电信业务(包括基础电信业务中的无线寻呼业务)的外商投资电信企业的外方投资者在企业中的出资比例，最终不得超过50%。

此外，《外商投资电信企业管理规定》还要求外商投资电信企业注册资本最低限额满足下列条件：①经营全国的或者跨省、自治区、直辖市范围的基础电信业务的，其注册资本最低限额为10亿元人民币；经营增值电信业务的，其注册资本最低限额为1000万元人民币；②经营省、自治区、直辖市范围内的基础电信业务的，其注册资本最低限额为1亿元人民币；经营增值电信业务的，其注册资本最低限额为100万元人民币。

3. 外商投资电信企业的监管

根据国务院《关于取消和下放一批行政许可事项的决定》(国发〔2020〕13号)，对外商投资电信企业取消行政许可，但是，工业和信息化部、省级通信管理局要通过以下措施加强监管：①在办理“电信业务经营许可”时，对外商投资电信企业落实股比限制要求情况进行严格把关；②加强对外商投资电信企业日常经营活动的监测，督促其按要求报送有关信息；③通过“双随机、一公开”监管等方式加强监管，发现违法违规行为要依法查处并向社会公开结果；④依法实施信用监管，如实记录违法失信行为，实施差异化监管等措施。

(二)外商投资证券、期货公司等相关规定

1. 外商投资证券公司

外商投资证券公司是指：①境外股东与境内股东依法共同出资设立的证券公司；②境外投资者依法受让、认购内资证券公司股权，内资证券公司依法变更的证券公司；③内资证券公司股东的实际控制人变更为境外投资者，内资证券公司依法变更的证券公司。

根据《外商投资证券公司管理办法》，中国证监会负责对外商投资证券公司的审批和监督管理。外商投资证券公司的名称、组织形式、注册资本、业务范围、组织机构的设立及职责以及股东、董事、监事、高级管理人员等，应当符合《中华人民共和国公司法》《中华人民共和国证券法》等法律、法规和中国证监会的有关规定。

设立外商投资证券公司除应当符合《中华人民共和国公司法》《中华人民共和国证券法》《证券公司监督管理条例》和经国务院批准的中国证监会规定的证券公司设立条件外，还应当符合下列条件：①境外股东应当以自由兑换货币出资，具备《外商投资证券公司管理办法》规定的资格条件；②境外股东累计持有的(包括直接持有和间接控制)外商投资证券公司股权比例，应当符合国家关于证券业对外开放的安排；③初始业务范围与控股股东或者第一大股东的经营证券业务经验相匹配；④中国证监会规定的其他审慎性条件。

2. 外商投资期货公司

外商投资期货公司是指单一或有关联关系的多个境外股东直接持有或间接控制公司5%以上股权的期货公司。

《外商投资期货公司管理办法》规定，境外股东应当以自由兑换货币出资，境外股东累计持有的(包括直接持有和间接控制)外商投资期货公司股权比例，应当符合国家关于期货业对外开放的安排。直接持有期货公司5%以上股权的境外股东，单独或与关联方、一致行动人共同实际控制期货公司5%以上股权的境外投资者，除应当符合《期货公司监督管理办法》相关规定外，还应当具备下列条件：①

持续经营 5 年以上，近 3 年未受到所在国家或者地区监管机构或者行政、司法机关的重大处罚；②管理层具有良好的专业素质和管理能力；③具有健全的内部控制制度和风险管理体系；④具有良好的国际声誉和经营业绩，近 3 年业务规模、收入、利润居于国际前列，近 3 年长期信用均保持在高水平；⑤中国证监会规定的其他审慎性条件。

除通过中国境内证券公司间接持有期货公司股权及中国证监会规定的其他情形外，境外投资者通过投资关系、协议或其他安排，实际控制期货公司 5%以上股权的，应当转为直接持股。

3. 外商投资支付机构

根据中国人民银行〔2018〕第 7 号公告，境外机构拟为我国境内主体的境内交易和跨境交易提供电子支付服务的，应当在我国境内设立外商投资企业，根据《非金融机构支付服务管理办法》规定的条件和程序取得支付业务许可证，并应当在我国境内拥有安全、规范、能够独立完成支付业务处理的业务系统和灾备系统。

电子支付涉及个人信息保护，电子支付业务属于关键信息基础设施范畴，因此，外商投资支付机构的电子支付服务，应当遵守《中华人民共和国网络安全法》等相关法律的规定，即外商投资支付机构在我国境内收集和产生的个人信息和金融信息的存储、处理和分析应当在境内进行。为处理跨境业务必须向境外传输的，应当符合法律、行政法规和相关监管部门的规定，要求境外主体履行相应的信息保密义务，并经个人信息主体同意。

4. 外商投资征信机构

根据中国人民银行、商务部 2016 年第 1 号公告，设立经营个人征信业务的外商投资征信机构，应当符合《征信业管理条例》和《征信机构管理办法》的相关规定，申请人应当取得中国人民银行的前置许可后，凭个人征信业务经营许可证向商务部申请办理审批手续，予以批准的，发给外商投资企业批准证书。然后，申请人凭个人征信业务经营许可证和外商投资企业批准证书，向工商行政管理部门办理注册登记手续。

经营企业征信业务的外商投资征信机构由省级商务主管部门负责批准企业设立。予以批准的，申请人凭外商投资企业批准证书办理工商注册登记手续，并在所在地中国人民银行省会（首府）城市中心支行以上分支机构办理备案，纳入中国人民银行的监管范围。

（三）外商投资运输业相关规定

1. 外商投资民用航空业

根据《外商投资民用航空业规定》，外商投资民用航空业范围包括民用机场、公共航空运输企业、通用航空企业和航空运输相关项目，禁止外商投资和管理空中交通管制系统。

外国投资者可以采取以下投资方式：①合资、合作经营；②购买民航企业的股份，包括民航企业在境外发行的股票以及在境内发行的上市外资股；③其他经批准的投资方式。其中，外商以合作经营方式投资公共航空运输和从事公务飞行、空中游览的通用航空企业，必须取得中国法人资格。

在股权比例上，应当遵守以下规定：①外商投资民用机场，应当由中方相对控股；②外商投资公共航空运输企业，应当由中方控股，一家外商(包括其关联企业)投资比例不得超过25%；③外商投资从事公务飞行、空中游览、为工业服务的通用航空企业，由中方控股；从事农、林、渔业作业的通用航空企业，外商投资比例由中外双方商定；④外商投资飞机维修(有承揽国际维修市场业务的义务)和航空油料项目，由中方控股；货运仓储、地面服务、航空食品、停车场等项目，外商投资比例由中外双方商定。

此外，在外商投资民用航空领域，中国民用航空总局、国家商务部、国家发改委还相继发布六个补充规定，主要内容如表8-2所示。

表8-2　**《外商投资民用航空业规定》相关补充规定的主要内容**

法规名称	实施日期	具体内容
《外商投资民用航空业规定》的补充规定	2005年2月24日	(1)允许香港、澳门地区服务提供者以合作、合资或独资形式提供中小机场委托管理服务，合同有效期不超过20年。 (2)允许香港、澳门地区服务提供者以合作、合资或独资形式提供机场管理培训、咨询服务。 (3)允许香港、澳门地区服务提供者以合资或独资形式在内地提供代理服务、装卸控制和通信联络及离港控制系统服务、集装设备管理服务、旅客与行李服务、货物与邮件服务、机坪服务、飞机服务七项航空运输地面服务
《外商投资民用航空业规定》的补充规定(二)	2007年1月4日	允许符合香港、澳门地区服务提供者定义的香港、澳门航空销售代理企业在内地设立合资、合作或独资航空运输销售代理企业，注册资本要求与内地企业相同
《外商投资民用航空业规定》的补充规定(三)	2008年1月1日	允许符合条件的香港、澳门地区服务提供者在内地与内地的计算机订座系统(CRS)服务提供者成立合资企业。内地应在合资企业中控股。设立合资企业的营业许可须进行经济需求测试

续表

法规名称	实施日期	具体内容
《外商投资民用航空业规定》的补充规定(四)(2016)	2016 年 5 月 27 日	允许香港、澳门地区服务提供者以独资或拥有控制性股权形式，在内地经营航空器维修和保养业务
《外商投资民用航空业规定》的补充规定(五)(2016)	2016 年 5 月 27 日	(1)允许台湾地区服务提供者以独资或合资形式投资大陆航空器维修领域。 (2)台湾地区服务提供者必须为法人或多个台湾服务提供者共同投资时其主要投资者必须为法人
《外商投资民用航空业规定》的补充规定(六)	2017 年 5 月 1 日	(1)允许香港、澳门地区服务提供者独资投资飞机维修、航空食品、航空货运仓储、停车场和地面服务项目(不包括与安保有关的项目)。 (2)取消香港、澳门地区服务提供者设立合资计算机订座系统(CRS)企业的营业许可需进行经济需求测试的要求

2. 外商投资国际海运业

根据《外商投资国际海运业管理规定》，经批准，允许外商采用以下形式投资经营国际海运业：①设立中外合资、中外合作企业经营国际船舶运输、国际船舶代理、国际船舶管理、国际海运货物装卸、国际海运集装箱站和堆场业务；②设立中外合资、中外合作、外商独资企业经营国际海运货物仓储业务；③设立中外合资、中外合作、外商独资企业为投资者拥有或者经营的船舶提供日常业务服务。

外商投资经营国际海运业务有关审批流程如图 8-2 所示。

3. 外商投资国际货物运输代理企业

外商投资国际货物运输代理企业，是指外国投资者以中外合资、中外合作以及外商独资形式设立的接受进出口货物收货人、发货人的委托，以委托人的名义或者以自己的名义，为委托人办理国际货物运输及相关业务并收取服务报酬的外商投资企业。

根据《外商投资国际货物运输代理企业管理办法》，外商投资设立经营国际快递业务的国际货运代理企业由商务部负责审批和管理；外商投资设立经营其他业务的国际货运代理企业由省级商务主管部门负责审批和管理。

应当着重强调的是，为维护邮政通信与信息安全，外商投资国际货物运输活动中涉及信件的，应当遵守《中华人民共和国邮政法》及其实施细则等相关规定。第一，信件是指信函和明信片。其中，信函是指以套封形式按照名址递送给特定个人

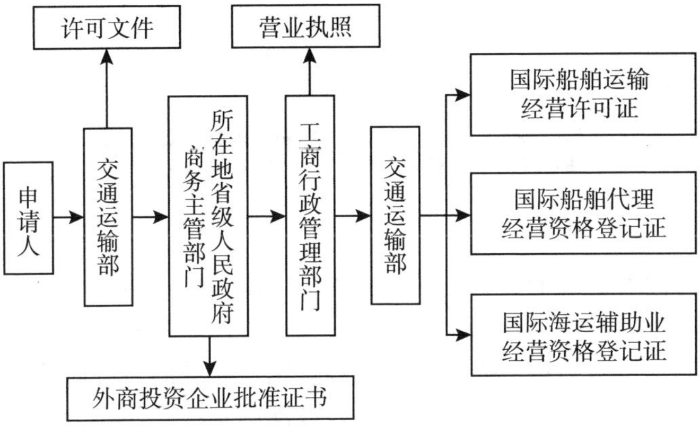

图 8-2　外商投资国际海运业务审批流程

或者单位的缄封的信息载体，不包括书籍、报纸、期刊等。第二，国务院规定范围内的信件寄递业务，由邮政企业专营。快递企业不得经营由邮政企业专营的信件寄递业务，不得寄递国家机关公文。第三，未经邮政企业委托，任何单位或者个人不得经营信函、明信片或者其他具有信件性质的物品（以符号、图像、音响等方式传递信息的载体）的寄递业务，但国务院另有规定的除外。

因此，从事信件和信件性质物品（不含私人信函和县级以上党政军机关公文的寄递业务）国际快递业务的企业经商务主管部门批准后应向邮政部门办理邮政委托手续。

第九章　商业风控法律制度

商主体参与商业活动的目的是为了获利，但由于商业风险无处不在，为了防止客观的市场经济条件下的商业风险，人类社会商主体不断吸取教训、总结经验，树立风险意识，制定风险对策，以最少的管理费用去获取满意的风险收益和使风险损失减轻到最低的限度，形成并不断完善以行业准则到国家法律为体系的商业风险控制法律制度。

第一节　闭环管控制度

人们对客观世界的认识总是在实践、认识、再实践、再认识的过程中逐渐深化的。商主体经营管理行为的认知及规范也不例外。鉴于商主体管理行为直接关系到商主体的生死存亡，因此，现代商主体管理随着高新科技发展，不断走向科学化和规范化。其中，闭环管理作为一种科学高效的管理方法，不断完善和发展，形成有拘束力的行为规范，拘束着商主体经营管理行为。

在商主体经营管理活动中，闭环管理方法是综合运用闭环系统、管理的封闭原理、管理控制、信息系统等原理形成的一种管理方法。具体来说，一方面，商主体经营的供—产—销管理过程作为一个闭环系统，把该系统中的各项专业管理如物资供应、成本、销售、质量、人事、安全等作为闭环子系统，使系统和子系统内的管理构成连续封闭和回路且使系统活动维持在一个平衡点上；另一方面，面对变化的客观实际，进行灵敏、正确有力的信息反馈并作出相应变革，使矛盾和问题得到及时解决，决策、控制、反馈、再决策、再控制、再反馈……从而在循环积累中不断提高，促进商主体对自己经济的供—产—销全过程的闭环管理。因此，商主体通过对成本、质量、产量、设备、资金等有效的闭环管理和严格考核及督促，保证使人流、物流、资金流处于最佳配置，使自己处于低投入高产出的良性循环之中。总之，推行闭环管理的目的在于提高商主体经济效益。

科学高效的闭环管理，一般的行动程序是：①确立控制标准；②评定活动成效；③纠正错误手段，消除偏离标准和计划的情况。因此，在实行闭环管理中应坚持以下八个原则。第一，系统整体性。强调局部服从全局，确保企业经营总目标的实现。第二，高质量。通过改进设计和工艺提高产品质量，严格按 ISO9002 标准建立质量控制体系，创名牌，扩大产品销路。第三，强化营销。加强营销和货币回笼，努力使产销率和货款回笼率达到100%。第四，低成本。努力降低人力、物力的消耗和资金的占用，降低成本，增加企业盈利。第五，安全生产。推行班组安全生产标准化工作。第六，全方位。所有单位及处室都纳入闭环管理范围，不留缺口。第七，明确职责。即什么事情由哪个部门或人员去办；按照什么标准去办；什么时间完成；结果如何；存在什么问题或取得什么经验。所有这些，都要有完整的记录和信息反馈。按照封闭的基本方法，从后果中找出管理手段各环节中的原因，加以封闭，通俗地讲，也就是“说到的要写到，写到的要做到，做到的要记录”。杜绝同一性质的失误或偏差再度发生，使闭环管理在循环中产生质的飞跃，每循环一次，管理水平就上一个台阶。第八，严格考核。闭环管理与经济责任制挂钩，在制度面前人人平等。不讲客观，严格考核，奖惩兑现。

闭环管控制度的应用，是人类商行为内部拘束规范的科学经验积累的智识结果。随着现代科学管理方法的不断升华和进步，闭环管控制度的优越性亦越来越成为商主体行为规范(具有法律性质)不可或缺的内容。

第二节　合规制度

合规制度，是近代以来由金融商主体创建并为现代商主体广泛运用的风险控制管理法律制度。最初的合规(Compliance)，包含三层含义：①使公司经营活动与法律、管治及内部规则保持一致(瑞士银行家协会)；②与目标连用，具体指必须致力于遵守企业主体所适用的法律法规(美国虚假财务报告委员会下属的发起人委员会，英文缩写为COSO)；③代表管理层独立监督核心流程和相关政策和流程，确保银行在形式和精神上遵守行业特定法律法规，维护银行声誉(荷兰银行)。现代商主体大多重视合规制度建设，合规管理已成企业“内部的一项核心风险管理活动”。现代意义的合规，是指商企业公司及其工作人员的经营管理和执业行为符合法律、法规、规章及其他规范性文件、行业规范和自律规则、公司内部规章制度，以及行业公认并普遍遵守的职业道德和行为准则。

现代商主体之所以重视合规制度，根本原因在于防范合规风险。而合规风险，往往因商主体公司或其工作人员的经营管理或执业行为违反法律、法规或准则而使商主体公司受到法律制裁、被采取监管措施、遭受财产损失或声誉损失的风险。

合规管理制度的实施程序包括合规制度建设、合规咨询、合规审查、合规检查、合规监测、法律法规追踪、合规报告、反洗钱、投诉举报处理、监管配合、信息隔离墙(监视清单与限制清单)、合规文化建设、合规信息系统建设、合规考核、合规问责等。

现代商主体合规风险管理的基本行为规范主要有：

(1)建立健全专门的风险管控合规机构。

(2)培养配备具有专业经验的合规管理人员。

(3)制定专门的合规制度，包括覆盖公司所有业务、各个部门和分支机构、全体工作人员，贯穿决策、执行、监督、反馈等各个环节的合规管理的目标、基本原则、机构设置及其职责，以及违规事项的报告、处理和责任追究办法等内容。

(4)履行合规职责的行为拘束机制，公司董事会、监事会和高级管理人员依照法律、法规和公司章程的规定，履行与合规管理有关的职责，对公司合规管理的有效性承担责任。公司的全体工作人员都应当熟知与其执业行为有关的法律、法规和准则，主动识别、控制其执业行为的合规风险，并对其执业行为的合规性承担责任。

(5)公司应当根据需要，组织内部有关机构和部门或者委托外部专业机构对公司合规管理的有效性进行评估，及时解决合规管理中存在的问题。对公司合规管理有效性的全面评估，每年不得少于一次。

(6)对公司及其工作人员的经营管理和执业行为的合规性进行审查、监督和检查。合规负责人不得兼任与合规管理职责相冲突的职务，不得分管与合规管理职责相冲突的部门。

(7)合规部门应当对公司内部管理制度、重大决策、新产品和新业务方案等进行合规审查，并出具书面的合规审查意见。

(8)合规部门应当采取有效措施，对公司及其工作人员的经营管理和执业行为的合规性进行监督，并按照证券监管机构的要求和公司规定进行定期、不定期的检查。

(9)合规部门应当组织实施公司反洗钱和信息隔离墙制度，按照公司规定为高级管理人员、各部门和分支机构提供合规咨询、组织合规培训，处理涉及公司和工作人员违法违规行为的投诉和举报。

(10)合规部门发现公司存在违法违规行为或合规风险隐患的，应当及时向公司章程规定的内部机构报告，同时向公司住所地市场监管机关报告；对违法违规行为和合规风险隐患，合规部门应当及时向公司有关机构或部门提出制止和处理意见，并督促整改。

(11)法律、法规和准则发生变动，合规部门应当及时建议公司董事会或高级管理人员并督导公司有关部门，评估其对公司合规管理的影响，修改、完善有关管理制度和业务流程；合规部门认为法律、法规和准则的规定不明确，难以对公司及其工作人员的经营管理和执业行为的合规性作出判断的，可以向监管机构或者自律组织咨询。合规部门应当将出具的合规审查意见、提供的合规咨询意见、签署的公司文件、合规检查工作底稿等与履行职责有关的文件、资料存档备查，并对履行职责的情况作出记录。

(12)公司应当保障合规总监的独立性，保障合规总监能够充分行使履行职责所必需的知情权和调查权。合规负责人有权参加或列席与其履行职责有关的会议，调阅有关文件、资料，要求公司有关人员对有关事项作出说明。公司的股东、董事和高级管理人员不得违反规定的职责和程序，直接向合规部门下达指令或者干涉其工作；公司的董事、监事、高级管理人员和各部门、分支机构应当支持和配合合规部门的工作，不得以任何理由限制、阻挠合规部门履行职责。

(13)公司应当为合规总监履行职责提供必要的人力、物力、财力和技术支持。公司应当根据本公司的经营范围、业务规模、组织结构等情况设立合规部门，并为合规部门配备足够的、具备与履行合规管理职责相适应的专业知识、技能和经验的合规管理人员。合规负责人认为必要时，可以公司名义聘请外部专业机构或人员协助其工作。

(14)公司应当明确合规部门与其他内部控制部门之间的职责分工，建立各内部控制部门协调互动的工作机制。公司应当建立违规举报制度，保障每一位工作人员都能够正常行使举报违法违规行为的权利。公司各部门、分支机构及其工作人员发现违法违规行为或合规风险隐患时，应当主动、及时地向合规部门报告。

(15)公司应当将合规管理的有效性和执业行为的合规性，纳入高级管理人员、各部门和分支机构及其工作人员的绩效考核范围。公司应当对合规负责人和合规管理人员的履职情况进行考核，并根据考核结果决定其薪酬待遇。合规总监和合规管理人员工作称职的，其薪酬待遇应当不低于公司同级别管理人员的平均水平。

(16)公司应当于每年法律或公司章程规定日期，向住所地市场监督机关或行业协会报送中期合规报告及年度合规报告。合规报告应当由公司董事会通过，包括公司合规管理的基本情况，合规负责人履行职责情况，公司违法违规行为、合规风险的发现及整改情况，公司合规管理有效性的评估及整改情况，监管机构要求或公司认为需要报告的其他内容。公司的董事、高级管理人员应当对前款规定的合规报告签署确认意见，保证报告内容的真实、准确、完整；对报告内容持有异议的，应当注明自己的意见和理由。

(17)市场监督相关机关发现合规违法违规行为，应积极妥善处理，落实主体责任，完善内部控制制度和业务流程并及时向住所地相关监督机关报告的，依法免于追究责任或从轻、减轻处理。对于公司的违法违规行为，合规部门已经按照规定履行制止和报告职责的，免除责任。

(18)公司未能有效实施合规管理，内部控制不完善或出现违法违规行为的，依法对该公司及负有责任的董事、高级管理人员和其他人员采取监管措施或者追究法律责任。公司合规负责人支持、纵容公司的违法违规行为，或者无合理理由未能按照规定履行制止、报告职责的，依法对其采取监管措施或者追究法律责任。

第三节 风险投资管控制度

企业必须全面分析经营中可能存在的风险，并对风险进行评估容忍度的确认，建立规范的风险监控体系。

在风险管理框架中，由于要针对不同的目标分析其相应的风险，因此目标的制定自然就成为风险管理流程的首要步骤，并将其确认为风险管理框架的一部分。按照现代管理学之父彼得·德鲁克的理论，企业应当在以下8个领域确定目标，即市场营销、创新、人力资源、财务资源、实物资源、生产力、社会责任、利润需求等。

企业的目标是由相应的机构和部门去实现的，这些部门也就成为风险监控体系的组成部分。在企业目标与相应目标的风险确认后，定期地进行风险测评成为风险监控的重要过程。风险的测评，不仅要有测评结论，还必须对今后的控制提出前瞻性提示和防范措施，从制度上控制和规范风险的发生。

建立风险管理制度，就是建立公司内部控制制度。企业的内控，就是要通过制订流程、执行流程、监控流程，来控制“不同人的行为”可能带来的风险，保证风险可知、可控、可承受。目前，国内有众多的公司在美国上市，根据2002年7月30日美国国会通过的萨班斯法案，建立企业内部控制制度成为在美上市的必备条件。

五点原则是必须遵守的：

(1)相互牵制原则。企业每项完整的经济业务活动，必须经过具有互相制约关系的两个或两个以上的控制环节方能完成。在横向关系上，至少由彼此独立的两个部门或人员办理以使该部门或人员的工作受另一个部门或人员的监督；在纵向关系上，至少经过互不隶属的两个或两个以上的岗位或环节，使下级受上级监督，上级受下级牵制。对授权、执行、记录、保管、核对等不兼容职务要相互分离控制。

(2)协调配合原则。各部门或人员必须相互配合，各岗位和环节都应协调同步，各项业务程序和办理手续需要紧密衔接，以保证经营管理活动的有效性和连续性。协调配合原则是相互牵制原则的深化和补充。贯彻这一原则，尤其要避免只管牵制错弊而不顾办事效率的机械做法，必须做到既相互牵制又相互协调，从而在保证质量、提高效率的前提下完成经营任务。

(3)程序定位原则。企业应该按照经济业务的性质和功能将其经营管理活动划分为若干个具体工作岗位，并根据岗位性质相应地赋予职责权限，规定操作规程，明确检查标准，责、权、利统一。形成事事有人管、人人有专职、办事有标准、工作有检查，以此定出奖罚制度，增加每个人的事业心和责任感，提高工作效率。

(4)成本效益原则。实行内部控制的成本要低于由此产生的收益，力争以最小的控制成本取得最大的经济效益。

(5)层次效益原则。正确处理企业内部控制层次与工作效率的关系，防止以增加层次的“人海战术”来获得较好内控效果的现象。以高效、有用为出发点，合理设置内控层次(或人员)，明确各个层次的职责权限，强化各相应层次的责任心，提高企业内部控制的有用性和效率性。

国内各公司正竞相推广和实施企业内部控制制度。内部控制是公司风险管理的一个重要组成部分。企业风险管理的框架中包含内部控制，其对管理层来说是一个丰富的概念集合和管理工具。以往许多企业经营风险的发生并非是因为没有制度，而是企业经营者违规操作。所以内控制度还必须规范这种违规操作的行为，从根本上实现内部控制的管理作用。

第四节　风险应急管控机制

风险应急管控是商主体行为规范体系中不可或缺的组成部分。一旦风险发生，企业或公司如何应对，事关重大。因此，风险应急管控行为规范，就是对企业或公司甚至行业行为具有拘束力的行为规范，即企业或公司乃至行业应采取最有力的措施，将风险控制在最低限度内，减少损失，保证企业或公司以及行业的根本利益。

商主体风险应急管控机制主要由风险预警预判、风险应急管控机制和风险抵御与救济规范组成。

风险预警预判行为规范，指企业或公司按照国家专门法律法规，深化落实交易一线监管主体责任，自觉遵守以充分信息披露为核心的市场监管，形成以监管会员为中心的自律监管和以异常交易实时监控为重点的市场监察监控体系，强化企业公司经营市场重大系统性风险预研预警预判，有效防止经营市场大起大落、暴涨暴跌，确保经营市场行稳致远。

风险应急管控机制行为规范，包括企业或公司面临实际发生的风险，采取资金、财物投入限制，资本运行限制，生产销售和贩卖限制以及市场经营收缩等有利于减少损失的应急应对举措等。

风险抵御与救济行为规范，包括对实际发生风险降低或减少损失，避免损失和处置损失，以及对损失进行补救的行动原则和具体举措等。

经济风险作为客观周期现象，不以人的意志为转移存在和发生。防范和抵御经济风险，对于商主体企业或公司乃至行业至关重要。因此，人类社会发展至今，总是不断总结经验、吸取教训，约束自己的行为，从而加以防范、抵御。企业、公司乃至行业也就进入将风险重新加以控制的运营阶段。其行为规范的结果，有利于将损失减少到最低的范围，保证企业的根本利益不受毁灭性损害。

在风险的控制和管理中，企业、公司的领导者处于风险控制的核心，企业领导的风险意识、自觉遵守内控制度的决心和行为影响着企业风险控制的成败。那些能驾驭风险、有效控制风险的企业必然会成为企业行业中的佼佼者。这也体现了企业、公司乃至行业优胜劣汰的客观规律。

第五节　全面风险管控

客观市场运行中，经济风险有很多种，如市场风险、财务风险、法律风险、运营风险，等等。全面风险管控，就是从全公司的高度并结合当时的宏观外部环境展开的。全面风险管控并不简单等同于于法律风险管理。但其形成和运行，必须按照法律规范的约束力、执行力及其权威加以保障实施。

全面风险管控是指根据公司的实际风险情况制定相应的对策，比如预防、避免、转移等。因此，在行为规范结构上，全面风险管控更多的是一种指导性、战略性的工具，即根据企业公司发展战略目标，通过法务、内控、合规这几项管理行为实施，大体上能预防、避免和消化的风险。但是，对于不愿意避免的风险和无法避免的风险，全面风险管控必须正面应对。

不愿意避免的风险，是企业、公司或行业按照经济规律和市场规律，为盈利所自愿选择的风险。商业营运，很多时候风险的有无和大小只是一个双方博弈以及自身选择的问题，没有一项业务是完全没有风险的。之所以公司不愿意避免这部分风险，是因为这部分风险发生的可能性小或者风险发生后的损失微不足道，或者是公司认为这项业务的收益远大于风险。

无法避免的风险，是整个市场环境导致的外部风险，比如汇率风险等。这样的风险，公司本身也无法去改变它，公司只能根据自身情况去选择应对策略，比如减少国际业务之类的交易等。

因此，要防范以上两种风险，企业公司就必须对自己的经营行为进行更为战略性的拘束。全面风险管控是高于法律事务、合规、内控和审计的一项经营行为，更宏观、更具有指导性。同时，全面风险管控也反映了公司的战略发展方针，需要对整个公司各个部门的工作情况更为了解，也对风险管控人员的知识储备提出了很高的要求。

当下，全球大多数企业或公司全面风险管控的做法，是设立法律合规事务部具体研究和贯彻全面风险管理职能。每年的全面风险管控报告由法律合规事务部牵头组织，让企业公司下属各个部门写自己部门对应的风险管控情况，最后由法律事务部汇总形成总的全面风险管控报告。

总之，全面风险管控行为规范应当由企业或公司各个部门具体负责施行，风险的识别、评估和处理由风险管控部门进行。风险管控部门可以去找相关部门了解情况，提出全面风险管控措施。重点防范企业公司不愿意避免的风险和无法避免的风险，最大限度地降低或减少损失，最大限度地保障盈利，特别是可持续性盈利。

第十章　商事争议及纠纷解决法律制度

要应对和解决纷繁复杂的上市纠纷，我国商法承继了人类社会商事纠纷解决的文化成果，结合我国国情实际，形成了三种不同方式以及不同程序规定的商事争议纠纷解决法律机制。

商事争议是商事主体在商事交往中所发生的以商事权利义务为内容的纠纷。与其他纠纷相比，商事争议具有以下三种法律特征。第一，争议主体具有平等性。商事争议主体在商事活动中法律地位平等，彼此之间不存在管理与被管理的关系，在商事纠纷解决机制中也处于平等的法律地位。第二，争议解决方式具有可选择性。商事纠纷解决方式有多种，商事主体可以根据自己的意愿选择解决纠纷的具体方式。第三，争议内容具有可处分性。商事争议内容是商事权利义务关系的争议，其核心是商事权利，商事权利是私权，商事主体对商事权利可自由处分。商事争议的解决机制有商事调解、商事仲裁和商事司法三种途径。其中商事司法在商事纠纷解决机制中处于主导性地位，是解决商事争议的重要途径。

第一节　商 事 调 解

一、商事调解概念

商事调解是商事调解人依据一定的道德规则和法律规范，对发生纠纷的商事主体进行劝解，使双方在相互谅解和让步的基础上，最终解决纠纷的一种活动。商事调解中不包括法院调解、仲裁调解和行政调解。

商事调解的特点是调解人的居中性，公平对待双方当事人。调解能否取得效果，与调解人的威望、能力直接相关。随着商事纠纷的日益增多，商事调解已成为解决争议的一种重要方式。

二、商事调解法律制度

我国现行立法中尚未有对商事调解的专门法律规定，各项规定散见于不同层次的法律规范以及民间制定的调解规则中。现行《中华人民共和国证券法》第 166 条规定，证券业协会履行“对会员之间、会员与客户之间发生的证券业务纠纷进行调解”的职责。证券业属于商事领域，证券业协会调解属于商事调解制度的一部分。对于某一专门领域商事纠纷的调解，《中华人民共和国合同法》《中华人民共和国物权法》《中华人民共和国企业法》《中华人民共和国知识产权法》作出了原则性规定。其明确指出，遇到该类纠纷可以通过调解解决，但对具体程序、调解人、调解的法律效力等问题均未作具体规定。

三、商事调解机构

我国立法并未确立专门的商事调解机构，目前法律中规定可以进行商事纠纷调解的机构包括行业协会(如《中华人民共和国证券法》中的证券业协会)，以及民间成立的商事调解机构，包括商会、调解中心等以及仲裁机构内设的调解中心等。商事争议的专业性要求商事调解机构对商业纠纷要熟知并能准确把握。

四、商事调解程序

商事调解程序便捷灵活，法律没有明确规定，调解人可根据商事主体的实际情况启动调解，终结调解。调解不以存在书面调解协议为必须，调解受理范围不受书面协议的限制。调解始终遵循自愿原则，只有经争议的商事主体均同意后方能启动调解，调解协议的达成以及调解协议书的内容也必须取决于双方的真实意愿。

五、商事调解法律效力

商事调解所产生的调解协议书仅具有民事合同效力，不具有强制执行力。但符合法院确认调解协议程序的，当事人可以向法院申请确认，法院确认调解协议有效的，产生合同的强制执行力。

第二节　商事仲裁

一、商事仲裁概念和特征

商事仲裁的产生和发展是基于商事纠纷存在的必然性。商事仲裁是纠纷主体根据仲裁协议，将争议提交一定的机构，以第三者居中裁决的方式解决纠纷。商事仲裁的裁决具有法律效力。

商事仲裁具有程序简易、尊重当事人意思自治、灵活、快捷、一裁终局，不公开审理和为当事人保密，庭审气氛较宽松友好，注重仲裁与调解相结合等特点和优势，纠纷解决成本低。当事人可以自由选择仲裁机构和仲裁员，仲裁机构的裁决是终局裁决。随着市场经济的发展和商事仲裁服务的推广，商事仲裁已成为对商事司法最具挑战性的多元化纠纷解决机制之一。

二、商事仲裁法律制度

我国已建立了一系列商事仲裁制度，主要的法律规范有《中华人民共和国仲裁法》(1994 年 8 月 31 日第八届全国人民代表大会常务委员会第九次会议通过)，《中华人民共和国民事诉讼法》(2017 年 6 月 27 日第三次修正)，《最高人民法院关于适用〈中华人民共和国仲裁法〉若干问题的解释》(2005 年 12 月 26 日通过)。

我国仲裁机构的设立模式，主要有两种：其一是在商会内设立仲裁机构的模式，20 世纪 50 年代，随着对外贸易和海运事业的发展，我国率先成立涉外仲裁机构，先后在中国国际贸易促进委员会(以下简称“贸促会”)内成立对外贸易仲裁委员会(1956 年 4 月)和海事仲裁委员会(1959 年 1 月)。1980 年 2 月，对外贸易仲裁委员会更名为对外经济贸易仲裁委员会，1988 年 6 月再次更名为中国国际经济贸易仲裁委员会(以下简称“贸仲”)，并分别于 1989 年和 1990 年在深圳和上海设立了分会。自 2000 年 10 月 1 日起，“贸仲”在使用原有名称的同时，又启用“中国国际商会仲裁院”名称。1988 年 6 月，海事仲裁委员会更名为中国海事仲裁委员会(以下简称“海仲”)，目前在大连、广州、天津和宁波等地设有办事处，并于 2003 年 1 月设立了上海分会。另外一种是我国的主要模式，即按照 1995 年《中华人民共和国仲裁法》有关规定由相关部门和商会共同组建。我国仲裁机构的性质尚需明确，有的将其归为民间组织，有的归为事业单位，有的归为半官方机构。国际上仲裁机构的情况则不同，英美法系仲裁机构的设立模式主要为有限担保公司的形式，比如伦敦国际仲裁院、澳大利亚仲裁员和调解员协会；而大陆法系国家和地区的仲裁机构比如德国仲裁协会、日本商事仲裁协会、中国台湾“中华仲裁协会”等多采用社团法人的形式；除公司式和社团法人式外，还有以商会附属式或其他方式存在的，比如瑞士苏黎世商会仲裁院、奥地利联邦商会国际仲裁中心。

三、仲裁法内容

(一)特征

(1)机构仲裁。当事人根据仲裁协议，将纠纷提交给约定的某一常设仲裁机构所进行的仲裁。

(2)对涉外仲裁作出特别规定。涉外经济贸易、运输和海事中发生的纠纷的仲裁，适用《中华人民共和国仲裁法》第七章规定。第七章没有规定的，适用其他有关规定。

(3)仲裁和调解相结合。即指仲裁庭在进行仲裁程序的过程中，可以对审理的案件进行调解。仲裁中的调解是在当事人完全自愿、案件事实和是非基本清楚的基础上进行的。仲裁庭可以通过灵活的方式促使双方当事人自愿达成和解协议书。

(4)商事仲裁范围：平等主体的公民、法人和其他组织之间的合同纠纷和其他财产权益纠纷。

（二）商事仲裁的原则

（1）自愿原则：当事人采用仲裁方式解决纠纷，应当在双方自愿的情形下达成仲裁协议。

（2）以事实为依据，以法律为准绳：仲裁时要以客观事实作为认定案件的依据，以法律作为唯一标准，对案件作出正确处理。

（3）仲裁独立原则：仲裁机关的仲裁依法独立进行，不受行政机关、社会团体和个人的干涉。

（4）一裁终局制：仲裁机构的裁决具有终局效力，裁决作出后当事人就同一纠纷再申请仲裁或向法院起诉，仲裁委员会或法院不予受理。

（三）仲裁协议

双方当事人在国内国际商事交往过程中，对将来可能发生或业已发生的争议交付仲裁解决的一种书面协议。仲裁协议内容有三项：请求仲裁的意思表示；仲裁事项；选定的仲裁委员会。其中争议事项具有可仲裁性，仲裁事项必须明确。仲裁协议对仲裁事项或者仲裁委员会没有约定或者约定不明确的，当事人可以补充协议；达不成补充协议的，仲裁协议无效。

仲裁协议约定的仲裁机构名称不准确，但能够确定具体的仲裁机构的，应当认定选定了仲裁机构。仲裁协议约定两个以上仲裁机构的，当事人可以协议选择其中一个仲裁机构申请仲裁；当事人不能就仲裁机构选择达成一致的，仲裁协议无效。当事人约定争议可以向仲裁机构申请仲裁也可以向人民法院起诉的，仲裁协议无效。但一方向仲裁机构申请仲裁，另一方未在仲裁法第 20 条规定期间内提出异议的除外。

仲裁协议一旦达成，且符合有效要件，即会排除法院对争议案件的司法管辖权，仲裁机构取得案件管辖权；当事人承担必须将争议提交仲裁解决的义务。

（四）仲裁程序

①申请和受理。②仲裁庭的组成：仲裁庭可以由 3 名仲裁员或 1 名仲裁员组成。由 3 名仲裁员组成的，应当各自选定或各自委托仲裁委员会主任选定一名仲裁员，第 3 名仲裁员由当事人共同选定或共同委托仲裁委员会主任指定。约定 1 名仲裁员组成的，由当事人共同选定或共同委托仲裁委员会主任指定仲裁员。③开庭和裁决：仲裁应当开庭但不公开进行。当事人在仲裁过程中有权进行辩论。当事人应当对自己的主张提供证据。裁决是终局的，对双方当事人均有约束力。仲裁庭在作出裁决前，可以先行调解。当事人自愿调解的，仲裁庭应当调解；调解不成的，应当及时作出裁决。调解达成协议的，仲裁庭应当制作调解书或者根据协议的结果制作裁决书。调解书与裁决书具有同等法律效力。

(五)申请撤销裁决

当事人提出证据证明裁决有下列情形之一的，可以向仲裁委员会所在地的中级人民法院申请撤销裁决：没有仲裁协议的；裁决的事项不属于仲裁协议的范围或者仲裁委员会无权仲裁的；仲裁庭的组成或者仲裁的程序违反法定程序的；裁决所根据的证据是伪造的；对方当事人隐瞒了足以影响公正裁决的证据的；仲裁员在仲裁该案时有索贿受贿、徇私舞弊、枉法裁决行为的。人民法院经组成合议庭审查核实裁决有前款规定情形之一的，应当裁定撤销。

人民法院认定该裁决违背社会公共利益的，应当裁定撤销。

(六)仲裁执行

当事人应当履行裁决。一方当事人不履行的，另一方当事人可以依照民事诉讼法的有关规定向人民法院申请执行。受申请的人民法院应当执行。被申请人提出证据证明裁决有民事诉讼法第 217 条第二款规定的情形之一的，经人民法院组成合议庭审查核实，裁定不予执行。一方当事人申请执行裁决，另一方当事人申请撤销裁决的，人民法院应当裁定中止执行。人民法院裁定撤销裁决的，应当裁定终结执行。撤销裁决的申请被裁定驳回的，人民法院应当裁定恢复执行。

商事仲裁与商事调解及商事司法关系：商事仲裁与商事调解既独立又存在一定的关联。仲裁机构可以设立单独的调解部门，专门负责商事调解；调解程序与仲裁程序分离，调解员名册与仲裁员名册分开，调解员与仲裁员身份不重合。

商事仲裁在具体纠纷的处理方面，与商事司法具互补性。对于专业性强的争议，通过仲裁解决相对于诉讼具有明显的优势。而对于当事人严重对立且难以调和的争议，通过民商事审判则更具优势。

第三节 商事司法

传统意义上的商事纠纷解决机制包括商事司法、商事仲裁和商事调解等，其中商事司法无疑是商事纠纷解决不可或缺的重要机制之一。这一方面是由于商事司法在国家司法机关的主导下进行，是国家权力对商事活动进行干预和介入的重要途径之一，通过法院对商事案件的审判和裁决，商事交易的公平、正义理念得以彰显，商事交易安全和秩序等价值得以维护。另一方面，法院审理商事案件、解决商事纠纷的过程同时也是适用商事法律、创制商事规则的过程，其审判过程和裁决结果所蕴含的理念和思维既是商法价值和功能的重要体现，同时也反过来指引人们的商事生活，塑造人们的商事行为。

一、商事司法的概念、特征

商事司法是指商事主体之间发生商事争议，将争议直接提交给人民法院审理的活动。

商事司法具有以下特征：

(1)必须严格按照法律规定进行。法院和商事主体必须按照法定程序进行活动，依法行使诉讼权利和履行诉讼义务，如果违反了法律规定，将导致诉讼无效。

(2)国家强制性。司法审判机关运用国家审判权确定主体双方之间的民事权利义务关系，并以国家强制执行权迫使纠纷主体履行生效的判决和裁定。

二、商事司法机构的设置

我国商事司法机构的设置经历了从"经济审判"到"大民事审判"格局，并逐步向独立的"商事审判"格局过渡。2000 年，基于民事、刑事和行政三大审判体制的总体架构，最高人民法院决定在全国法院推行民事审判改革，将民庭、经济庭和知识产权庭的名称、职能进行整合，统称"民事审判庭"，分别设置民一庭、民二庭和民三庭，各庭原有的主要职能不变。即一方为个人的合同纠纷调整归民一庭审理，公司、证券、保险等典型商事案件统一由民二庭审理，涉外民商事案件则统一由民三庭审理，最高人民法院由民四庭专门审理涉外民商事案件。大民事审判格局在我国民商事审判实践中正式形成。在大民事审判格局下，除了海事海商案件由单独设立的海事法院审理之外，对于大部分的商事纠纷的管辖仍然交由民二庭予以审理。

三、商事司法法律制度

我国已建立了一系列商事司法制度，主要的法律规范有《中华人民共和国民事诉讼法》(2017 年 6 月 27 日第三次修正)，《最高人民法院关于适用〈中华人民共和国民事诉讼法〉的解释》(2014 年 12 月 18 日通过，2015 年 2 月 4 日起施行)，《最高人民法院关于民事诉讼证据的若干规定》(2019 年 10 月 14 日修改通过，2020 年 5 月 1 日施行)，《最高人民法院关于适用〈中华人民共和国民事诉讼法〉执行程序若干问题的解释》(2008 年 9 月 8 日公布，2009 年 1 月 1 日起施行)。

四、商事司法内容

(1)第一审普通程序。这是法院审理第一审商事案件通常适用的程序，也是商事审判程序的基础。它具有程序的完整性和程序适用的广泛性特点。包括起诉、受理、审理前准备、开庭审理和评议宣判五个诉讼阶段，此外，普通程序还对诉讼中可能出现的特殊情况作了相应规定。如撤诉、延期审理等。

(2)简易程序。这是基层法院及其派出法庭审理第一审简单商事案件所适用的审判程序。它是第一审程序中一个独立的审判程序。仅适用于事实清楚、权利义务关系明确、争议不大的简单商事案件。当事人可约定适用简易程序审理商事案件。

简易程序具有起诉方式简便、受理程序简便、传唤方式简便、审判组织采用独任制、庭审程序简化、审理期限较短等特点。

(3)第二审程序。这是当事人不服地方各级法院尚未确定的裁判，在法定期间内向上一级人民法院上诉，上级法院对案件进行审理所适用的程序。该程序是终审程序，但不是当事人进行诉讼的必经程序。包括上诉的提起和受理、上诉案件的审理与裁判等内容。二审法院对上诉案件的审理范围限于与上诉请求有关的事实和法律问题。审理方式原则上开庭审理，符合条件时不开庭审理。裁判有判决驳回上诉，维持原判；依法改判；裁定发回重审和裁定驳回起诉四种。

(4)再审程序。这是法院基于一定的事由，对判决、裁定或者调解书已经发生法律效力的案件再一次进行审理并做出裁判所适用的审判程序。它是纠正法院错误生效裁判的一种补救程序，但不是当事人进行诉讼的必经程序。启动方式有当事人申请再审，案外人申请再审，法院依职权决定再审，检察监督引起再审。再审案件无独立的审理程序，或适用第一审程序或适用第二审程序。按第一审程序审理所作的判决、裁定，当事人可以上诉；按照第二审程序审理所作的判决、裁定是发生法律效力的判决、裁定。再审时应当组成合议庭审理。

(5)执行程序。民事执行程序是民事审判的后续和保障，通过民事执行，生效法律文书确定的商事权利义务得以落实，商事纠纷得以彻底解决。包括执行主体、执行标的、执行依据、执行管辖、执行程序和执行措施。执行主体有执行机构、执行当事人和其他执行主体。执行标的为财产和行为，执行依据通常指法院的判决书、裁定书、调解书支付令；仲裁机构的裁决书和调解书；公证机构作出的具有强制执行效力的公证债权文书等。执行管辖有两种，执行依据是由法院作出的生效裁判和调解书，执行案件由第一审法院或者与第一审法院同级别的被执行的财产所在地法院管辖；执行依据是其他机构作出的生效法律文书，执行案件由被执行人住所地或被执行财产的所在地法院管辖。

参考文献

1. 董安生、王文钦、王艳萍．中国商法总论[M]．长春：吉林人民出版社，1994.

2. 张民安、龚赛红．商法总则[M]．广州：中山大学出版社，2004.

3. 赵中孚．商法总则[M]．北京：中国人民大学出版社，2003.

4. 范健、王建文．商法总论[M]．北京：法律出版社，2011.

5. 赵万一．商法基本问题研究[M]．北京：法律出版社，2013.

6. 张璎．商法总论[M]．北京：北京大学出版社，2009.

7. 郑彧．商法要义[M]．北京：法律出版社，2014.

8. 苗延波．中国商法体系研究[M]．北京：法律出版社，2007.

9. 李适时．中华人民共和国民法总则释义[M]．北京：法律出版社，2017.

10. 樊涛．中国商法总论[M]．北京：法律出版社，2019.

11. 吕来明．论我国商事主体范围的界定[J]．北方法学，2008，2(10).

12. 李建伟．对我国商个人立法的分析与反思[J]．政法论坛，2009，27(5).

13. 陆晓瑜．论商事登记中的商主体资格与营业资格[J]．湖北警官学院学报，2014，9(156).

14. 狄原有里．"版权"和著作权两个词在日本的来龙去脉[M]//唐广良．知识产权研究(第17卷)．北京：中国方正出版社，2005.

15. 刘春田．知识产权法(第五版)[M]．北京：高等教育出版社，2015.

16. 安雪梅，李秋燕．美国影视作品著作权担保融资制度的新发展[J]．时代法学，2013(6)，92.

17. 李瑜青，陈慧芳．知识产权评估与质押——基于上海浦东模式的实证研究[J]．华东理工大学学报，2009(4).

18. 王强．商标权与其他相关权利的冲突与整合[M]//知识产权文丛(第9卷)．北京：中国方正出版社，2003.

19. 宋景．权利冲突与合法行使权利[M]//知识产权文丛(第9卷)．北京：中国方正出版社，2003.

20. 王莲峰．我国商业标识立法体系的模式选择——基于我国《商标法》第三次修改的思考[J]．华东政法大学学报，2009(5).

21. 张平. 商标和商号权利冲突的成因与解决[R]. 上海大学知识产权学院论坛, 2004.

22. 郭峰等. 票据法学[M]. 北京: 北京师范大学出版社, 2014.

23. 张楚. 电子商务法[M]. 北京: 中国人民大学出版社, 2017.

24. 司玉琢. 海商法[M]. 北京: 法律出版社, 2018.

25. 赵廉慧. 信托法解释论[M]. 北京: 中国法制出版社, 2015.

26. 黄玉烨. 李建忠. 专利当然许可声明的性质探析——兼评《专利法修订草案(送审稿)》[J]. 政法论丛, 2017(2).

27. 李晶, 林秀芹. 专利侵权惩罚性赔偿的法经济学分析[J]. 国家行政学院学报, 2016(3).